역외 디지털증거 수집에 관한 국제법적 쟁점과 대안

역외 디지털증거 수집에 관한
국제법적 쟁점과 대안

송영진 저

경인문화사

머리말

구름(cloud) 속에 숨어있는 데이터를 찾는 수사기관의 여정을
국제법적 시각에서 검토하고 대안을 모색하다

정보통신기술, 특히 클라우드 컴퓨팅 기술이 발전하면서, 점점 더 많은
데이터가 클라우드 서버 내에 저장되고 있다. 대부분의 범죄자들도 다양
한 목적으로 클라우드 서비스를 이용하고 있고, 해당 범죄자를 추적하고
증거를 수집하기 위해서 수사기관 역시 클라우드에 저장된 데이터에 접근
하게 된다. 클라우드 컴퓨팅의 특성상 실제 데이터가 저장되어 있는 물리
적 위치를 정확히 알기가 어려운데, 이로 인해 수사기관이 클라우드에 저
장되어 있는 데이터를 수집하는 과정에서 부지불식간에 데이터가 저장된
해외 서버에 접속하게 될 가능성이 있다.

아직까지 역외 디지털증거 수집에 대한 국제법적 규율이 부재한 상황에
서 국가마다 입법적으로 또는 실무적으로 일방적인 해결방식에 의존하고
있는데, 법적 안정성을 제고하고 개인의 자유와 인권을 보장하기 위해서
는 궁극적으로 집행관할권 행사의 범위와 관련된 국제법적 한계를 명확하
게 설정하는 것이 필요하다. 이러한 국제법적 해결방안을 모색하기 위한
선결과제로서, 국제기구와 국가의 실행을 바탕으로 논의의 방향을 올바르
게 설정하는 것이 중요하다.

본서에서는 역외 데이터 수집에 대한 국제적 논의와 주요 국가의 실행
을 분석하여 수사기관의 역외 데이터 수집의 방식을 크게 직접수집방식과
간접수집방식으로 유형화하였다. 이러한 유형화에 기반하여 집행관할권

행사의 문제에 대한 국제적 해결방안을 모색함에 있어서 고려하여야 할 요소를 제시한 후, 우리나라의 국내 입법과 실무에 있어서 바람직한 정책 방향을 제언하였다.

마지막으로 감사의 말을 남긴다. 이 책은 저자의 박사학위 논문인 "수사기관의 역외 전자데이터 수집 : 국제법상 집행관할권 행사의 한계 및 그에 대한 대응방안"을 수정 보완한 것이다. 우선 학문적 가르침과 늘 따뜻한 배려를 아낌없이 주신 지도교수님, 이근관 교수님께 감사드린다. 부족한 저자의 논문을 심사하면서 세심한 조언과 지원을 보내주신 최태현 교수님, 이성덕 교수님, 이재민 교수님, 원유민 교수님께도 감사의 마음을 전하고자 한다. 심사위원이셨던 교수님들 외에도 국제법의 큰 가르침을 주신 정인섭 교수님께도 감사와 존경의 인사를 드린다. 마지막으로 언제나 물심양면으로 든든한 버팀목이 되어주신 부모님과 사랑하는 남편, 소중한 아들에게 고마운 마음을 전하고 싶다.

목 차

제1장
서 론

제1절 문제의 제기

국제법상 집행관할권의 행사는 해당 국가의 영토 내에서 이루어져야 하며, 어떠한 국가도 다른 주권국가의 영토 내에서 타국의 동의 없이 집행관할권을 행사할 수 없다. 과거에 국가는 자신의 영토 내에서 특별한 문제 없이 집행관할권을 행사하였다. 특히 법집행기관의 증거수집, 범인 체포 등 수사 활동은 대부분 해당 국가의 영토 내에서 이루어졌다. 만약 범인이 해외로 도주하거나 해외에 있는 증거를 수집해야 할 필요성이 있는 경우, 집행관할권의 영토적 한계를 메우기 위하여 범죄인인도 제도나 국제형사사법공조 제도가 활용되었다.

현대사회의 우리는 인공지능(Artificial Intelligence, AI), 사물인터넷(Internet of Things, IoT), 클라우드 컴퓨팅(Cloud Computing), 블록체인(Blockchain), 로봇기술(Robotics) 등 다양한 정보통신기술이 융합되는 이른바 "제4차 산업혁명(the Fourth Industrial Revolution)" 시대를 살아가고 있다.[1] 기술의 발전과 더불어 컴퓨터 네트워크에서 실시간으로 전송되고 저장되는 데이터의 용량 또한 놀라울 정도로 증가하고 있다.[2]

컴퓨터와 인터넷의 발명 이후 정보통신기술(Information and Communications

---

1) '제4차 산업혁명'이라는 용어는 2016년 6월 스위스에서 개최된 세계경제포럼 (World Economic Forum)에서 당시 의장이었던 Klaus Schwab 교수에 의하여 최초로 언급되었다. Klaus Schwab, "The Fourth Industrial Revolution: what it means, how to respond", World Economic Forum, 14 January 2016.

2) 2018년 Forbes지에 따르면, 매일 250억 바이트(2.5 quintillion bytes)의 데이터가 생산되고 있으며, 이러한 수치는 지속적으로 증가할 것이라고 한다. Bernard Marr, "How Much Data Do We Create Every Day? The Mind-Blowing Stats Everyone Should Read", Forbes (May 21, 2018).

Technology, ICT)이 급속히 발달하면서 전자상거래, 온라인 금융서비스, 소셜미디어 등과 같은 사이버공간에서의 활동이 일상화되었다. 현대사회에서 대부분의 통신은 인터넷을 통해 이루어지고 있으며, 구글(Google), 페이스북(Facebook), 트위터(Twitter), 마이크로소프트(Microsoft) 등과 같이 주로 미국 기업이 제공하고 있는 소셜미디어, 이메일, 클라우드 서비스를 이용하는 사용자의 수도 전 세계적으로 증가하고 있다.[3]

온라인에서의 통신, 비즈니스 등 다양한 활동이 일상화됨에 따라 초국경적인 사이버범죄의 발생도 증가하고 있다. 또한, 사이버범죄뿐만 아니라 살인, 강도, 절도 등과 같은 전통적인 유형의 범죄 수사에 있어서도 스마트폰, 컴퓨터, 통신데이터 등과 같은 디지털증거를 수집해야 할 필요성이 증가하였고, 이제는 대부분의 범죄 수사 과정에서 데이터의 수집이 필수적으로 수반되고 있다.

이러한 데이터 중에서도 특히 가입자정보, 통신사실확인자료, 통신내용 등을 포함하는 통신데이터는 주로 정보주체가 아닌 제3자가 보관·관리하고 있다.[4] 여기에서 제3자란 인터넷 서비스제공자(Internet Service Provider, ISP) 또는 콘텐츠 서비스제공자(Contents Service Provider, CSP) 등의 기업을 의미한다.

클라우드 컴퓨팅[5] 기술의 발달로 구글(Google), 페이스북(Facebook)과

---

3) 통계자료에 따르면, 2020년 4분기 기준 페이스북의 전 세계 이용자의 수는 28억명으로 집계되었으며, 구글이 제공하는 이메일 플랫폼인 Gmail의 이용자 수는 18억명으로 집계되었다.
   https://www.statista.com/statistics/264810/number-of-monthly-active-facebook-users-worldwide/ (2024. 5. 30. 최종방문); https://techjury.net/blog/gmail-statistics/#gref (2024. 5. 30. 최종방문).
4) 박현준, 이상진, "비식별화된 통신사실확인자료의 제공 절차 도입을 통한 수사기관의 기본권 침해 최소화 방안", 형사정책연구 제30권 제1호, 2019, p. 94.
5) "클라우드 컴퓨팅"이란 데이터가 특정 디바이스나 폐쇄 네트워크 내에 저장되어 있는 것이 아니라 여러 다른 서비스, 제공자, 위치, 국가에 분산되어 있는 경우를

같은 글로벌 기업은 데이터 센터를 세계 각지에 설립하여 운영하고 있다. 수사기관이 수집하고자 하는 데이터는 통상 이러한 데이터 센터에 저장되어 있고 이 데이터는 정보주체의 위치가 아닌 전 세계 데이터 센터 중 어딘가에 저장되어 있다. 클라우드 서비스를 제공하는 기업들은 내부 정책 또는 데이터 관리 알고리즘에 따라서 데이터들을 여러 서버에 분산 저장하거나 계속 위치를 이동시키면서 관리하는 경우도 있다. 이러한 클라우드 기술의 특성으로 인해 서비스 이용자 또는 수사기관이 찾고자 하는 데이터의 정확한 위치를 알지 못하게 되는 현상, 이른바 "위치의 상실(loss of location)" 현상이 발생하고 있다.

해외에 위치한 증거를 수집하기 위하여 활용되는 국제공조 방식인 국제형사사법공조(Mutual Legal Assistance, MLA)는 수사기관이 해당 증거가 위치한 국가가 어디인지를 알고 있을 것을 전제로 하고 있다. 그러나 클라우드 데이터의 경우에는, 수사기관이 해당 데이터가 정확히 어디에 저장되어 있는지를 확인하기 어렵다. 따라서 수사기관은 데이터를 관리하는 주체인 서비스제공자가 위치한 국가에 국제사법공조를 요청하게 된다. 그러나 이마저도 국제사법공조 절차가 복잡하고 오랜 시간이 소요되기 때문에 한계가 있다. 2014년 12월 채택된 유럽평의회(Council of Europe)[6]의 국제사법공조에 대한 이행평가 보고서[7]에 따르면, 사이버범죄에 대한 국제형사사법공조 절차는 평균적으로 1년 이상 소요되며, 공조 요청이 무시

말한다. 동 개념에 대한 보다 상세한 설명은 제3장 제2절 참조.

6) 일부 국내 문헌에서 "Council of Europe"을 "유럽심의회"라고 번역하는 경우도 있으나, 우리나라 외교부에서는 조약, 공식문서, 보도자료 등에서 "유럽평의회"로 번역하고 있으므로 이하에서는 이를 "유럽평의회"라는 용어로 통일하여 사용하기로 한다.

7) Cybercrime Convention Committee (T-CY), "T-CY assessment report: The mutual legal assistance provisions of the Budapest Convention on Cybercrime", Council of Europe, 2014.

되는 사례도 있다.8) 전자증거의 초국가적이고 휘발적인 특성으로 인해 신속한 국제사법공조가 매우 중요함에도 불구하고, 국제사법공조 절차가 비효율적으로 운영되고 있다.

해외에 저장된 데이터를 신속하고 효율적으로 수집하기 위하여 각국 정부는 실무상 수사기관이 일방적으로 데이터에 접근하는 방식을 채택하고 있다. 이러한 접근방식에는 압수수색 현장에서 피압수자의 동의를 얻어 노트북 등 컴퓨터에 연결된 클라우드 서버에 접근하여 데이터를 확보하는 경우, 해외의 서비스제공자에게 직접 데이터 제공을 요청하는 경우, 위치를 알 수 없는 피의자의 컴퓨터에 접근하여 악성코드(malware)와 같은 악성 프로그램을 설치한 뒤 데이터를 수집하는 경우 등이 포함된다. 이 경우에 일국의 수사기관은 자국 영토 내에서 외국의 컴퓨터나 서버에 저장된 데이터에 접근하게 되며, 해당 서버가 위치한 국가는 자신의 영토 내에 해당 데이터가 저장되어 있다는 사실 또는 해당 데이터에 외국 수사기관이 접근했다는 사실을 알 수 없는 경우가 대부분이다.9)

구글(Google), 페이스북(Facebook), 애플(Apple), 트위터(Twitter) 등 미국의 주요 글로벌 기업은 전 세계 법집행기관을 지원하기 위하여 법집행기관이 직접 기업을 대상으로 데이터 제공요청을 할 수 있는 전용 온라인 플랫폼과 가이드라인을 제공하고 있다.10) 실무적으로 우리나라 수사기관

---

8) Richard A. Clarke, "Liberty and Security in a Changing World", Report and Recommendations of The President's Review Group on Intelligence and Communications Technologies, 2013, p. 227.에서도 MLAT에 따른 절차가 평균 10개월 정도 소요된다고 지적한 바 있다.

9) Cedric Ryngaert, *Jurisdiction in International Law*, Second Edition, Oxford University Press, 2015, p. 82.

10) 페이스북, 애플, 트위터 등이 제공하는 법집행기관을 위한 데이터 제공 요청 가이드라인은 온라인에 공개되어 있으며, 이들 기업은 매년 투명성 보고서(trasparency report)를 통해 각국 정부의 데이터 제공요청 건수와 처리 건수를 공개하고 있다. 페이스북 <https://www.facebook.com/safety/groups/law/guidelines/>; 애플<https://

도 이러한 플랫폼을 적극적으로 활용하여 가입자정보 또는 트래픽 데이터를 수집하고 있다.[11] 그러나, 이러한 협력 방식은 기업의 내부 정책에 따라 자발적으로 이루어지는 것이고, 국내법에 따른 강제수사의 일환이 아니기 때문에 기업의 데이터 제공을 강제할 수 있는 수단은 없다. 또한, 통신내용의 경우에는 미국 저장통신법에 따라 해외 법집행기관에 대한 제공이 금지되기 때문에, 해외 법집행기관의 통신내용 제공요청이 있을 경우, 기업은 MLA 절차를 통해 요청할 것을 요구하고 있다.

해외에 저장되어 있는 데이터에 수사기관이 일방적으로 접근하는 경우에 이러한 수사기관의 행위가 집행관할권의 역외적(extraterritorial) 행사에 해당되는지, 또는 이러한 행위가 데이터가 실제 저장되어 있는 서버의 소재지 국가의 영토주권을 침해하는 것으로 간주될 수 있는지와 같은 국제법적 문제가 제기될 수 있다.

위와 같은 문제는 2010년대 초반부터 제기되어 왔고 특히 미국의 Microsoft Ireland 사건[12]을 계기로 소위 "데이터 예외주의(data exceptionalism)" 논쟁이 등장하게 되었다. "데이터 예외주의"란 데이터에는 속지주의의 예외가 적용된다는 주장 즉, 데이터에 대한 집행관할권 행사의 적법성을 판단함에 있어서 기존의 전통적인 속지주의 접근방식을 그대로 채택할 수 없다는

---

www.apple.com/legal/privacy/law-enforcement-guidelines-outside-us.pdf>; 트위터 <https://help.twitter.com/ko/rules-and-policies/twitter-law-enforcement-support> 참조(2024. 5. 30. 최종방문).

11) 외국 서비스제공자에 대한 통신자료 요청 절차와 증거법적 문제에 대한 구체적인 설명은 박다온, "외국의 정보통신 서비스 제공자에 대한 통신 자료 요청 방법과 형사법적 문제", 형사정책연구 제32권 제1호, 2021 참조.

12) 이 사건은 미국 FBI가 법원으로부터 수색영장을 발부받아 범죄수사 목적으로 Microsoft에 대해 특정 아웃룩 이메일에 관한 데이터 제공을 요청했으나 Microsoft는 해당 데이터가 아일랜드 더블린에 위치한 데이터 센터에 저장되어 있다는 이유로 제공을 거부한 사건으로 사실관계와 쟁점, 판결의 요지는 제4장에서 자세히 다루기로 한다. United States v. Microsoft Corp., 138 S. Ct. 1186, 1188 (2018) (*per curiam*).

주장을 의미한다.[13] 데이터 예외주의에 찬성하는 학자들은 데이터가 기존의 유·무형 자산과는 다른 독특한 속성을 가지며, 이러한 특징들로 인해 클라우드 환경에서의 데이터에 대해 기존의 속지주의 접근방식을 적용하기 어렵다고 주장한다.[14] 반면, 데이터 예외주의에 반대하는 학자들은 데이터가 가진 속성들이 전혀 새로운 것이 아니며 기존 유·무형자산의 관할권 판단에 대한 법원의 접근방식을 적용할 수 있다고 주장한다.[15]

위와 같은 학자들 간의 논쟁들과 더불어 각국 법원에서도 수사기관이 역외 데이터에 일방적으로 접근하는 경우, 관할권의 존부 및 수집된 데이터의 증거능력 등에 대한 판례들이 등장하고 있다. 전통적이고 공식적인 국제형사사법공조 절차를 거치지 않고 직접 수사기관이 데이터에 접근하거나 서비스제공자를 통해 데이터에 접근하는 경우, 각국 법원은 서로 다른 접근방식을 취하고 있다. 또한, 문제의 본질적인 해결을 위해서 국가들은 현재 이를 입법적으로 해결하기 위해 노력하고 있다. 그러나 사이버공

---

13) 데이터 예외주의 논쟁은 1990년대 말 이루어진 사이버공간은 규제될 수 없다는 사이버 자유주의자(cyber libertarian)와 사이버공간은 규제되어야 한다는 사이버 규제주의자(cyber paternalist) 간의 논쟁과 그 맥락이 유사하다. Dan Jerker B. Svantesson, "Against 'Against Data Exceptionalism'", *Masaryk University Journal of Law and Technology*, Vol.10, 2016; David R. Johnson and David G. Post, "Law and Borders - The Rise of Law in Cyberspace", *Stanford Law Review*, Vol. 48, No. 5, 1996, pp. 1367-1402 ; Jack L. Goldsmith, "Against Cyberanarchy", *University of Chicago Law Review*, Vol. 65, No. 4, 1998, pp. 1199-1250 ; David G. Post, "Against 'Against Cyberanarchy'", *Berkeley Technology Law Journal*, Vol. 17, No. 4, 2002, pp. 1365-1388.

14) Jennifer Daskal, "The Un-Territoriality of Data", *Yale Law Journal*, Vol.125, 2015; Dan Jerker B. Svantesson, "Against 'Against Data Exceptionalism'", *Masaryk University Journal of Law and Technology*, Vol.10, 2016; Zachary D. Clopton, "Data Institutionalism: A reply to Andrew Woods", *Stanford Law Review Online*, Vol.69, 2016.

15) Andrew Keane Woods, "Against Data Exceptionalism", *Stanford Law Review*, Vol.68, 2016.

간에서의 집행관할권 행사의 한계를 설정하는 문제, 특히 일국의 수사기관이 클라우드 서버에 저장된 데이터에 접근하는 경우 이를 국제법적 차원에서 어떠한 방식으로 규율할 것인지에 대한 논의가 부족한 실정이다.

제2절 연구의 목적과 범위

본 논문은 사이버공간에 대한 관할권 문제 중에서 수사기관의 역외 데이터 수집에 있어서 집행관할권 행사의 한계를 다루고자 한다. 현행 국제법 체제에서는 사이버공간에서의 집행관할권 행사의 한계를 설정하는 문제에 대하여 아직까지 만족스러운 해답을 찾기가 어렵다. 따라서, 본 논문에서는 역외 데이터에 대한 수사기관의 일방적인 접근이 집행관할권 행사의 영토적 한계를 넘어서 타국의 영토주권을 침해하는 행위인지 여부를 검토하고, 이러한 국가의 집행관할권 행사를 국제법에서 어떻게 규율할 것인지에 대한 대안을 모색함에 있어서 고려할 사항을 제시하는 것을 주된 목적으로 한다.

국제법 체제는 물리적 공간에서의 행위를 기반으로 형성되어 왔기 때문에, 기존의 관할권 행사의 기본원칙들이 사이버공간에서 어떻게 작동되는지를 알아보기 위해서는 사이버공간의 특성을 반영한 검토가 선행되어야 한다. 또한, 클라우드 컴퓨팅 기술이 발전하면서 클라우드 서버에 저장된 데이터가 가지는 고유한 특성 역시 고려되어야 한다.

국제사회와 주요 국가들은 역외 데이터에 대한 집행관할권 행사 문제에 대해서 인지하고 있고, 문제의 규범적 해결을 위한 논의를 진행하고 있다. 그러나 이러한 논의는 아직 초기단계에 머물러 있으며, 여전히 역외 데이터 수집에 있어서 집행관할권 행사의 한계를 어떻게 설정할 것인지는 국제법에서 규율하지 않고 있는 회색 지대(gray zone)에 놓여있다. 이러한 문제의 해결을 위해서 현재까지의 국제적 차원에서의 논의와 국가들의 실행을 진단하고 시사점을 도출하여 국제법적 대안을 모색할 필요가 있다.

이러한 연구 목적과 관련하여 논문의 연구범위를 살펴보면 크게 다음의 세 가지로 구분할 수 있다.

첫째, 제2장에서는 국제법 체제에서 관할권 행사의 기본원칙의 발전과정을 상설국제사법재판소(PCIJ)의 Lotus 사건과 형사관할권에 관한 하버드협약 초안을 중심으로 살펴보고, 집행관할권 행사의 영토적 한계에 대해서 논의한다. 집행관할권은 원칙적으로 입법관할권의 존재를 전제로 하며, 집행을 동반하지 않는 입법 역시 무의미하다.16) 따라서 이 논문의 주된 관심사는 수사기관의 역외 데이터 수집과 관련된 집행관할권 행사문제에 있으나, 입법관할권과 집행관할권은 상호 밀접한 관련이 있으므로 사이버공간에서의 입법관할권 행사의 문제도 검토하고자 한다. 제3장에서는 사이버공간에서의 행위에 대한 국가의 관할권 행사 문제를 다룬 각국 법원과 국제재판소의 판례를 검토하고, 클라우드 데이터의 특성과 수사기관이 클라우드 내 저장된 역외 데이터에 접근하는 경우 발생하는 주요 문제들을 살펴본다. 데이터 자체는 여러 의미를 함축하고 있으나 본 논문에서 언급하는 클라우드 데이터는 가입자 정보(subscriber information), 통신 내역(traffic data), 통신내용(contents data)을 포함하는 통신데이터에 한정하여 논의를 전개하고자 한다. 또한, 이때의 데이터는 저장된 통신데이터를 의미하며, 실시간 데이터 감청(interception)은 연구의 범위에서 제외하기로 한다.

둘째, 제4장에서는 수사기관의 역외 데이터 수집에 관한 집행관할권 행사 문제를 극복하기 위한 시도가 어떻게 이루어지고 있는지 확인하고 국제적 차원에서의 대안 마련을 위한 시사점을 도출한다. 국제적 논의의 차원

---

16) 김대순, 국제법론, 삼영사, 2019, p. 455; 정인섭, 신국제법강의, 박영사, 2021, p. 212.

에서는 크게 유엔(United Nations, UN)과 유럽평의회, 유럽연합(European Union, EU)으로 나누어 각각의 기구에서의 논의와 입법 제안을 살펴본다. 구체적으로 디지털증거에 대한 초국경적 접근에 관한 UN에서의 논의, 유럽평의회 사이버범죄협약(Convention on Cybercrime) 및 제2추가의정서의 내용을 검토하고, EU에서 제안한 전자증거 규정 초안에 대한 논의를 살펴본다. 그런 다음 제5장에서는 국내적 차원에서 우리나라를 포함한 미국, 영국, 일본, 벨기에 등 주요 국가들의 입법과 법원의 판례를 분석하고 주요 국가의 접근방식의 차이를 확인한다.

마지막으로 제6장에서는 제5장에서 이루어진 비교법적 분석을 통해 수사기관의 역외 데이터 수집의 방식을 유형화하고, 이러한 유형화에 기반하여 집행관할권 행사의 한계에 대한 합리적인 판단기준과 국제적 해결방안을 모색함에 있어서 고려하여야 할 요소를 제시한 후, 우리나라의 국내 입법과 실무에 있어서 바람직한 정책 방향을 제언한다.

제2장

국제법상 관할권 행사의
기본원칙과 한계

제1절 관할권 행사의 기본원칙

1. 관할권의 개념과 주권과의 관계

국제법에서의 관할권[1]은 국가가 사람이나 물건 또는 어떠한 상황을 지배 또는 규제할 수 있는 권한을 의미한다.[2] 이러한 국가의 권한은 입법작용, 행정조치, 법원의 재판 등을 통해 행사될 수 있으며, 국가의 관할권 행사는 국가주권의 표현 내지 구체적인 발현이다.[3] 또한, 이러한 관할권은 사람, 재산 및 사건에 대해 영향을 미칠 수 있는 국가의 권한과 관련이 있으며 국가주권, 국가평등 및 국내문제 불간섭이라는 기본원칙을 반영하는 것이다.[4] 국제법상 국가의 관할권은 단일한 개념이 아니며 여러 종류의 관할권이 포함된 복합적이고 포괄적인 개념(umbrella term)으로 이해될 수 있다.[5]

---

1) "관할권"이라는 용어는 다의적인 의미로 사용되는데, 국내법에서는 사건을 심리하고 재판할 수 있는 법원의 권한을 나타내고 국제법에서는 국가의 영역 자체를 의미하기도 하며, 국제법원의 권한을 나타내기도 한다. 정인섭, 신국제법강의, 박영사, 2021, p. 210.

2) Bruno Simma and Andreas Müller, "Exercise and Limits of Jurisdiction", in James Crawford and Martti Koskenniemi (eds.), *Cambridge Companion to International Law*, Cambridge University Press, 2012, p. 134; Vanghan Lowe and Christopher Staker, "Jurisdiction", in Malcolm Evans (ed.), *International Law*, 3rd ed., Oxford University Press, 2010, p. 313.

3) 김대순, 국제법론, 삼영사, 2019, p. 451; 정인섭, 신국제법강의, 박영사, 2019, p. 194.

4) Malcolm N. Shaw, *International Law*, Cambridge University Press, 2008, p. 645.

5) 박영길, "국제법상 보편적 관할권 : 개념 및 실천적 함의의 재고찰", 서울대학교 박사학위논문, 2009, p. 12.

1964년 Frederick A. Mann은 그의 헤이그 강의에서 관할권과 주권의 관계에 대하여 다음과 같이 언급한 바 있다.[6]

> "관할권은 주권의 한 측면으로, 국가의 주권과 함께 공존하며, 주권에 수반되며, 또한 주권에 의해 제한되기도 한다. 만약 국가가 주권의 한계를 넘어선 관할권을 주장한다면, 이는 곧 자국의 주권에 대한 침해를 원하지 않는 다른 국가와의 충돌을 일으키게 될 것이다. (중략) 관할권은 세계를 각각의 주권 국가가 관할권을 가지는 구역으로 구분하고 있다. 더 나아가, 주권의 한도 내에서 국가가 필연적으로 관할권을 가진다는 측면에서, 관할권과 주권 간의 연관성은 명백하고 필연적이며, 당연한(platitudinous) 것이기도 하다."[7]

관할권의 개념은 주권과 필연적으로 연결되어 있고 '주권의 속성'(an aspect of sovereignty)[8]이자 발현이다.[9] 관할권은 국제법이 정해놓은 범위 내에서 행사되는 국가 주권을 의미한다. 다시 말하자면, 국가 주권이 국제법의 규율을 받을 때 그러한 권한이 곧 관할권이 된다.

주권은 국가의 권리로서 국제법의 한 축을 담당하고 있으며, 영토라는

---

6) Hannah L. Buxbaum, "Territory, territoriality, and the resolution of jurisdictional conflict", *American Journal of Comparative Law*, Vol. 57, No. 3, 2009, p. 632 에서 재인용.

7) Frederick A. Mann, "The Doctrine of Jurisdiction in International Law", *Recueil Des Cours* 1964, Vol. 111, p. 30. 이러한 설시는 20년 이후 그의 헤이그 아카데미 강의에서도 동일하게 나타나고 있다. Frederick A. Mann, "The Doctrine of International Jurisdiction Revisited after Twenty Years", *Recueil Des Cours* 1984, Vol. 186, 1985.

8) James Crawford, *Brownlie's Principles of Public International Law*, 8th Edition, Oxford University Press, 2012, p. 456.

9) Stéphane Beaulac, "The Lotus Case in Context – Sovereignty, Westphalia, Vattel, and Positivism", in Stephen Allen, Daniel Costelloe, Malgosia Fitzmaurice, Paul Gragl, and Edward Guntrip(eds.), *The Oxford Handbook of Jurisdiction in International Law*, Oxford University Press, 2019, p. 42.

사실에 기반하여 성립된다.[10) 1928년 Island of Palmas 사건에서 중재재판관 Max Huber는 "국가 간의 관계에서 주권은 독립성을 의미하며, 독립성이란 국가로서의 기능을 행사할 권리를 말한다"[11)고 설시하였다. 영토주권은 일국의 권리이며, 동시에 영토 내에서 타국의 권리를 보호할 의무를 포함한다.[12) 또한, ICJ는 1949년 Corfu Channel 사건에서 영토주권에 대한 존중은 국제관계의 필수적인 기초를 구성한다고 강조한 바 있다.[13)

각국이 어떠한 범위에서 관할권을 행사할 것인가는 국내법에서 정할 문제이지만, 이 경우 국제법은 국내법 규정에 대하여 주권평등의 원칙과 국내문제 불간섭 원칙 등에 의한 한계를 부여함으로써 일정한 통제적 역할을 수행한다.[14) 그렇다면 국제법이 구체적으로 일국의 관할권 행사에 어떠한 한계를 부여하고 있는지 알아보기 위하여 1927년 상설국제사법재판소(PCIJ)의 Lotus호 사건[15)을 검토할 필요가 있다.

이하에서는 PCIJ의 Lotus 사건과 1935년의 하버드 국제법 연구의 일환으

---

10) '주권'이라는 용어 자체는 상당히 이론의 여지가 있는 용어이지만, 실증주의 국제법 이론에서 국가 주권이라는 아이디어는 국가가 국가성(statehood)의 선험적인(a priori) 결과로서 최소한 무제한적인 자유를 향유한다는 것을 의미한다. Alex Mills, "Rethinking Jurisdiction in International Law", *British Yearbook of International Law*, Vol. 84, No. 1, 2014, p. 192.

11) Island of Palmas Case (Netherlands v. USA), 4 April 1928, Reports of International Arbitral Awards, Volume II, pp. 829-871, 838.

12) *Ibid.*, p. 839.

13) The Corfu Channel Case (United Kingdom v. Albania), Judgment, I.C.J. Rep. 1949, p. 35.

14) 1923년 PCIJ는 "원칙적으로 오로지 국내문제에 속하는 관할권은 국제법상의 규칙에 의하여 제한을 받는다(jurisdiction which in principle, belongs solely to the State, is limited by rules of international law)"고 설시함으로써, 국가의 관할권 행사에 있어 국제법의 통제적 역할을 강조한 바 있다. PCIJ, Nationality Decrees in Tunis and Morocco case, PCIJ Reports, Series B, No. 4 (1923), paras. 23-24; 정인섭, *supra* note 1, p. 210.

15) PCIJ, SS Lotus, PCIJ Reports, Series A, No.10 (1927).

로 작성된 "형사관할권에 관한 하버드 협약 초안"(Harvard Draft Convention on Jurisdiction with Respect to Crime, 이하 "하버드 초안"이라 함)의 내용을 중심으로 관할권 행사의 기본원칙을 검토하고 집행관할권 행사의 원칙과 한계에 대하여 논의한다.

2. Lotus호 사건

가. 사실관계 및 쟁점

1926년 8월 2일 지중해 공해상에서 프랑스 선박 Lotus호와 터키 선박 Boz-Kourt호가 충돌하여 터키 선박이 침몰하고 터키인 8명이 사망하는 사고가 발생하였다. 충돌 당시 Lotus호는 프랑스 국적의 일등항해사 Demons가 당직사관을 맡고 있었으며, Boz-Kourt호는 생존자 중 하나였던 Hassan Bey 선장에 의해 운항되고 있었다. 사건 발생 다음 날인 8월 3일, 프랑스 선박이 당초 목적지였던 콘스탄티노플에 입항하자 터키 당국은 충돌사건에 대한 수사에 착수하였다. 이틀 후인 8월 5일 터키 당국은 Demons와 Hassan Bey를 과실치사 혐의로 체포하였으며, 9월 15일 터키 Stamboul 형사법원은 Demons에게 80일간의 금고형과 22파운드의 벌금형을 선고하였고 Hassan Bey에게는 Demons보다 조금 더 무거운 형을 선고하였다.

재판절차가 진행되는 동안 프랑스는 강력히 항의하며 터키가 Demons를 기소하여 재판에 회부한 것은 국제법 위반이라고 주장하였다.[16] 프랑스는 당해 사건에서 터키 법원이 관할권을 행사하려면 국제법상의 허용근거를 제시해야 한다고 주장했지만, 터키는 국제법 원칙에 위반되지 않는 한 자국의 관할권 행사 역시 허용된다고 주장하였다.[17] 이와 같은 견해 차이로,

---

16) PCIJ, Lotus case, paras. 10-11.

1926년 10월 12일 프랑스와 터키는 터키가 프랑스인에 대하여 형사관할권을 행사하는 것이 국제법, 특히 로잔느 조약 제15조(터키와 체약국간의 관할권 문제는 국제법에 따라 결정된다)에 위반되는가에 대한 판단을 PCIJ에 부탁하였다.[18] 이 사건에서 쟁점은 공해상의 자국 선박에 피해를 준 외국선박의 사고책임자에 대해 피해국 법원의 재판관할권이 인정되는지 여부였다.

나. 법원의 판단

1927년 재판소는 6:6의 가부동수에서 재판장의 결정투표권(casting vote) 행사를 통하여 터키는 국제법을 위반하지 않았다는 전제하에, 공해상 프랑스 선박의 실수로 터키 선박에 대하여 발생한 사고 책임자에 대하여 터키와 프랑스 양국 모두가 관할권을 행사할 수 있다고 판단하였다.[19] PCIJ는 터키가 프랑스 국적의 Demons에 대해 형사재판관할권을 행사하는 것을 금지하는 국제법은 없으므로 터키 법원의 관할권 행사가 국제법 위반은 아니라고 판시하였다.[20]

동 사건에서 PCIJ는 입법관할권과 집행관할권을 명확하게 구별하였다.[21] 이에 따르면, 집행관할권은 '영토적 제약성'을 가지므로 국가는 반대되는 허용규칙이 존재하지 않는 한 타국 영토에서 자국의 법을 집행하는 것이

---

17) PCIJ, Lotus case, para. 18.
18) PCIJ, Lotus case, para. 12.
19) 당초 반대했던 6인의 판사는 모두 '피해자 국적주의'에 근거한 관할권 행사에 반대하였다.
20) PCIJ, Lotus case, para. 32. 이후 체결된 1940년 「몬테비데오 조약」과 1982년 「유엔 해양법 협약」 제97조는 이 판결의 결과와는 반대로 공해상 선박충돌에 관한 형사관할권은 기국에 있다고 규정하고 있다.
21) 안준형, "사이버테러 규제입법과 국내법의 역외적용: 보호주의 관할권의 행사기준을 중심으로", 한국군사학논집 제72권 제3호, 2016, p. 37.

허용되지 않지만, 영토적 제약성이 수반되지 않는 입법관할권 행사의 경우에는 국제법이 특별한 한계를 설정하지 않고 있다.[22] 이는 곧 반대되는 금지규범이 존재하지 않는 한 국가가 스스로 적절하다고 판단한 대로 입법관할권을 행사하는 것이 허용된다는 취지이며, 국가들은 때에 따라 자국의 입법관할권 행사를 정당화하기 위한 목적으로 Lotus 호 사건을 원용하는 경우도 있다.[23]

PCIJ는 "국제법에 따라 국가에 부과된 첫 번째 가장 중요한 제한사항은 반대되는 허용규칙이 존재하지 않는 한 국가는 타국의 영토 내에서 어떠한 형태의 권한도 행사할 수 없다는 것이다. 이와 같은 의미에서 관할권은 확실히 영토적이다. 즉, 국가는 국제관습이나 협약으로부터 도출된 허용규칙에 따른 경우를 제외하고 그 영토 외부에서 관할권을 행사할 수 없다"라고 설시하여, 집행관할권은 '영토적 제약성'을 가지므로 국가는 자국의 국내법을 외부 영토에서 집행하기 위해 강제력을 사용할 수 없다고 보았다.[24]

PCIJ는 집행관할권의 경우와는 달리 입법관할권과 관련해서는 다음과 같이 국제법이 역외 입법을 허용하고 있다고 보았다.[25]

> 국제법은 국가가 해외에서 발생한 행위와 관계된 여하한 문제에 관하여 자국 영토 내에서 관할권을 행사하는 것을 금지하지 않고 있다. [⋯] 국제법은 국가가 자국의 국내법을 확대 적용할 수 없다거나 그들 재판소의 관할권을 그들 영토 밖의 사람·물건·행위에까지 확대해서는 아니된다는 취지의 일반적 금지규범을 수립하지 않고 있다. 오히려 국제법은 이 점에 있어 광범위한 재량의 여지를 그들에게 부여하고 있으며, 이와 같은 광범위한 재량은 금지규범에 따라 단지 일정한 경우에만 제한된다. 그 외의 경우에

---

22) Cedric Ryngaert, *Jurisdiction in International Law*, Second Edition, Oxford University Press, 2015, p. 31.
23) *Ibid.*, p. 29.
24) PCIJ, Lotus case, paras. 18-19.
25) Cedric Ryngaert, *supra* note 22, p. 31.

관하여, 모든 국가는 자국이 최선이며 가장 적절하다고 생각하는 원칙을
채택할 자유를 가지고 있다.[26]

따라서 Lotus 판결에 따르면 국가들은 금지규범이 없는 한 자국 외에
있는 사람, 재산 및 행위에 대하여 입법관할권을 행사할 수 있다.[27]

다. Lotus호 사건에 대한 평가

Lotus 판결의 다수의견에서는 법이란 독립된 주권국가의 자유의지에서
비롯되며, 주권국가의 행동에 대한 제한은 추정되지 않고 특별한 근거가 있
어야만 한다는 법실증주의적 사고에 입각하여 판결을 내렸다.[28] 이러한 법
실증주의는 과거 지배적인 이론이었으며 아직도 국제법에서 영향력 있는
이론이라고 할 수 있다. Lotus 판결은 국제 법실증주의(international legal
positivism) 접근방식의 '절정'(high water mark)이라고 평가되기도 한다.[29]

Lotus호 판결은 이후 국제사회에서 적지 않은 반발을 불러일으켰고 강
력한 비판에 직면하게 되었다. 특히, 판결 직후 Brierly는 PCIJ의 견해는
국가들의 합의 또는 총의(consensus)에 의하여 국제법이 실질적으로 발전
한다는 측면을 무시하는 결과를 초래한다고 지적하면서, 터키가 이 사건
에 대한 형사관할권을 행사할 수 있으려면 이를 금지하는 국제법 원칙이
없다는 것만으로는 불충분하고, 관할권 행사를 위한 적극적 근거를 제시
하여야 한다고 비판하였다.[30] 오늘날에는 이 판결의 입장이 폐기되었다거

---

26) PCIJ, Lotus case, paras. 18-19.
27) Cedric Ryngaert, *supra* note 22, p. 32.
28) 오시진, "국제법상 법실증주의에 대한 소고", 국제법학회논총 제62권 제3호, 2017,
　　p. 121; 정인섭, *supra* note 1, p. 213.
29) Alex Mills, "Rethinking Jurisdiction in International Law", *British Yearbook of
　　International Law*, Vol. 84, No. 1, 2014, p. 191; 오시진, *supra* note 28, p. 121.
30) James L. Brierly, "The 'Lotus' Case", 44 *Law Quarterly Review* 154, 155 (1928);

나, 결코 선례가 된 적도 없었다는 주장도 제기되고 있다.[31] 이러한 주장
은 만약 관할권의 행사 차원에서 반대되는 금지규범이 확립되어 있지 않
은 경우, 국가에게 무제한적인 자유를 허용한다면, 국제법의 통제적 역할
은 부인되고 만다는 데 근거하고 있다.[32]

Lotus호 사건은 일반적인 상황에서 반대되는 금지규범이 존재하지 않는
한 언제든 입법관할권 행사가 허용됨을 의미하는 것이라기보다는, '객관적
속지주의'에 기초한 관할권 내지는 적어도 국가와 강력한 '관련성'(nexus)
을 갖는 상황에서 관할권을 인정한 것이라는 해석이 타당하다.[33]

3. 형사관할권에 관한 하버드 협약 초안

오늘날 국가실행에 기초한 관습국제법은 Lotus호 사건을 제한적으로 해
석하고 있다. Lotus호 사건 이후 1935년 '국제법에 관한 하버드 연구'에서
이루어진 "하버드 초안"이 발표되었다. 하버드 초안은 권위 있는 국제기구
나 국가를 중심으로 작성된 것이 아니라 학자들로만 구성되어 작성되었다.
또한, 이 연구는 당시 학자들의 견해와 국가들의 관행을 총망라하여 정리
한 것으로 그 실질적인 영향력을 높이 평가할 수 있다.[34] '하버드 초안 서
문'(Introductory Comment to the Harvard Draft)에서는 하버드 초안을 마련
할 때 참조한 문헌들과 연구의 범위에 대해 "형사법 및 형사절차에 대한

Hugh Handeyside, "The Lotus Principle in ICJ Jurisprudence: Was the Ship Ever
Afloat?", 29 *Michigan Journal of International Law* 71 (2007), p. 75에서 재인용.
31) Cedric Ryngaert, *supra* note 22, p. 34
32) *Ibid.*, p. 33
33) *Ibid.*, p. 38
34) 박영길, "국제법상 보편적 관할권 : 개념 및 실천적 함의의 재고찰", 서울대학교
박사학위논문, 2009, pp. 34-35.

현대 국가의 법률을 분석하고 신뢰할 수 있는 학자들의 견해와 국제회의 또는 학계에서의 결의 등을 참조하며, 국내 법원의 판례 연구를 통해 보완된 현재 국가들에 의하여 주장되고 있는 형사관할권에 대한 다섯 가지 일반원칙을 제시한다"고 언급하였다.[35]

하버드 초안을 시작으로 국제사회는 Lotus 판결의 입장보다 더욱 제한적인 접근방식을 취하기 시작하였다.[36] 이에 따라 주권국가가 입법관할권, 집행관할권 및 재판관할권을 행사하기 위해서는 이를 허용하는 규칙(permissive rule)이 존재하여야 한다.[37]

하버드 초안의 주된 업적은 그것이 성안된 당시의 국제법에 따라 인식된 다양한 관할권 결정준칙의 다섯 가지 근거를 확인하고 명시했다는 것이다. 이러한 다섯 가지 근거에는 현재 대부분의 국제법 교과서에서 소개하고 있는 속지주의, 속인주의, 보호주의, 보편주의 및 피해자 국적주의가 포함된다.[38] 형사관할권 행사의 기본적인 근거는 속지주의와 속인주의이

---

35) 'Introductory Comment to the Harvard Draft Convention on Jurisdiction with Respect to Crime 1935', *American Journal of International Law*, 29(S1), 1935, p. 445.

36) *Ibid.*

37) Stéphane Beaulac, "The Lotus Case in Context – Sovereignty, Westphalia, Vattel, and Positivism", in Stephen Allen, Daniel Costelloe, Malgosia Fitzmaurice, Paul Gragl, and Edward Guntrip(eds.), *The Oxford Handbook of Jurisdiction in International Law*, Oxford University Press, 2019, p. 58.

38) 다만 이러한 관할권 행사의 원칙을 소개하고 접근하는 방식은 교과서마다 차이가 있다. 예를 들어, 김대순 교수는 이를 '입법관할권의 이론적 기초'라는 표제 하에 설명하고 있고, 정인섭 교수는 '형사관할권'이라는 표제 하에 형사관할권 행사의 기본적 근거로 설명하고 있다. James Crawford 교수는 '범죄에 대한 입법관할권(Prescriptive Jurisdiction over Crimes)'라는 표제로 설명하고 있으며, Cedric Ryngaert 교수는 '속지주의(The Territoriality Principle)'를 별도의 장으로 설명하고 나머지 속인주의, 보호주의, 보편주의를 '역외적 형사관할권의 원칙(The Principles of Extraterritorial Criminal Jurisdiction)'으로 나누어 설명하고 있다. 김대순, *supra* note 3, pp. 456-471; 정인섭, *supra* note 1, pp. 217-234; James Crawford, *supra*

며, 보호주의와 피해자 국적주의는 이의 연장으로 주장된다. 보편주의는 범죄가 어디에서 발생하였는지, 누가 범죄를 저질렀는지와 관계없이 범죄행위의 성격만을 근거로 관할권을 행사할 수 있다는 원칙이다.

그러나 이들 원칙 모두가 동등한 중요도를 갖는 것은 아니다. 이러한 5가지 원칙 중에서 속지주의는 국가는 자국 영토 내에서 발생한 사건에 대해 관할권을 행사할 수 있다는 원칙으로, 이에 입각한 관할권을 영토관할권이라고 한다. 속지주의는 일차적인 중요성을 가지며 관할권 행사의 근본적인 근거로 간주된다.[39] 속인주의는 서로 다른 국내법 체계에서 활용되는 범위에 있어 현저한 차이가 있지만, 보편적으로 받아들여지고 있다.

하버드 초안은 관할권 원칙의 위계를 제시하고 있는데 이것은 각각의 적법성 또는 정당성에 대한 위계를 나타내는 것이 아니라 얼마나 국가들에 의해 더 광범위하게 인정되는지에 관한 위계를 나타낸다.[40] 또한, 하버드 초안은 어떤 원칙이 충돌하는 다른 원칙보다 우위에 있다는 사실을 제시한 것도 아니다.

하버드 초안에서 제시된 관할권 결정준칙은 그 이후 줄곧 관할권에 대한 국제공법의 접근방식을 대변해 왔다고 해도 과언이 아니다.[41] 하버드 초안의 원칙들은 국가들이 언제 국제법에 따라 관할권을 행사할 수 있는지에 대한 중요한 근거로 받아들여졌다.

특히, 2013년 발표된 "사이버 전쟁에 적용가능한 국제법에 대한 탈린 매뉴얼"(Tallinn Manual on the International Law Applicable to Cyber

---

note 8, pp. 457-471; Cedric Ryngaert, *supra* note 22, pp. 49-141.

39) 'Introductory Comment to the Harvard Draft Convention on Jurisdiction with Respect to Crime 1935', *American Journal of International Law*, 29(S1), 1935, p. 445.

40) Dan Jerker B. Svantesson, *Solving the Internet Jurisdiction Puzzle*, Oxford University Press, 2017, p. 25.

41) *Ibid.*, p. 24.

Warfare, 이하 "탈린 매뉴얼"이라 함)은 Rule 2에서 관할권에 대해 규정하면서 하버드 초안에서 제시된 원칙을 따르고 있다.[42] 또한, 탈린 매뉴얼에서는 관할권이 입법관할권, 집행관할권, 재판관할권을 포함하는 것이라고 언급하면서, 모든 유형의 관할권 주장에 적용되는 하버드 초안의 원칙들을 다루고 있다.[43]

제2절 국가관할권의 역외적 행사

1. 역외관할권의 의의

현재 관할권 행사의 원칙은 주로 속지주의에 기초하고 있는데, 이는 각 국가가 다른 국가를 배제하면서 자국 영토 내의 문제를 결정할 수 있도록 허용한 소위 '베스트팔렌 국제 질서(Westphalian international order)'에 기초한다. 국내문제 불간섭 원칙은 30년 전쟁을 종결시킨 1648년 베스트팔렌 평화조약에 의해 확고한 원칙으로 자리 잡았다. 이것은 같은 영토 내에서 공존하는 다원적 법적 시스템을 허용하였던 유럽의 중세 및 르네상스 시대로부터 벗어난 패러다임의 전환이었다.[44]

그러므로 법제사적 관점에서 속지주의에 기초한 관할권은 필연적이거나 불변의 것이 아니다. 그러나, *The Schooner Exchange v. Mcfaddon* (1812) 사건[45]에서 Marshall 대법원장은 "영토 내에서의 국가의 관할권은

---

42) Michael N. Schmitt(ed), *Tallinn Manual on International Law Applicable to Cyber Warfare* (Cambridge University Press, 2013), p. 18.

43) *Ibid.*, pp. 18-21.

44) Julia Hörnle, *Internet Jurisdiction: Law and Practice*, Oxford University Press, 2021, p. 20.

45) The Schooner Exchange v. McFaddon, 11 U.S. (7 Cranch) 116 (1812).

필연적으로 배타적이고 절대적이다(the jurisdiction of the nation within its own territory is necessarily exclusive and absolute)"라고 판시한 바 있듯이, 속지주의는 일차적인 관할권 행사의 근거로 원용되고 있다.

영토주권에 관한 베스트팔렌 체제 하에서 관할권은 직접적으로 또는 간접적으로 국가의 영토와 연결되어 있다. 이러한 관련성(nexus)에는 영토에 위치한 사람, 물건, 행동 또는 효과, 관할권을 주장하는 국가의 법적 이해관계 등이 포함된다.

오늘날 국경을 넘나드는 사람의 이동과 다국적 기업의 증가, 세계 경제의 국제화(globalization), 마약 밀매, 자금세탁, 국제 테러리즘 등 초국경적인 범죄의 증가 및 전자상거래, 사이버범죄와 같은 인터넷 사용의 증가로 인해서 역외에 있는 사람, 재산 또는 행위에 대한 국가관할권의 역외적 행사는 점차 보편적인 현상이 되어 가고 있다.[46] 국제적 활동의 증가로 인해 한 국가의 관할권이 타국의 관할권과 충돌되는 현상이 발생하고 있고 일부 법 분야에서는 국가의 이익을 극대화하기 위하여 자국법을 적극적으로 역외적용하는 경우도 발생하고 있다.

'역외주의(extraterritoriality)'라는 용어는 특히 영미법 국가에서 국가가 자신의 영토를 넘어서는 문제에 대해서 과도한 관할권을 주장하는 경우, 이를 비판하기 위해 부정적인 의미로 주로 사용된다.[47]

일부 미국 학자는 역외관할권을 만약 미국 영토 밖에서 행위가 발생한 경우 미국이 그러한 해외에서의 행위를 미국법으로 규제하기 위한 것이라고 정의한다.[48] 또한, 역외주의 또는 '역외관할권(extraterritorial jurisdiction)'은

---

46) Report of the International Law Commission, Fifty-eighth session (1 May-9 June and 3 July-11 August 2006), UN Doc. A/61/10, para. 1.

47) Julia Hörnle, *Internet Jurisdiction: Law and Practice*, Oxford University Press, 2021, p. 21.

48) Anthony J. Colangelo, "A Unified Approach to Extraterritoriality", *Virginia Law Review*, Vol. 97, No. 5, 2011, p. 1020.

국가가 자국 영토 외의 사람, 물건 또는 사건과 관련된 행위에 대한 법을 제정하고 적용하고 집행하기 위한 권한으로 정의되기도 한다.[49]

국가의 역외관할권의 주장은 역외에 있는 사람, 재산, 또는 행위에 대하여 그 행위가 그 국가의 이익에 영향을 미치는 경우, 그러한 행위를 규제할 국제법이 부재한 상황에서 자국의 입법관할권, 집행관할권 및 재판관할권을 통해 규제하고자 하는 시도이다.[50]

'국내법의 역외적용(extraterritorial application)'이라는 개념은 특히 미국에서 독점금지법의 영역에서 외국에서 외국인에 의해 이루어진 행위에 대해 국내법을 적용하는 상황을 일컫기 위해 사용되었고, 그 법리적 근거로 속지주의의 변형인 효과이론(effect doctrine) 등이 제시되어왔다.

역외관할권의 행사라 함은 해외에서 행해진 행위와 관련하여 해외에 있는 사람에게 관할권을 행사하는 것을 의미하는데, 그러한 행위는 관할권을 주장하는 국가의 영토 내에 실질적인 악영향을 미칠 것을 의도하였거나 그러한 악영향을 미친 것이어야 한다.[51]

---

49) Menno T Kamminga, "Extraterritoriality", in Rüdiger Wolfrum(ed.), Max Planck Encyclopedia of Public International Law, Oxford University Press, 2020.

50) "The assertion of extraterritorial jurisdiction by a State is an attempt to regulate by means of national legislation, adjudication or enforcement the conduct of persons, property or acts beyond its borders which affect the interests of the State in the absence of such regulation under international law." Report of the International Law Commission, Fifty-eighth session (1 May-9 June and 3 July-11 August 2006), UN Doc. A/61/10, para. 2.

51) Rosalyn Higgins, *Problems and Process: International Law and How We Use It*, Clarendon Press, 1994, pp. 85-86.

2. 국내법의 역외적용

미국은 효과이론(effect doctrine)에 입각하여 자국의 경제법을 적극적으로 역외적용하였다. 효과이론은 외국에서의 외국인의 행위가 자국에 중요한 효과를 미치는 경우에는 자국법이 적용된다는 이론으로, 1945년 미국 제2연방항소법원의 Alcoa 판결[52])에서 처음으로 제시되었다.[53]) 효과이론은 영토에 대한 간접적인 관련성에 근거하여 외국인에게 자국법을 적용하는 것으로 영토적 관련성을 확대 해석하여 국내법을 역외적용하려는 것이다.[54]) 미국 제2연방항소법원은 Alcoa 판결을 통해 기존의 속지주의를 폐지하고 국내법의 역외적용을 적극적으로 인정하기 시작하였고, 이후 1993년에도 Hartford Fire Insurance Co. 판결[55])을 통해 연방대법원은 미국에 실질적인 영향을 미치려고 의도되고 실제로 그러한 영향을 미친 외국에서의 행위에 대해 자국법을 적용하는 것은 이미 확립된 법원칙이라고 선언하면서 효과이론을 재확인하였다.[56])

이러한 입장은 객관적 속지주의의 적용범위를 넘어선 것으로 현지에서 합법적인 행위도 제재대상으로 삼기 때문에 영국을 비롯한 여러 국가로부터 반발을 불러일으켰다. 특히, 영국은 이러한 미국의 관할권 행사가 국제법에 따라 불법적인 행위라고 주장하였다. 영국의 입장에서는 속지주의가 가장 1차적인 규범이며, 다른 관할권의 근거는 모두 국제법에 따른 정당화를 요구하는 속지주의의 예외라고 본 것이다. 영국은 그러한 정당화는 속

---

52) United States v. Aluminum Co. of America, 148 F.2d 416 (2d Cir. 1945).
53) Rosalyn Higgins, *supra* note 51, p. 85; 윤종수, "인터넷에서의 국가관할과 국내법의 역외적용", 공법연구 제39집 제1호 (2010), p. 45.
54) 소병천, "국내법의 역외적용에 관한 미국의 관행", 국제법학회논총 제49권 제3호, 2004, p. 176.
55) Hartford Fire Insurance Co. v. California, 509 U.S. 764 (1993).
56) 소병천, *supra* note 54, p. 177.

인주의와 보호주의, 그리고 일부 제한된 범죄에만 적용되는 보편주의에서 확인할 수 있으나, 효과이론에 대해서는 그러한 국제법상의 정당화를 발견하기 어렵다고 보았다.[57] 이러한 영국의 입장은 많은 영연방 국가들로부터 지지를 받았다.

미국에서도 국내적으로 효과이론에 대한 논란이 있었고, 이에 연방대법원은 1977년 Timberlane 판결[58]과 1979년 Mannington Mills 판결[59]을 통해서 기존의 효과이론을 수정하였다. 즉, 미국 연방대법원은 합리적인 관할권 행사를 위해서는 첫째, 미국의 대외거래에 어떠한 영향을 미칠 의도가 존재하였는지, 둘째, 그 효과가 인식될 수 있는 피해를 줄 정도로 충분한지, 셋째, 국제예양 및 국제형평의 요소를 참고하였는지를 충분히 고려하여야 한다는 합리적 관할권 원칙(jurisdiction rule of reason)을 통해 효과이론의 확대를 제한하고 있다.[60] 또한, 미국 법원은 역외관할권을 행사하기 전에 미국과 외국의 이해관계를 비교 형량하여야 한다고 보았으며, 이 경우에 외국법이나 정책과의 충돌 여부, 각국에서의 위반 혐의의 상대적 중요성, 해외에서의 구제책의 이용가능성과 그곳에서의 소송 경향, 미국 상거래에 악영향을 끼칠 의도의 존재와 예측가능성, 그리고 그 문제가 조약에 의해 다루어지고 있는지 여부 등을 고려하여야 한다고 하였다.[61]

3. 역외관할권의 확대 행사

오늘날 국가의 입법관할권의 행사범위를 결정함에 있어서 영토적 요인

---

57) Rosalyn Higgins, *supra* note 51, pp. 85-86.
58) Timberlane Lumber Co. v. Bank of America, 549 F.2d 597 (9th Cir. 1977).
59) Mannington Mills, Inc. v. Congoleum Corp., 595 F.2d 1287 (3d Cir. 1979).
60) 소병천, *supra* note 54, pp. 177-178.
61) Rosalyn Higgins, *supra* note 51, p. 87.

에만 의존할 수는 없다. 이는 주로 관할권 문제를 촉발하는 사건의 국제화에 기인하는 것이다. 각국의 입법자들과 법원은 초국경적인 거래나 다국적 기업의 행위뿐만 아니라 사이버공간 또는 글로벌 시장 등 장소를 불문하고 어디에서나 발생하는 사건들을 어떻게 규율할 것인지 고민하고 있다.62)

국제사회의 변화에 따라 국제법이 당면한 과제 중 하나는 일방적인 역외관할권의 확대 행사 문제이다. 역외관할권 행사 문제는 국제법에 의해 자국 관할권이 제한되는 경우에 그러한 관할권을 확대 적용하는 것으로 독점금지법 분야에서는 국가들이 자국의 경제 주권을 보호하기 위하여 국내법을 확대 적용하는 관행은 문제가 되고 있다.63) 이러한 역외적용의 확대로 인해 나타나고 있는 문제는 국내법의 역외적용이 일관성 없이 선택적으로 적용된다는 것이다. 향후 국제사회의 교류 확대 및 정보통신기술의 발전에 따라 국가들은 더 확대된 역외관할권을 채택하게 될 것이고, 그 결과 국제법상 관할권의 충돌이나 주권 침해의 문제를 야기하게 될 것이다.

역외관할권 행사에 대한 논쟁에서 그것이 합법적이라고 주장하는 국가들은 국제법에 의해 금지되지 않는 한, 그것은 허용된다고 판시한 Lotus 판결을 원용하였다. 그러나 과거 PCIJ의 판결을 근거로 하여 과거와 전혀 다른 사실관계에 역외 관할권을 주장하는 것은 그 논리적 근거가 부족하다고 할 것이다. 역외관할권 확대를 둘러싼 문제의 핵심은 국가가 국가 그 자체를 위하여 국가 주권을 발동하기보다는 국제사회의 공동의 가치를 보호하기 위하여 발동하였는지 여부에 있다고 생각한다. 자국의 경제적 이익 등을 보호하기 위하여 일방적으로 국내법을 역외적용하려는 시도는 국제적 비난의 대상이 될 수도 있고 관할권 충돌로 인한 주권 침해의 소지도

---

62) Hannah L. Buxbaum, *supra* note 6, p. 632.
63) 우리나라 역시 독점규제 및 공정거래에 관한 법률 제2조의2에서 "이 법은 국외에서 이루어진 행위라도 국내시장에 영향을 미치는 경우에는 적용한다"고 규정하여 효과이론을 도입하고 있다. 정인섭, *supra* note 1, p. 236.

있지만, 동시에 국제법의 발전에 기여할 수도 있다. 특정 분야에 발전된 기준을 가지고 있는 국가의 법률과 실행이 추후 이에 대한 국제적 합의를 통해서 국제법으로 발전될 수 있기 때문이다.[64] 특히, 공동 범죄에 대응하기 위한 국제연대나 환경, 인권 문제 등과 같이 공동의 가치를 보호하기 위한 역외관할권의 행사는 수용될 수 있을 것이다.[65]

제3절 집행관할권 행사의 영토적 한계

1. 집행관할권의 의의

국제법상 집행관할권이란, 국가가 입법관할권을 행사하여 제정한 법규를 시행하는 권한을 의미하며,[66] 구체적으로 한 국가가 피의자에 대하여 체포, 수사, 강제조사, 압수, 처벌, 압류 등 국가의 법령, 판결 또는 명령 등에의 복종을 강제하거나 복종하지 않는 것을 처벌하는 권한을 의미한다.[67]

국가가 타국 영역 내에서 집행관할권을 행사하기 위해서는 해당 국가의 동의가 있어야 한다. 예외적으로 조약의 체결을 통해 국가가 자국 영역 내에서 타국이 집행관할권을 행사하도록 허용하는 사례도 존재하는데, 미국은 일부 카리브해 국가들과 승선협정(shiprider agreement)을 체결하여 불법 마약류를 거래하는 것으로 의심되는 선박을 상대국 영해로까지 추적하여 나포할 수 있는 권한을 허가받았다.[68]

---

64) 소병천, *supra* note 54, p. 170.
65) Rosalyn Higgins, *supra* note 51, p. 88.
66) 김대순, *supra* note 3, p. 451.
67) 최태현, "국제법상 해외에서의 집행관할권 행사의 한계와 조정", 국제법평론 통권 제32호, 2010, p. 6.
68) 정인섭, *supra* note 1, p. 212.

국가가 자국의 영역 내에서 자국법을 근거로 집행관할권을 행사하는 경우 그러한 법률이 국제법에 위반되지 않는 한 아무런 문제가 발생하지 않는다.[69] 그러나 국가는 타국 영역에서 그 나라의 동의 없이 범인을 체포하거나 증거를 수집하는 등의 구체적인 집행관할권을 행사할 수 없다. 즉, Lotus 사건에서 PCIJ가 판시한 바와 같이, 집행관할권은 원칙적으로 자국 영역 내에 한정하여 행사되며, 국가는 국제법에 의하여 허용되는 경우를 제외하고는 타국의 영역 내에서는 관할권을 행사할 수 없다.[70] 이러한 집행관할권의 영토성은 국내문제 불간섭의 원칙의 반영이라고 할 수 있다.[71]

2. 집행관할권 행사의 내용

집행관할권에서의 '집행(enforcement)'이라 함은 최종명령서의 발부 외에도 소환장송달, 정보제출요구, 조사활동 등과 같은 모든 권력적 행위를 지칭한다.[72] 구체적으로 한 국가가 타국의 영역 내에서 해당 국가의 동의 없이 범인을 체포하는 행위, 정보제출을 요구하거나 증거수집 또는 조사활동을 하는 것은 그 외국의 주권을 침해하는 것이며, 국제법 위반이 된다.[73] 한 국가가 타국 영역 내에서 집행관할권을 행사하는 경우, 그러한 행위가 그 성질상 타국의 국가공무원만이 할 수 있는 행위인 경우에는 그러한 행위는 금지된다. 또한, 한 국가가 주권적 권한을 실행하기 위한 목적을 가진 경우에는 그것이 사인도 할 수 있는 행위라고 하더라도 국제법 위반이 된다.[74]

---

69) *Ibid.*
70) 김대순, *supra* note 3, p. 455.
71) Alex Mills, *supra* note 29, p. 195.
72) 김대순, *supra* note 3, p. 476.
73) 최태현, *supra* note 67, p. 8.

전통적으로 물리적 공간에서 해외에서의 집행관할권 행사가 금지되는 행위로는 한 국가가 법집행기관을 해외로 파견하여 물리력을 사용하여 피의자나 범죄인을 체포해 오는 경우 또는 타국 영역 내에서 형사관할권과 같은 주권적 권한을 집행할 목적으로 수사 또는 조사활동을 하는 경우 등이 해당된다.

3. 해외에서의 집행관할권 행사에 대한 각국 법원의 태도

가. 영미법계 국가

주로 영미법계 국가에서 형성·발전되어 온 사법체계인 당사자주의(adversarial system)하에서는 당사자가 소송절차를 주도하게 되며, 법관은 소극적이고 중립적인 판단자의 역할을 하게 된다.[75] 또한, 증거를 수집하고 진실을 밝히는 것은 당사자의 책임이며, 당사자에 의한 증거제출이 당사자주의의 핵심적 구성요소를 이룬다.[76]

특히 미국 법원은 제출명령(subpoena) 등을 통해 해외에 위치한 증거를 간접적으로 수집하는 것은 국가가 해외에서 집행관할권을 행사하는 것으로 간주하지 않는다.[77] 즉, 미국 법원은 제3자에게 해외에 소재한 문서 또는 해외에 저장된 데이터를 제출하도록 명령하는 경우, 해외에서의 문서

---

74) *Ibid.*, p. 13.
75) 사법정책연구원, "당사자주의와 직권주의가 조화된 적정한 재판운영", 사법정책연구원 연구총서 2019-11, 2019, p. 44.
76) *Ibid.*, p. 64.
77) Ahmed Ghappour, "Searching Places Unknown: Law Enforcement Jurisdiction on the Dark Web", *Stanford Law Review*, Vol. 69 (2017), p. 1103.

또는 데이터 수집 행위는 국가가 아닌 사인인 제3자에 의해 수행되므로 국가에 의한 집행관할권 행사가 해외에서 이루어지는 것이 아니라고 판단하는 것이다.[78]

나. 대륙법계 국가

당사자주의는 '진실의 발견'보다는 '분쟁의 해결'을 소송제도의 목적으로 삼는 반면, 직권주의(inquisitorial system)는 법관의 주도적인 조사에 의해 '실체적 진실을 발견'하는 것을 소송제도의 목적으로 삼는다.[79] 따라서 법관이 소송절차 전반에 대한 주도권을 가지며, 사실 규명을 위해 관련된 증거를 수집하고 평가할 책임을 진다. 즉, 대륙법계 국가에서 증거조사는 법원의 역할로 인식되며, 타국의 동의 없이 타국의 영토 내에서 증거조사를 하는 것은 주권의 침해로 간주된다.[80] 특히 스위스의 경우에는 타국 공무원이 자국 영토 내에서 동의 없이 집행관할권을 행사하는 경우, 이를 형법상 범죄로 규정하여 처벌하고 있다.[81]

다. 우리나라

우리나라의 경우, 과거 외국의 동의 없이 수사기관이 해외에서 범죄수사를 목적으로 조사 또는 증거수집을 하여 그러한 행위로 인해 취득한 증거의 증거능력이 문제된 사건이 있었다. 대법원은 특정범죄 가중처벌 등

---

78) *Ibid.*, p. 1105.
79) 사법정책연구원, *supra* note 75, pp. 46-47.
80) 오승진, "국제영상재판의 국제법적 쟁점과 근거", 국제법 현안 Brief 2021-제5호, 대한국제법학회, 2021, p. 2.
81) 안성훈, 김민이, 김성룡, "국제범죄수사에 있어서 외국에서 수집된 증거의 증거능력에 대한 연구", 형사정책연구원 연구총서 17-AA-10, 2017, p. 140.

에 관한 법률 위반(뇌물) 사건에서 군검찰관이 피고인을 뇌물수수 혐의로
기소한 후, 형사사법공조절차를 거치지 아니하고 외국 현지에 진출하여
그곳에서 뇌물공여자를 상대로 참고인 진술조서를 작성한 사안에서, 해당
참고인 진술조서가 위법수집증거에 해당하지 않는다고 판시하였다.[82] 대
법원은 "검찰관의 甲에 대한 참고인조사가 증거수집을 위한 수사행위에
해당하고 그 조사 장소가 우리나라가 아닌 과테말라공화국의 영역에 속하
기는 하나, <u>조사의 상대방이 우리나라 국민이고 그가 조사에 스스로 응함
으로써 조사의 방식이나 절차에 강제력이나 위력은 물론 어떠한 비자발적
요소도 개입될 여지가 없었음</u>이 기록상 분명한 이상, 이는 서로 상대방 국
민의 여행과 거주를 허용하는 <u>우호국 사이에서 당연히 용인되는 우호국
국가기관과 그 국민 사이의 자유로운 의사연락의 한 형태에 지나지 않으
므로 어떠한 영토주권 침해의 문제가 생겨날 수 없다</u>"[83]고 보았다. 또한,
대법원은 "이는 우리나라와 과테말라공화국 사이의 국제법적 문제로서 <u>피
고인은 그 일방인 과테말라공화국과 국제법상 관할의 원인이 될 만한 아
무런 연관성도 갖지 아니하므로,</u> 피고인에 대한 국내 형사소송절차에서
위와 같은 사유로 인하여 위법수집증거배제법칙이 적용된다고 볼 수 없다
(밑줄은 필자 강조)"[84]고 판단하였다.

　또한, 대법원은 이른바 '왕재산 사건'에서 수사기관이 중국, 일본 등에
서 촬영한 동영상의 캡처 사진의 증거능력에 대해서, 피고인들은 위 동영
상 캡처 사진들이 국제법상 마땅히 보장되어야 하는 외국의 영토주권을
침해하고 국제형사사법 공조절차를 위반한 위법수집증거라고 주장하였으
나, 이러한 피고인들의 주장을 배척하였다.[85] 대법원은 "비록 위 동영상의

---

82) 대법원 2011. 7. 14. 선고 2011도3809 판결.
83) 대법원 2011. 7. 14. 선고 2011도3809 판결.
84) 대법원 2011. 7. 14. 선고 2011도3809 판결.
85) 대법원 2013. 7. 26. 선고 2013도2511 판결.

촬영행위가 증거수집을 위한 수사행위에 해당하고 그 촬영 장소가 우리나라가 아닌 일본이나 중국의 영역에 속한다는 사정은 있으나, <u>촬영의 상대방이 우리나라 국민이고 앞서 본 바와 같이 공개된 장소에서 일반적으로 허용되는 상당한 방법으로 이루어진 촬영으로서 강제처분이라고 단정할 수 없는 점</u> 등을 고려하여 보면, 위와 같은 사정은 그 촬영행위에 의하여 취득된 증거의 증거능력을 부정할 사유는 되지 못한다(밑줄은 필자 강조)"86)고 판시하였다.87)

우리 대법원은 우리나라 수사기관이 타국의 동의 없이 또는 형사사법공조절차를 거치지 않고 타국에서 행한 참고인 조사 또는 사진촬영과 같은 증거수집 행위일지라도, 그것이 우리나라 국민을 상대로 이루어진 행위이며, 강제력을 수반하지 않고 일반적으로 허용되는 상당한 방법으로 이루어진 것이라면 영토주권의 침해 문제가 발생하지 않는다고 보고 있다.

---

86) 대법원 2013. 7. 26. 선고 2013도2511 판결.
87) 이 사건의 2심인 서울고등법원 2013.2.8. 2012노80 판결에서도 "중국·일본과 사이에 형사사법공조절차를 거치지 아니하고 위와 같이 수사행위에 해당하는 사진 촬영을 함으로써 이로 인한 영토주권 침해의 문제가 생겨날 가능성이 있다고 하더라도, 이는 우리나라와 중국 또는 일본 사이의 국제법적 문제로서 피고인 1, 2, 5는 중국 또는 일본과 사이에 국제법상 관할의 원인이 될 만한 아무런 연관성도 갖고 있지 아니하므로 위 피고인들에 대한 국내 형사소송절차에서 위와 같은 사유로 인하여 위법수집증거배제법칙이 적용된다고 볼 수 없다"고 보았다.

제3장

사이버공간에서의
관할권 행사와 관련 문제

제1절 사이버공간에서의 관할권 행사

지금까지는 국제법상 관할권 행사의 기본원칙과 집행관할권 행사의 영토적 한계에 대하여 살펴보았다. 전통적인 관할권 개념은 대부분 오프라인 공간에서의 관할권 행사에 초점이 맞춰진 상황에서 발전했다. 또한, 관할권 행사에 관한 원칙은 영토를 기반으로 한 주권국가의 존재를 전제로 하고 있다.[1] 그러나 1990년대 말부터 인터넷이 대중화되면서 등장한 사이버공간에서의 행위에 대해서는 기존의 관할권 원칙을 적용하기 어려워지는 문제가 발생하였다. 19세기 이후 발전된 관할권 행사의 기본원칙은 영토와 국가주권의 개념을 중심으로 발전하여 왔으나, 21세기의 사이버공간은 국경을 넘나드는 비영토적인 가상공간이기 때문이다.[2]

이와 관련하여 '과연 국가는 사이버공간에서 관할권을 행사할 수 있는가? 만약 그렇다면, 국가는 어느 범위까지 관할권을 행사할 수 있는가?'와 같은 문제가 제기될 수 있다. 이러한 문제가 제기되는 이유는 전통적으로 영토의 개념은 물리적 공간을 의미하였고 일반적으로 국가는 자신의 영토 범위 내에서 관할권을 행사해왔기 때문이다.[3]

이 절에서는 사이버공간과 관할권 문제에 대한 초기 학자들의 견해를 살펴본다. 그런 다음 사이버공간에서의 관할권 행사와 관련된 쟁점에 대한 법원의 판단을 독일, 영국, 프랑스 등의 국내 법원의 판결 및 국제재판소의 판결을 중심으로 분석한다.

---

1) 정인섭, 신국제법강의, 박영사, 2021, p. 239.
2) 김대순, 국제법론, 삼영사, 2019, pp. 476-477.
3) David Johnson and David Post, "Law and Borders: The Rise of Law in Cyberspace", *Stanford Law Review*, Vol. 48, 1996, p. 1367.

1. 사이버공간의 규제 가능성

1990년대 중반부터 1990년대 말까지는 사이버공간에 대한 규제의 필요성과 관련하여 소위 사이버 자유주의자(cyber-libertarian)와 사이버 규제주의자(cyber-paternalist)의 입장이 대립하였다.4)

1996년 2월 8일 John Perry Barlow는 '사이버스페이스 독립선언문'(A Declaration of the Independence of Cyberspace)을 발표하였다.5) 이 선언문에서 그는 사이버공간은 현실세계의 법과 정부가 아무런 효력을 미치지 못하는 완전히 독립된 공간이라고 주장하였다.6)

이러한 주장은 사이버 자유주의 또는 사이버 이상주의(cyber-utopianism) 학파에 의해 지지를 받게 되었다. 사이버 자유주의자에 의하면, 국가는 해당 국가의 관할권 내에서만 법을 집행할 수 있으며, 현실 세계에서 특정 국가의 관할권 내에 있는 국민이 새로운 가상의 경계를 넘어서 전혀 다른 세계인 사이버공간에 들어가게 되면, 그곳에서는 기존 국가의 법률이 유효하지 않게 된다.7) 사이버 자유주의자들은 디지털 환경에서의 물리성의 부재를 근거로 사이버공간에서는 기존 국가가 관할권을 행사하지 못하며, 현실 세계의 법집행기관은 '주권적 사이버공간'(sovereign cyberspace)에서는 관할권을 행사할 정당성을 상실한다고 주장하였다.8) 즉, 사이버 자유주의자들은 사이버공간을 개념적으로 완전히 별개의 국가로 생각하였다.

사이버 자유주의를 주장한 대표적인 학자인 David Johnson과 David

---

4) Andrew Murray, *Information Technology Law*, 4th Edition, Oxford University Press, 2019, p. 55.
5) John Perry Barlow, "A Declaration of the Independence of Cyberspace", February 8, 1996. https://www.eff.org/cyberspace-independence 참조.
6) Andrew Murray, *supra* note 4, p. 55.
7) *Ibid.*, p. 56.
8) *Ibid.*

Post는 1996년 5월 발표한 논문 'Law and Borders: The Rise of Law in Cyberspace'에서 전통적인 주권국가는 사이버공간에서는 효과적으로 기능하지 못한다는 주장에 대한 법률적 해석을 시도하였다.9) 이 논문에서 저자들은 사이버공간의 개인들은 서로 다른 규제체계에 의해 규율되는 영역을 본인의 선호에 따라 마음대로 넘나들 수 있으며, 이러한 개인의 행위를 효과적으로 규제하는 것은 불가능하다고 보았다.10)

사이버 자유주의에 반대하는 사이버 규제주의자들은 사이버공간은 현실 세계의 규제로부터 면제되지 않는다고 주장하였다.11) 대표적인 사이버 규제주의자는 Joel Reidenberg 교수로 그는 사이버공간의 규제를 위한 새로운 모델과 규정이 마련되어야 한다고 주장하였다. 따라서 국가와 민간기업, 국민이 참여하는 새로운 규칙 제정 절차가 필요하며 다양한 인터넷 서비스제공자와의 약정 체결과 네트워크 아키텍처를 기반으로 한 규제가 가능하다고 보았다.12) 또한, Reidenberg는 Lex Informatica라는 개념을 도입하여 온라인 환경에서 규제에 대한 새로운 방법을 제안하였는데, Lex Informatica는 기술 또는 시스템 디자인에 의해 네트워크 사용자들에게 부과되는 법을 의미한다.13)

초기의 인터넷은 지금처럼 대중화되거나 상용화되지 않았고, 네트워크 설계나 구조 역시 일부 기술자에 의해서 결정되었다. 초기에는 인터넷이 완전히 새로운 세상이며, 국가의 규제에서 벗어날 수 있는 공간이라는 사이버 자유주의자의 입장이 지지를 받았으나, 그러한 주장은 이상에 불과

---

9) David R. Johnson and David G. Post, *supra* note 3.
10) *Ibid.*
11) Andrew Murray, *supra* note 4, p. 60.
12) Joel R. Redienberg, "Governing Networks and Rule-making in Cyberspace", *Emory Law Journal*, Vol. 45, 1996.
13) Joel R. Reidenberg, "*Lex Informatica*: The Formulation of Information Policy Rules through Technology", *Texas Law Review*, Vol. 76, 1998.

하였다. 결국, 국가들은 사이버공간에서 행해지는 불법행위를 규제하기 위한 법률을 제정하거나 기존의 법률을 확대 적용하는 방법으로 사이버공간에서의 행위를 규제하기 시작하였고 사이버 자유주의와 사이버 규제주의 논쟁은 1990년대 말 종결되었다.

2. 사이버공간에서의 속지주의 적용

국경을 기반으로 하는 기존의 법률체계는 사이버공간에서 제대로 적용되기 어렵다.[14] 즉, 영토를 기반으로 한 관할권 행사의 기본원칙은 '탈 영토적인(de-territorialized)' 사이버공간에 그대로 적용하기 어려워지고 있으며, 특히 기술의 발전에 따라 사이버공간에서 발생하는 통신이나 거래, 범죄 등 행위의 양상이 점점 더 복잡해짐에 따라, 이러한 문제는 더욱 심화되고 있다.[15] 이러한 사이버공간에서의 관할권 문제에 대해서는 패러다임의 전환이 요구되고 있다.

속지주의는 각국의 형사법에서 다양한 형태로 규정되어 실현되고 있으며, 국가는 관할권을 확립하기 위해 상당한 영토적 관련성(substantial territorial connection)을 요구하고 있다. 그러한 관련성에는 영토 내에서의 효과 발생, 식별된 인터넷 프로토콜(Internet Protocol, IP) 주소를 통해 확인할 수 있는 해당 영토 내 범인의 컴퓨터 위치, 그리고 로컬 서버에 저장된 데이터 등이 포함될 수 있다.[16]

사이버공간에서의 관할권의 행사는 관할권보다는 인권에 대한 문제를

---

14) David R. Johnson and David G. Post, *supra* note 3, p. 1367.

15) Alex Mills, "Rethinking Jurisdiction in International Law", *British Yearbook of International Law*, Vol. 84, No. 1, 2014, p. 197; 정인섭, *supra* note 1, p. 240.

16) Cedric Ryngaert, *Jurisdiction in International Law*, Second Edition, Oxford University Press, 2015, pp. 79-80.

불러일으킬 수 있다. 보통 개인은 자국법에서는 합법인 콘텐츠를 인터넷에 게재할 때 그것이 외국에 있는 이용자를 대상으로 할 것을 의도하지 않으며, 그러한 콘텐츠가 외국법을 적용받을 것이라고 예상하지 못한다.17) 모든 사람이 모든 국가의 법을 안다고 기대할 수 없으며, 만약 인터넷에 게재한 콘텐츠에 대하여 엄격한 외국법을 적용받게 되거나, 다운로드되는 장소에 따라 콘텐츠의 내용을 수정해야 한다고 한다면, 이는 통상적으로 받아들이기 힘들 것이다.18)

또한, 전 세계 거의 모든 국가에 서비스를 제공하고 있는 글로벌 서비스 제공자가 사이트에 접근 가능한 모든 국가의 법규정을 준수한다는 것은 실질적으로 불가능하다. 특히 온라인 기업들은 자신의 본사 소재지, 설립지 또는 웹사이트의 호스팅 서버 소재지 등 국가의 법만 적용받아야 한다고 주장해왔다.19) 이는 이른바 "발신지 접근방식(origin approach)"을 취하는 것으로 온라인 활동의 수신지(destination)가 아닌 발신지(origin)를 근거로 규제권한을 할당하고자 하는 것이다. 이러한 접근방식의 주된 장점은 온라인 행위자의 책임부담이 합리적인 수준이라는 점과 이러한 접근방식을 따를 경우 집행의 흠결 문제는 발생하지 않는다는 점이다.

대다수 국가는 이러한 발신지 접근방식을 반대하고 있는데, 이러한 접근방식을 수용하지 않는 주된 이유는 이것이 자국 영토에 대한 국가의 규제 권한을 침해하기 때문이다.20) 발신지 접근방식에 따르면, 주로 온라인 기업들이 소재한 미국과 같은 국가의 법을 적용받게 되는데, 온라인 플랫폼에 자국민이 명예훼손성 표현과 같은 자국법을 위반한 표현물을 게재하

---

17) *Ibid.*, pp. 80-81.
18) *Ibid.*, p. 81.
19) Uta Kohl, "Jurisdiction in Cyberspace", in Nicholas Tsagourias and Russel Buchan(eds), Research Handbook on International Law and Cyberspace, Edward Elgar Publishing Limited, 2015, p. 49.
20) *Ibid.*, p. 50.

거나, 사기 등과 같은 범죄를 저지르더라도 국가가 이러한 행위에 대해 자국법을 적용하여 규제하지 못하게 된다.

모든 온라인 활동은 특정 국가 영역 내에서 발생하는 것이 아니며, 어느 국가도 온라인에서의 행위를 규제할 수 있는 우선적인 권한을 갖지 못한다.[21] 그러나 국가는 온라인 활동과 해당 국가 간의 영토적 관련성에 의존하여 관할권을 주장하여 왔다. 즉, 국가는 자국 영토에서 특정 웹사이트에 접근할 수 있다는 '접근가능성'(accessibility)에 기초하여 관할권의 행사를 정당화해왔다.[22] 또한, 2010년대에 들어 국가는 관할권 행사의 정당화 근거로 이른바 '지향 이론'(targeting doctrine)을 발전시켰는데, 이 이론은 전 세계에 온라인 서비스를 제공하고 있는 서비스제공자가 해당 국가의 국민을 대상(target)으로 하여 서비스를 제공하고 있고 광고 등 영업활동을 하고 있다면, 해당 국가의 영토 내에서 상업적 활동을 영위하는 것으로 보아 관할권을 인정하는 이론이다.

가. 접근가능성(accessibility) 이론

1) 프랑스 LICRA v. Yahoo! 판결

2000년 5월 프랑스의 유대단체인 '인종차별과 반유대주의에 대한 저항연대'(La Ligue Contre le Racisme et L'Antisemitisme: The League against Racism and Anti-Semitism, 이하 LICRA)와 '재불 유대학생회'(L'Union des Etudiants Juifs De France: French Union of Jewish Students, 이하 UEJF)는 미국의 모회사인 야후(Yahoo! Inc.)와 야후 프랑스(Yahoo! France)를 상대로 제소하였다.[23] 야후가 운영하는 인터넷 경매사이트에서는 나치 기념물

---

21) *Ibid.*, pp. 37-38.
22) *Ibid.*, p. 38.

을 판매하고 있었는데, 이 사이트는 프랑스에서도 접근이 가능했다. 이러한 행위는 미국에서는 합법적인 행위였으나 프랑스 형법상 그러한 물건을 판매하는 행위는 불법이었다.24)

프랑스 파리지방법원(The Tribunal de Grande Instance in Paris)은 야후가 프랑스 형법(R.645-1)을 위반했으며, 그로 인해 자국에서 피해가 발생하였으므로, 이 사건에 대해 관할권을 가진다고 판시하였다.25) 야후는 웹사이트의 내용이 미국 수정헌법 제1조의 표현의 자유에 의해 보호되는 표현이라고 주장하였으며, 야후의 서비스는 주로 미국에 있는 인터넷 이용자들에 대해 이루어지고, 서버 역시도 미국에 소재하고 있으므로 프랑스법원은 관할권을 가지지 않는다고 주장하였다.26) 프랑스 법원은 야후의 주장을 배척하였고, 야후가 나치 관련 물건의 전시를 가능하게 하고, 프랑스 인터넷 이용자들이 그러한 전시 및 거래에 직접 참여할 수 있도록 허용함으로써 프랑스의 영토 내에서 프랑스 형법을 위반하였다고 보았다.27) 프랑스 법원은 야후에는 'Yahoo.com 사이트에서 나치 관련 물건을 전시 또는 판매하는 것을 금지하기 위해 필요한 조치를 취할 것'을 명령하였고 야후 프랑스에는 '해당 사이트를 열람하는 것은 프랑스 법을 위반할 위험이 있다는 사실을 모든 인터넷 이용자들에게 경고할 것'을 명령하였다.28)

---

23) LICRA & UEJF v. Yahoo!, Inc. & Yahoo France, T.G.I. Paris, Nov. 20, 2000.
24) Andrew Murray, *Information Technology Law*, Oxford University Press, 2016, p. 119.
25) Elissa A. Okoniewski, "Yahoo!, Inc. v. LICRA: The French Challenge to Free Expression on the Internet", *American University International Law Review*, Vol. 18, No. 1, 2002, p. 314.
26) Andrew Murray, *Information Technology Law*, Oxford University Press, 2016, p. 119.
27) 장신, "야후 사건으로 본 사이버공간과 국제재판관할", 법학논총 제24권 제1호, 2004, pp. 117-118.
28) Andrew Murray, *supra* note 4, p. 95.

야후는 미국 연방 캘리포니아 북부지방법원(United States District Court for the Northern District of California)에 대하여 프랑스 법원의 판결은 미국 수정헌법 제1조를 위반하였으므로 동 판결의 집행이 불가능하다는 선언적 판결을 구하는 소를 제기하였다.[29] 2001년 6월 연방지방법원은 LICRA와 UEJF에 대하여 인적 관할을 갖는다고 보았다.[30] 또한, 법원은 프랑스 법원의 판결을 집행하는 것은 수정헌법 제1조에 따른 야후의 권리와 양립되지 못하므로 미국의 공공정책(public policy)을 위반하는 것이라고 판시하였다.[31] 이에 LICRA와 UEJF는 항소하면서 지방법원이 인적 관할권을 판단함에 있어서 오류를 범하였으며, 해당 사건이 아직 성숙되지 않았다고 주장하고[32] 다른 법원의 권한을 침해할 수 있는 가능성이 있는 경우, 심리를 자제해야 한다는 자제의 원칙(abstention doctrine)이 적용되어야 한다고 주장하였다.[33]

이 사건은 두 차례에 걸쳐 항소가 진행되었는데, 첫 번째 항소심에서 연방항소법원은 지방법원이 인적 관할을 판단함에 있어 오류를 범하였다고

---

29) *Ibid.*, p. 97.

30) Yahoo!, Inc. v. La Ligue Contre le Racisme et L'Antisemitisme, 169 F.Supp. 2d 1181, 1186 (N.D. Cal. 2001).

31) Yahoo!, Inc. v. La Ligue Contre le Racisme et L'Antisemitisme, 169 F.Supp. 2d 1181, 1186 (N.D. Cal. 2001).

32) 미국 법체계에서 '상황성숙성 원칙(ripeness doctrine)'이란 연방대법원의 판례에 따라 인정된 것으로서 법원에 제기된 행정청 행위가 사법심사를 위해 성숙되지 않았을 때는 사법심사의 대상이 될 수 없다는 원칙을 의미한다. 1967년 Abbott Laboratories, Inc. v. Gardner 판결에서 연방대법원이 제시한 행정입법의 사법심사에 대한 상황성숙성 요건은 크게 두 가지로, 첫째, 당해 쟁점이 사법적 결정을 위해 적합한 것이어야 하고, 둘째, 사법심사의 지연이 소송당사자에게 곤란을 초래하는 것이어야 한다. Abbott Laboratories, Inc. v. Gardner, 387 U.S. 136 (1967); 금태환, "미국행정입법심사에 있어서의 성숙성", 행정법연구 제9호(2003), pp. 207-210; 황의관, "미국행정법의 행정입법에 대한 집행전 사법심사에 대한 연구 -Abbott 판결과 그 시사점을 중심으로-". 공법연구 제42권 제1호, (2013), pp. 651-652, 663.

33) Andrew Murray, *supra* note 4, p. 98.

판단하였다.[34] 이에 야후는 다시 항소하였고, 두 번째 항소심에서는 인적
관할은 인정되나 사건이 아직 성숙되지 않았다고 판단하여 항소를 받아들
이지 않았다.[35] 야후는 이에 연방대법원에 상고하였으나 2006년 5월 사건
이송 명령(*certiorari*) 신청이 기각되었다.[36]

2) 독일 Töben 판결

1944년 독일 태생인 피고인 퇴벤(Töben)은 1954년 호주로 이민을 하여
호주 국적을 가지고 있었다. 그는 1992년부터 유대인 대학살 문제를 다루
어 왔는데, 1996년에는 아델레이드 연구소(Adelaide Institute)를 설립하여,
연구소장으로 근무하고 있었다.[37]

퇴벤은 유대인 학살문제를 연구한 뒤, 자신이 운영하는 웹사이트에 유
대인 대학살의 수정주의(revisionism)를 주장하는 글을 작성하여 게시하였
다.[38] 그는 나치 치하에 범해진 유대인 학살을 부정하였고, 이는 유대인
집단이 경제적인 요구를 관철시키고 독일인들을 정치적으로 비방하기 위
해 날조한 것이라고 주장하였고, 독일의 여러 수신자에게 나치의 홀로코
스트를 부정하는 내용의 이메일을 발송하였다.[39] 퇴벤이 게시물을 올린

---

34) Yahoo! Inc. v. La Ligue Contre le Racisme et L'Antisemitisme, 379 F.3D 1120
   (9th Cir. 2004).
35) Yahoo! Inc. v. La Ligue Contre Le Racisme et L'Antisemitisme, 433 F.3d 1199
   (9th Cir. 2006).
36) 연방대법원의 이와 같은 결정은 2001년 1월 야후가 야후 웹사이트에서 나치 관련
   물품의 전시를 허용하지 않을 것이며, 새로운 필터링 시스템과 모니터링 시스템을
   도입할 것이라고 발표한 점을 고려한 것으로 보이며, 사실상 야후는 2001년 1월부
   터 프랑스 법원의 명령을 이행한 셈이다. Andrew Murray, *supra* note 4, p. 99.
37) 박희영, "인터넷을 통한 급진사상의 전파와 형법의 장소적 적용범위", 법제 제560
   호, 2004.
38) Uta Kohl, *Jurisdiction and the Internet: Regulatory Competence over Online
   Activity*, Cambridge University Press, 2007, pp. 100-101.

웹사이트는 호주에 있는 서버에서 호스팅되고 있었고, 해당 표현물은 독일 형법상 국민선동죄(제130조 제1항 및 제3항)와 사자의 모욕 및 명예훼손죄(제185조, 제189조)의 구성요건을 충족하는 것이었다. 이후 그는 유럽여행 도중에 독일 경찰에 의해 체포되어 기소되었다.

2000년 독일 연방대법원의 Töben 판결40)의 쟁점은 외국에 거주하고 있는 외국인이 모욕적이고 국민선동적인 내용을 인터넷에 게시한 경우에, 독일 형법을 적용하여 처벌할 수 있는지에 관한 것이었다.41) 즉, 인터넷상 표현범죄의 경우 그 행위를 어떠한 요건 하에서 독일 형법상 국내범이라고 판단할 수 있으며, 어떠한 경우에 독일이 관할권을 행사할 수 있는지가 주된 쟁점이었다. 독일 형법 제9조 제1항에 따르면, 범죄가 행해진 장소를 "정범이 행위를 하였거나 또는 부작위범의 경우에는 행위를 하였어야 하는 장소 또는 구성요건에 해당하는 결과가 발생하였거나 또는 행위자의 의사에 따라 결과가 발생하였어야 할 장소"라고 규정하고 있다.42) 연방대법원은 외국인이 독일 형법 제130조 제1항 또는 제3항43)에 해당하는 대중

---

39) 김재윤, "인터넷상 '아우슈비츠 거짓말' 에 대한 독일 연방대법원 판례 고찰", 법학논총 제36권 제4호, 2016, p. 320.

40) BGH: Verbreitung der Auschwitz-Lüge im Internet (BGH, 12 December 2000, 1 StR 184/00, LG Mannheim), Neue Juristische Wochenschrift, Heft 8 (2001).

41) 김재윤, *supra* note 39, p. 322.

42) 법무부, 독일 형법, 2008, p. 17.

43) 법무부, 독일 형법, 2008, pp. 120-121.

제130조 (국민선동) ① 공공의 평온을 교란하기에 적합한 방법으로 다음 각호의 1에 해당하는 행위를 한 자는 3월 이상 5년 이하의 자유형에 처한다.

1. 일부 주민에 대한 증오심을 선동하거나 그에 대한 폭력적·자의적 조치를 촉구하는 행위

2. 일부 주민을 모욕 또는 악의로 비방하거나 허위사실에 의하여 명예를 훼손함으로써 인간의 존엄을 침해하는 행위

③ 국가사회주의(나치) 지배 하에서 범하여진 국제형법 제6조 제1항에서 규정된 종류의 행위를 공공의 평온을 교란하기에 적합한 방법으로 공연히 또는 집회에서 승인, 부인, 고무한 자는 5년 이하의 자유형 또는 벌금형에 처한다.

선동죄의 구성요건을 충족시키는 표현을 독일에서 인터넷 이용자가 접근 가능한 외국 서버에 운용되는 인터넷에 게시했을 경우, 이러한 행위의 구성요건에 해당하는 결과는 독일 내에서 발생한 것이므로 객관적 속지주의를 근거로 관할권을 주장하였다.[44]

연방대법원은 비록 외국인이 외국에 위치한 서버에 국민선동적인 글을 게시하더라도 독일에서 독일 국민의 일부가 그러한 게시물에 접근하여 열람할 수 있다면, 외국인이 해당 표현물을 온라인에 게시한 행위는 형법 제130조에서 규정하는 '공공의 평온을 교란하기에 적합한 방법'에 해당된다고 보았다.[45] 또한, 이러한 표현물은 독일의 역사에 비추어 볼 때, 독일의 영토와 특별한 관련성(a special link)을 가진다고 판시하였다.[46] 그리하여 연방대법원은 당해 판결을 통해서 독일 형법의 적용범위를 확대시키게 된 것이다.[47]

3) 영국 R v. Sheppard & Anor 판결

영국에 거주하는 Simon Sheppard와 Stephen Whittle은 2005년 이전부터 "heretical.com"이라는 웹사이트를 운영하기 시작하였다. 이 웹사이트는 백

---

44) BGH: Verbreitung der Auschwitz-Lüge im Internet (BGH, 12 December 2000, 1 StR 184/00, LG Mannheim), Neue Juristische Wochenschrift, Heft 8 (2001), p. 627; Uta Kohl, *supra* note 38, p. 101에서 재인용.
45) *Ibid.*
46) BGH: Verbreitung der Auschwitz-Lüge im Internet (BGH, 12 December 2000, 1 StR 184/00, LG Mannheim), Neue Juristische Wochenschrift, Heft 8 (2001), p. 628; Uta Kohl, *supra* note 38, p. 101에서 재인용.
47) 그러나 이 사건에서 웹사이트의 주제가 보편적인 이해관계를 가지는 것인지 여부는 불분명하였고 웹사이트의 게시물은 영어로 작성되었으며, 수사를 진행한 독일 경찰 외에 실제로 독일에서 누군가가 해당 웹사이트의 게시물에 접근했는지 여부는 나타나 있지 않다. Uta Kohl, *supra* note 38, p. 101.

인우월주의와 네오나치주의를 표방하였고 이는 영국의 공공질서법(Public Order Act)에 의하여 범죄를 구성하는 것이었다. 이 웹사이트는 미국 캘리포니아에 있는 웹서버에서 운영되고 있었는데, Sheppard와 Whittle은 해당 사이트에 홀로코스트를 부정하는 'Tales of the Holohoax'라는 제목의 그림 파일을 게시하였다. 이들은 1986년 공공질서법 제19조에 따라 기소되었고, 피고인들은 미국으로 도주하여 망명을 신청하였으나 거부되었다. 결국, 피고인들은 영국 법원에서 유죄가 확정되었고 각각 4년 10월과 2년 4월의 징역형을 선고받았다. 이에 피고인들은 양형부당을 이유로 항소하였다.[48]

Sheppard와 Whittle은 해당 표현이 캘리포니아에서 공표된 것이고 이러한 표현은 미국 수정헌법 제1조에 의해 보호되는 것이므로 영국 법원이 해당 사건에 대해 관할권을 가지지 않는다고 주장하였다.[49] 법원은 범죄를 구성하는 행위의 실질적인 조치가 영국에서 발생하였기 때문에 영국 법원이 관할권을 갖는다고 판시하면서 피고인들의 주장을 배척하였다.[50] 영국 법원은 Sheppard와 Whittle을 영국 법에 따라 기소함으로써 법적(de lege) 관할권과 사실상의(de facto) 관할권을 확립하였지만, 법원이 캘리포니아 서버에 남아 있는 해당 내용 자체를 삭제하는 등 조치를 할 수는 없었다.[51] 실제로 2011년 초까지만 하더라도 영국에서는 해당 웹사이트에 방문하여 문제된 내용을 다운로드할 수 있었다.[52] 법원이 피고인들을 기소하여 처벌하였지만, 범죄행위 자체는 계속되고 있었던 것이다.[53] Sheppard는 2011년 초, 가석방 조건으로 문제가 된 표현물을 자진해서 삭제하였고 가

---

48) R v. Sheppard & Anor [2010] EWCA Crim 65, paras. 1-8.
49) Benedikt Pirker, "Territorial Sovereignty and Integrity and the Challenges of Cyberspace", in Katharina Ziolkowski(ed.), *Peacetime Regime for State Activities in Cyberspace*, NATO CCD COE Publications, December 2013, pp. 198-199.
50) R v. Sheppard & Anor [2010] EWCA Crim 65, para. 20.
51) Andrew Murray, *supra* note 4, p. 121.
52) *Ibid.*
53) *Ibid.*

석방되었다.[54]

4) 호주 대법원 Dow Jones & Co. v. Gutnick 판결

2002년 호주 대법원(High Court)은 Dow Jones & Co. v. Gutnick 사건[55]에서 명예훼손 관련 소송에서 위해가 발생한 곳은 그 내용을 독자가 읽은 장소이지, 명예훼손적인 내용이 작성된 곳이 아니므로[56] 인터넷에서 '공표(publication)'가 발생한 장소는 그 자료가 다운로드 된 곳이고, 그 장소가 속한 국가가 적절한 재판관할권을 가진다고 판시하였다.[57] 이 사건에서 호주 대법원은 월드와이드웹(World Wide Web)상의 표현물의 경우에 그것이 이용자가 웹브라우저를 통해 특정 웹서버에서 해당 표현물을 다운로드 할 때 비로소 인지가능한 형태가 되고 이용자가 해당 표현물을 다운로드 하는 장소에서 명예훼손의 결과가 발생하며, 그 장소가 명예훼손이라는 행위가 일어난 장소라고 보았다.[58]

Joseph Gutnick은 당시 유명한 호주의 사업가이자 정치가였는데 미국 출판업자 Dow Jones를 상대로 미국 잡지인 Barrons Online이 자신의 명예를 훼손하는 사진을 게재하였다는 이유로 소송을 제기하였다.[59] 이 잡지는 주로 미국 독자들을 대상으로 서비스가 되지만, 호주에도 약 1,700명 정도의 구독자가 있었다. 호주 대법원은 호주에도 상당수의 구독자가 존재하기 때문에 피고와 호주 간의 합리적이고 충분히 강력한 관련성을 인

---

54) *Ibid.*
55) Dow Jones & Co. v. Gutnick [2002] HCA 56; 210 CLR 575.
56) Common Law 체계에서 명예훼손(libel)의 발생장소를 판단할 때에는, 명예훼손의 결과로 손해가 발생한 장소 즉, 명예훼손의 내용이 담긴 글이 출판된 곳이 아니라, 독자들이 그 글을 읽은 곳으로 보고 있다.
57) Andrew Murray, *Information Technology Law*, 3rd Edition, 2016, pp. 184-185.
58) *Ibid.*, p. 185.
59) *Ibid.*, p. 183.

정할 수 있다고 보았다. 왜냐하면, 해당 잡지의 발행인은 호주에서 서비스
를 제공할 것을 의도하였고 호주에서 해당 잡지가 구독되고 영향력을 가
질 것이라는 점을 알고 있었기 때문이다.

나. 지향 이론(targeting doctrine)

1) 유럽사법재판소의 구글 스페인(Google Spain) 사건[60]

2010년 3월 5일 스페인 변호사인 Mario Costeja González는 스페인 La
Vanguardia 신문에 1998년 실린 자신의 부채 및 재산 강제매각 기사가
2009년까지 구글(Google)에서 검색되자, 개인정보보호 감독기구(AEPD,
Agencia Española de Protección de Datos)에 소장을 접수하였다.[61] González
는 두 가지 사항을 요청하였는데, 첫째, La Vanguardia에 대해서는 그와
관련된 개인정보가 더 이상 나타나지 않도록 그러한 페이지를 삭제하거나
변경할 것 또는 검색엔진에 의해 이용가능한 데이터 보호 수단을 사용할
것을 청구하였고, 둘째, 구글 스페인(Google Spain) 또는 구글(Google Inc.)
에 대해서는 La Vanguardia 관련 링크에 더 이상 현출되지 않고 검색 결과
에 포함되는 것이 중지되도록 그와 관련된 개인정보를 삭제하거나 은닉할
것을 청구하였다.[62] AEPD는 신문사에 관한 부분은 언론자유에 관한 사항
임을 들어 거부하고, 구글(Google)에 대해서는 신문사의 기사 일부가 명예

---

60) Case C-131/12, Google Spain SL v. Agencia Española de Protección de Datos
   (May 13, 2014), http://curia.europa.eu/juris/document/document.jsf?text=&docid=
   152065&doclang=EN.
61) Case C-131/12, Google Spain SL v. Agencia Espanola de Proteccion de Datos
   (May 13, 2014), para. 14.
62) Case C-131/12, Google Spain SL v. Agencia Espanola de Proteccion de Datos
   (May 13, 2014), para. 15.

훼손 가능성이 있으므로 검색 결과에서 해당 기사 링크를 중단하라고 명령하였다.[63]

구글(Google)은 이에 불복해 스페인 국가고등법원(Audiencia Nacional)에 소송을 제기하면서, 검색엔진은 콘텐츠 중개자이므로 콘텐츠에 대한 책임을 질 수 없고, 중개자에 대한 제3자의 콘텐츠 검열 요구는 프라이버시 보호에 도움이 되지 않을 뿐만 아니라 표현의 자유를 침해하는 결과를 가져온다고 주장하였다.[64]

스페인 법원은 이에 대한 사법적 판단을 위한 선결 조건으로, 유럽사법재판소(Court of Justice of the European Union, CJEU)에 해당 사항에 대한 선결적 평결(preliminary rulings)을 부탁하였다.[65]

2014년 5월 CJEU는 미국 회사인 구글(Google)의 검색엔진으로 수행된 개인정보 처리에 스페인 개인정보보호법이 적용되며, 구글 스페인(Google Spain)은 CJEU의 관할 범위에 해당한다고 판단하였다. 구글(Google)의 지사인 구글 스페인의 광고 등 활동이 구글의 검색엔진을 경제적으로 이익이 되게 하는 수단이 되어서 둘 사이의 '불가결한 연관성'(inextricable link)이 확인됨으로써 동 개인정보 처리가 구글 스페인의 활동의 일환으로 수행되었다고 본 것이다.[66] 즉, EU 개인정보보호 지침(Directive 95/46/EC)[67] 제4

---

63) Case C-131/12, Google Spain SL v. Agencia Espanola de Proteccion de Datos (May 13, 2014), paras. 16-17.

64) Case C-131/12, Google Spain SL v. Agencia Espanola de Proteccion de Datos (May 13, 2014), para. 18.

65) Case C-131/12, Google Spain SL v. Agencia Espanola de Proteccion de Datos (May 13, 2014), para. 20.

66) Case C-131/12, Google Spain SL v. Agencia Espanola de Proteccion de Datos (May 13, 2014), paras. 46-47.

67) Directive 95/46/EC of the European Parliament and of the Council of 24 October 1995 on the protection of individuals with regard to the processing of personal data and on the free movement of such data, OJ L 281, 23.11.1995, pp. 31-50.

조(1)(a)에 따라 회원국 영토 내의 자회사 또는 지점을 통해 해당 회원국의 국민에 대하여 회원국의 언어로 정보를 제공하거나 광고를 제공하는 경우[68]에는 회원국의 영토 내의 행위로 해석되어야 하며 이에 따라 회원국 법원의 관할에 해당한다고 판시하였다.[69]

2) 캐나다 대법원 Google v. Equustek 사건[70]

캐나다 네트워크 기기 제조업자인 Equustek은 온라인 유통을 위해 Datalink 와 판매점 계약을 체결하였고, 2011년 Equustek은 Datalink가 Equustek 제품을 모방하여 자사 제품으로 사칭한다고 고발하였다.[71] 1심 법원은 Datalink 는 보유하고 있는 모든 서류를 Equustek에게 반환하고 Datalink와 Equustek 는 아무런 관련이 없다는 성명서를 웹사이트에 게시하도록 명령하였으나 Datalink는 법원의 명령에 불복하고, 외국의 알려지지 않은 장소로 이전하여 온라인상에서 지속적으로 Equustek 모조품을 판매하였다.[72] 이에 Equustek은 British Columbia 지방법원에 전 세계 모든 구글(Google) 사이트의 검색엔진에서 Datalink의 웹사이트를 삭제하도록 하는 금지명령 (Injunction)을 청구하였다.[73]

캐나다 British Columbia 지방법원에서는 소송당사자가 아닌 구글에게 검색엔진에서 Datalink의 웹사이트를 삭제하도록 하는 명령을 내릴 수 있는지 여부 및 캐나다 역외에 적용되는 금지명령을 내릴 수 있는지 여부에

---

68) 구글은 스페인에 자회사인 Google Spain SL을 통해 스페인에서 활동하고 있고 스페인에서 검색엔진에 키워드 광고 공간을 홍보하고 판매하고 있었다.
69) Case C-131/12, Google Spain SL v. Agencia Espanola de Proteccion de Datos (May 13, 2014), para. 100.
70) Google Inc. v. Equustek Solutions Inc., 2017 SCC 34.
71) Google Inc. v. Equustek Solutions Inc., 2017 SCC 34, para. 3.
72) Google Inc. v. Equustek Solutions Inc., 2017 SCC 34, para. 11.
73) Google Inc. v. Equustek Solutions Inc., 2017 SCC 34, para. 17.

대하여 판단하였다.74) 구글(Google Inc.)은 소송당사자가 아닌 제3자에게 금지명령을 내릴 수 없으며, 금지명령은 피해방지를 위해 비효율적이고, 불필요할 뿐만 아니라 역외적용이 되는 금지명령은 표현의 자유를 침해한다고 주장하였다.75) 그러나 법원은 구글에 대한 금지명령을 내렸고, 이는 항소심에서도 인정되어 구글은 캐나다 대법원에 상고하였다.

2017년 6월 28일 캐나다 대법원은 구글의 상고를 기각하고 구글에 대한 금지명령을 인정하였다. 대법원은 Datalink의 행위로 인해 Equustek에게 회복할 수 없는 손해를 끼쳤으며, Equustek이 입은 손해에 비하면 금지명령에 따른 삭제조치로 구글이 감수해야 하는 손해는 크지 않다고 보았다.76) 또한, 구글은 Equustek의 손해 발생에 결정적인 역할을 하고 있으므로 삭제조치 명령은 Equustek의 피해예방을 위해 필요하고, 전 세계 모든 구글 사이트에 적용되는 금지명령만이 Equustek의 손해를 감경할 수 있는 유일하고 효율적인 방법이라고 판시하였다.77)

3. 소결

위에서 살펴본 2000년대 각국 법원 판결의 공통점은 모두 웹사이트의 접근 가능성(accessibility)을 관할권 주장의 근거로 삼고 있다는 점이다. LICRA v. Yahoo! 사건78)에서 프랑스는 야후 사이트가 프랑스에서 접근 가능하므로 위해가 프랑스 영토 내에서 발생하였다고 보았고 야후 사이트에 대해 자국법을 적용할 수 있다고 주장하였다. 독일 연방대법원 Töben

---

74) Google Inc. v. Equustek Solutions Inc., 2017 SCC 34, paras. 19-20.
75) Google Inc. v. Equustek Solutions Inc., 2017 SCC 34, para. 27.
76) Google Inc. v. Equustek Solutions Inc., 2017 SCC 34, paras. 42-43.
77) Google Inc. v. Equustek Solutions Inc., 2017 SCC 34, para. 53.
78) LICRA & UEJF v. Yahoo!, Inc. & Yahoo France, T.G.I. Paris, Nov. 20, 2000.

사건79)에서도 Yahoo! 사건과 유사하게 홀로코스트를 부정하는 호주의 웹사이트가 독일 형법의 적용을 받는다고 보았다, 법원은 웹사이트의 내용이 객관적으로 독일과 밀접하게 연관되어 있다고 보았다.

영국의 R v. Perrin 사건80)에서도 미국에서 호스팅되는 웹사이트를 운영하는 미국 기업 소속 프랑스인이 영국의 관련 법 위반으로 기소되었는데, 영국 법원은 음란물 관련 온라인 행위의 효과에 초점을 맞추고 해당 온라인 활동이 영국에서 발생하였다고 보았다. 또한, 영국 법원은 해당 음란물이 해외 서버에서 업로드되었다는 사실과 관계없이 영국에서의 웹사이트 접근 가능성에 근거하여 사이트 운영자를 기소하였다.81)

2000년대 초반만 하더라도 위에서 살펴본 바와 같이 접근 가능성을 기준으로 관할권 성립 여부를 판단하였으나, 2010년대에 들어 각국 법원 또는 국제재판소에서는 "접근 가능성" 기준보다 완화된 기준인 이른바 "지향 이론(targeting doctrine)"에 따라 관할권 여부를 판단하는 것으로 보인다. "지향 이론"은 주로 전자상거래상 재판관할권의 근거와 관련하여 미국 연방대법원의 판례를 통하여 확립된 원칙이다.82) 이에 따르면 웹사이트에 접근 가능한 국가는 이를 규제할 권한이 있으나 이러한 국가는 특히 웹사이트에 의해 지향된(targeted) 국가일 것을 요한다. 2018년 5월 발효된 유럽 일반개인정보보호규정(General Data Protection Regulation, GDPR)83) 역

---

79) BGH: Verbreitung der Auschwitz-Lüge im Internet (BGH, 12 December 2000, 1 StR 184/00, LG Mannheim), Neue Juristische Wochenschrift, Heft 8 (2001).
80) R v Perrin [2002] EWCA Crim 747.
81) Uta Kohl, *supra* note 38, p. 39.
82) 김성진, "국제전자상거래상 소비자계약분쟁의 국제재판관할권에 관한 연구-미국의 타깃팅 재판관할권이론을 중심으로", 국제거래법연구 제18권 제1호, 2009, p. 108.
83) Regulation (EU) 2016/679 of the European Parliament and of the Council of 27 April 2016 on the protection of natural persons with regard to the processing of personal data and on the free movement of such data, and repealing Directive 95/46/EC (General Data Protection Regulation).

시 이러한 접근방식을 취하고 있는데 GDPR의 적용 범위에 대한 제3조에 따르면 유럽연합 내에 거주하는 정보주체에게 제품이나 서비스를 제공하는 제3국의 개인정보 처리자도 GDPR의 적용을 받게 된다.[84]

제2절 클라우드 데이터와 유형별 특징

사이버범죄에 대응하고 디지털증거를 수집함에 있어서 수사기관이 집행관할권을 행사하는 경우, 이러한 집행관할권의 행사가 법적으로 허용되는 한계가 어디인가와 관련된 문제가 제기될 수 있다.[85] 이 문제는 특히 국가가 자신의 영토 밖의 웹사이트, 컴퓨터 또는 서버에 저장된 정보와 관련하여 어떤 상황에서 원격 수색을 수행할 수 있는지와 관련이 있다. 이러한 수색은 해당 정보가 누구든지 공개적으로 접근 가능한 정보이거나, 국가가 그러한 수색을 허용하거나, 정보 보유자가 동의하는 경우 문제가 되지 않는다.[86] 사이버공간에서의 입법관할권의 분배 또는 집행관할권 행사의 문제는 클라우드 컴퓨팅 기술의 발전으로 더욱 복잡해지게 되었다. 아래에서는 클라우드 데이터에 대한 집행관할권 행사의 문제가 발생하는 원

---

84) Article 3 (Territorial scope)
   2. This Regulation applies to the processing of personal data of data subjects who are in the Union by a controller or processor not established in the Union, where the processing activities are related to:
   (a) the offering of goods or services, irrespective of whether a payment of the data subject is required, to such data subjects in the Union; or
   (b) the monitoring of their behaviour as far as their behaviour takes place within the Union.
85) Cedric Ryngaert, *supra* note 16, p. 81.
86) *Ibid.*

인을 분석하기 위하여 클라우드 컴퓨팅의 개념과 클라우드 데이터의 특징, 클라우드 유형별 법적 효과에 대하여 차례로 살펴보고자 한다.

1. 클라우드 컴퓨팅의 개념

"클라우드 컴퓨팅"은 "서비스제공자의 최소한의 관리나 개입만으로도 신속하게 공급될 수 있는 네트워크, 서버, 저장매체, 애플리케이션, 소프트웨어 등 컴퓨팅 자원의 공유를 통하여 이용자의 필요에 따라 편리하게 언제 어디서나 네트워크에 접속할 수 있게 하는 모델"을 의미한다.[87]

미국 연방대법원은 2014년 Riley v. California 사건에서 클라우드 컴퓨팅을 '디바이스 자체에 저장된 데이터 외에 원격 서버에 저장되어 있는 데이터를 화면에 나타낼 수 있는 인터넷에 연결된 디바이스의 기술'이라고 정의하였다.[88]

우리나라에서 2015년 3월 제정되어, 동년 9월부터 시행된 『클라우드컴퓨팅 발전 및 이용자 보호에 관한 법률』 제2조 제1호에서는 "클라우드 컴퓨팅"을 "집적·공유된 정보통신기기, 정보통신설비, 소프트웨어 등 정보통신자원을 이용자의 요구나 수요 변화에 따라 정보통신망을 통하여 신축적으로 이용할 수 있도록 하는 정보처리체계"라고 정의하고 있다. 이러한 정의는 미국표준기술연구소(National Institute of Standards and Technology, NIST)가 제시한 클라우드 컴퓨팅의 주요 특성을 반영한 것이다.[89]

클라우드 컴퓨팅 기술에는 집적·공유된 정보통신기기, 정보통신설비,

---

87) Peter Mell, Timothy Grance, "The NIST Definition of Cloud Computing", NIST Special Publication 800-145, 2011, p. 2.
   https://nvlpubs.nist.gov/nistpubs/Legacy/SP/nistspecialpublication800-145.pdf 참조.
88) Riley v. California, 573 U.S. 373 (2014), p. 21.
89) 미래창조과학부·정보통신산업진흥원, 클라우드컴퓨팅법 해설서 (2015), p. 17.

소프트웨어 등 정보통신자원을 가상으로 결합하거나 분할하여 사용하게 하는 가상화 기술, 대량의 정보를 복수의 정보통신자원으로 분산하여 처리하는 기술, 정보통신자원의 배치와 관리 등을 자동화하는 기술 등이 포함된다.90)

최근의 기술발전은 컴퓨팅 서비스와 데이터 저장 방식을 근본적으로 변화시켰다.91) 결과적으로 상당한 양의 개인정보가 원격에 있는 데이터 센터에 저장되고 있다. 클라우드 컴퓨팅은 통상 가상 환경, 즉 사이버공간에서 제공되는 서비스라고 인식되고 있지만, 실제로는 그러한 서비스는 특정 지역에 위치한 컴퓨터 하드웨어와 물리적 저장장치에서 이루어지는 것이다.92)

NIST는 클라우드 컴퓨팅의 주요 특징을 '수요에 따른 자급(on-demand self-service)', '광범위한 네트워크 접속(broad network access)', '자원의 공유(resource pooling)', '신속한 탄력성(rapid elasticity)', '제어된 서비스(measured service)' 등 5가지로 분류하여 제시하고 있다.93) 이 중 '자원의 공유'는 결국 하나의 거대한 자원을 복수의 이용자가 유동적으로 공동으로 이용하게 되는 기술적인 특성을 갖는데, 이러한 자원의 공유로 인해 클라우드 데이터는 '위치 독립성(location independence)'이라는 특징을 가지게 된다.94)

---

90) 과학기술정보통신부, 클라우드컴퓨팅 주요법령 해설서, 2017, pp. 27-28.
91) Stephen Allen, "Enforcing Criminal Jurisdiction in the Clouds and International Law's Enduring Commitment to Territoriality", in Stephen Allen, Daniel Costelloe, Malgosia Fitzmaurice, Paul Gragl, and Edward Guntrip(eds.), *The Oxford Handbook of Jurisdiction in International Law*, Oxford University Press, 2019, p. 386.
92) W. Kuan Hon, Julia Hornle, and Christopher Millard, "Data Protection Jurisdiction and Cloud Computing: When are Cloud Users and Providers Subject to EU Data Protection Law? The Cloud of Unknowing, Part 3", Queen Mary University of London, School of Law Legal Studies Research Paper No 84/2011 (2012), p. 4.
93) Peter Mell, Timothy Grance, "The NIST Definition of Cloud Computing", NIST Special Publication 800-145, 2011, p. 2.
94) 오병철, "클라우드 컴퓨팅에서의 사법관할권", IT와 법연구 제7집, 2013, p. 82.

2. 클라우드 데이터의 특징

클라우드 컴퓨팅 환경에서는 데이터가 특정 디바이스나 폐쇄 네트워크 내에 저장되는 것이 아니라, 여러 다른 서비스, 제공자, 위치, 국가에 분산되어 저장된다.[95] 위에서 언급한 클라우드 컴퓨팅 기술의 특징들로 인해 집행관할권 행사와 관련된 다양한 문제들이 제기될 수 있다. 아래에서는 클라우드 데이터의 특징을 이동성, 데이터의 가분성, 위치 독립성, 제3자 이슈 등 4가지로 구분하여 살펴보고자 한다.

가. 이동성(mobility)

유형의 물건을 이동시키는 경우에는 그 물건의 이동이 관찰 가능하고 어디로 이동할지에 대한 예측이 가능하다. 또한, 물건의 이동에 관한 의사결정은 대부분 소유자 또는 점유자에 의해 이루어지고 물건의 소유자나 점유자는 물건의 위치를 쉽게 알 수 있다.[96] 그러나 데이터의 경우 네트워크 내에서 계속 이동하는 특성을 가지기 때문에 데이터의 소유자가 데이터의 위치를 예측하기가 어렵다. 특히 데이터가 클라우드에 저장되는 경우, 이는 고정된 위치에 저장되지 않고 기술적 처리 또는 서버 유지보수 등의 이유로 이동될 수 있으며, 데이터가 복사되거나 분할되어 여러 장소에 분산될 수 있다.[97]

이러한 유형재산과 데이터의 차이는 두 가지 측면에서 중요하다. 첫째, 어느 규범이 적용될지에 대한 판단기준으로 삼는 데이터 위치가 변경될

---

95) Cybercrime Convention Committee(T-CY), "Criminal Justice Access to Data in the Cloud : Challenges," Council of Europe, May 2015, p. 9.
96) Jennifer Daskal, "The Un-Territoriality of Data", *Yale Law Journal*, Vol.125, 2015, p. 366.
97) *Ibid.*, p. 366.

가능성이 있다.[98] 데이터는 A 지점에서 B 지점으로 순식간에 이동할 수 있는데, 만약 정부가 데이터에 접근할 경우 서비스제공자가 해당 시점에 데이터를 어느 장소에 보관하는지에 따라 상반된 결과가 나올 수 있다. 둘째, 데이터의 이동 경로는 이용자가 알지 못한 상태로 또는 이용자의 선택과는 무관하게 결정된다.[99] 이용자가 데이터를 클라우드에 저장할 경우, 이용자는 데이터가 실제 보관되는 위치를 통제할 수도 없고 이를 알 수도 없게 된다. 통상적으로 데이터의 위치는 컴퓨터 알고리즘에 의해 결정되며 이용자는 해당 데이터에 어느 규범이 적용될 것인지 알기 어렵다.

나. 가분성(divisibility) 및 데이터 분할(data partitioning)

클라우드에 저장된 데이터는 복제되어 여러 위치에 보관되는 경우가 많은데, 이는 서버 오작동에 따른 데이터 손실을 방지하고 사용자가 백업 위치에서 자신의 데이터에 계속 접근할 수 있도록 보장하기 위해서 취해지는 관리적 조치이다.

관리가능성과 이용의 효율성을 증대시키기 위해 단일 데이터베이스가 여러 파트로 나뉘게 되는 데이터 분할은 또 다른 측면에서의 복잡성을 야기한다.[100] 분할된 데이터베이스의 다양한 구성요소는 각기 다른 위치에 보관될 수 있다. 데이터 가분성 또는 데이터 분할이라는 특성으로 인해서 규범 적용의 판단기준이 되는 데이터의 저장 위치를 판단하기 어려워진다.[101] 데이터의 위치는 조작이 가능하며, 해당 위치를 특정하기 어려운

---

98) *Ibid.*, p. 367.
99) *Ibid.*, p. 367.
100) Ian Walden, "Accessing Data in the Cloud: The Long Arm of the Law Enforcement Agent", Queen Mary School of Law Legal Studies Research Paper No. 74/2011, p. 3.
101) Jennifer Daskal, *supra* note 96, p. 369.

경우도 있다. 이러한 데이터의 독특한 특성들로 인해 과연 데이터의 위치
가 데이터에 적용되는 규범을 결정함에 있어 판단기준이 되어야 하는가에
대한 의문이 제기되고 있다.

다. 위치 독립성(location-independence)

위치 독립성은 클라우드 컴퓨팅의 주된 특징이다. 위치 독립성이란 데이
터가 정보주체의 위치, 수사기관의 위치, 서비스제공자의 위치와 독립적으로
존재한다는 의미이다. 따라서, 수사기관은 데이터가 저장된 국가가 어디인지,
해당 데이터에 어느 국가의 법률이 적용되는지 판단하기가 어렵다.[102] 또한,
서비스제공자의 본사 위치와 법률 적용을 받는 국가도 다를 수 있으며, 데
이터는 여러 다른 국가에 백업이 되어 있을 수 있다. 만약 데이터의 위치가
관할을 결정한다면, 클라우드 서비스제공자는 법집행기관의 접근을 막기 위
해 데이터를 체계적으로 이동시키는 것도 가능할 것이다.[103]

이론적으로는 데이터가 클라우드 서버에 저장된 경우에도 데이터는 언
제나 특정 위치에 존재한다. 그러나 데이터의 위치가 둘 이상의 국가일 경
우도 있으며, 법집행기관의 적법한 접근에 대해 어떠한 규정을 적용해야
하는지는 분명하지 않다.[104] 서비스제공자 본사의 위치, 자회사의 위치,
데이터 및 서버의 위치, 또는 용의자의 국적 등이 관할을 결정한다고 주장
할 수 있다.

과거 전통적인 수사 방식과 비교하여 가장 큰 변화 중 하나는 데이터에
접근하는 수사기관의 위치와 데이터의 저장 위치 사이에 단절이 있다는
것이다.[105] 현대 기술의 발달로, 수사관이 압수수색영장을 집행할 때, 반

---

102) Cybercrime Convention Committee(T-CY). "Criminal Justice Access to Data in the Cloud : Challenges," Council of Europe, May 2015, p. 10.
103) *Ibid.*, p. 11.
104) *Ibid.*, p. 11.

드시 압수수색의 대상 또는 압수할 물건과 같은 장소에 존재할 필요가 없게 되었다. 또한, A국의 수사관이 B국의 서버에 원격으로 접속하여 저장되어 있는 데이터를 복사할 때, B국에서는 이를 인식할 수도 없고, 데이터 이용자의 데이터 접근권한이나 데이터의 가용성에도 변화가 없는 경우가 많다.106) 일부 학자들은 서버의 원격 접근이 사용자의 데이터 접근 권한을 변경하거나 방해하지 않기 때문에, 데이터의 복사는 헌법에서 규정하고 있는 압수에 해당하지 않는다고 주장하기도 한다.107)

또한, 위치 독립성은 데이터와 데이터 이용자와의 단절, 즉 데이터가 이용자와 동일한 또는 근접한 위치에 저장될 필요가 없다는 것을 의미한다.108) 이를 통해 이용자는 어디에서나 데이터에 접근할 수 있으며 클라우드 효율성의 핵심이 된다. 위치 독립성은 공급자가 데이터를 이동하여 피크 시간에 스토리지 센터의 사용을 최적화하고 서버 다운이나 정전을 방지하며 사용자 접근을 방해하지 않고 서버 정비를 수행할 수 있도록 한다. 클라우드 서비스의 경우 통상적으로 서비스제공자가 데이터의 위치를 관리한다.109) 서비스제공자들은 데이터가 한 곳에서 다른 곳으로 이동할 때마다 이용자에게 통지하거나 그의 동의를 얻지 않고 그러한 의사결정을 한다.110) 실제로 이용자는 자신의 데이터가 특정 시점에 어디에 저장되어

---

105) Jennifer Daskal, *supra* note 96, p. 369.
106) *Ibid.*, p. 372.
107) Orin S. Kerr, "Searches and Seizures in a Digital World", *Harvard Law Review*, Vol.119, 2005, pp. 557-558.
108) Jennifer Daskal, *supra* note 96, p. 373.
109) 여기에서 특기할만한 점은 클라우드 유형에 따라 데이터를 관리하는 방식의 차이가 발생하게 된다는 것이다. 특히 Schwartz 교수는 클라우드의 유형을 데이터 조각 모델, 데이터 국지화 모델, 데이터 신탁 모델 등 세 가지로 구분하여 각각의 법적 효과에 대하여 달리 판단하여야 한다고 주장하고 있다. Paul M. Schwartz, "Legal Access to the Global Cloud", *Columbia Law Review*, Vol.118, No.6, 2018.
110) Jennifer Daskal, *supra* note 96, p. 373.

있는지 알지 못하는 경우가 많다.

데이터의 위치 독립성으로 인해 수사기관은 데이터에 접근함에 있어서 실질적인 어려움에 직면하게 된다. 우선, 수사기관은 스마트폰, 컴퓨터 등의 디지털 기기를 압수할 때조차도, 해당 매체와 연동된 데이터가 실제 어디에 저장되어 있는지 알지 못하게 된다.[111] 따라서 디지털 기기와 이에 접근할 수 있는 암호 키를 확보한 상태라고 하더라도, 기기와 연동된 데이터가 국내에 저장되어 있는지 아니면 해외에 저장되어 있는지 알기 어렵다. 또한, 수사관이 데이터의 위치를 알고 있다고 하더라도 데이터 사용자의 위치에 대해서 알지 못하는 경우가 발생할 수 있다.[112] 특히 익명화 도구의 사용은 이러한 식별의 어려움을 가중시키고 있다.

라. 제3자(third-party) 이슈

유형재산의 소유자들은 대부분 자신의 재산을 직접 보관하고 관리하고, 예외적인 경우에 이를 제3자에게 양도하여 대신 보관하거나 관리하도록 한다. 이와는 대조적으로, 데이터의 경우에는 데이터를 생성한 주체가 아닌 ISP, 클라우드 서비스제공자 등 제3자가 데이터를 보유 또는 관리하고 있다.[113]

상술한 바와 같이 데이터가 이동하는 경로나 데이터가 저장되는 위치에 대해 일반적으로 중요한 결정을 내리는 것은 사용자가 아니라 제3자이다. 또한, 정부에서도 사용자가 아닌 제3자에게 데이터의 제공을 요청하고 있다.

제3자 이슈는 데이터와 유형재산의 또 다른 차이점을 만드는 요인이 된다. 우선 데이터의 경우, 제3자의 위치가 관할권 성립을 결정짓는 요소가 될 수 있다.[114] 또한, 제3자의 통제로 인해 사용자는 데이터와 그 데이터

---

111) *Ibid.*, p. 374.
112) *Ibid.*, p. 374.
113) *Ibid.*, p. 377.
114) *Ibid.*, p. 378.

의 저장 위치에 대한 직접적인 통제를 행사할 수 없게 된다.[115] 물론 제3
자와 계약을 체결하거나 데이터 국지화(data localization) 법을 통과시켜
데이터를 특정 위치에 저장하는 것은 가능하다. 그러나 현재 대부분의 데
이터 사용자는 자신의 데이터에 대한 그러한 통제권을 보유하고 있지 않
다. 기본적으로 클라우드와 글로벌 인터넷의 효율성은 제3자가 사용자 선
호와 통제에 구속되지 않고 가장 빠른 방법으로 데이터를 이동할 수 있도
록 설계되었기 때문이다.

마. 소결

데이터는 분명히 현금이나 주식, 지식재산권 등과 같은 다른 유형 자산
이나 무형자산과 유사한 점이 있지만,[116] 데이터의 특성과 데이터를 관리
하는 방식으로 인해 데이터와 다른 유무형의 자산 사이에는 중요한 차이
가 존재한다.[117]

데이터의 이동성과 관련하여 사람과 일부 유형자산도 국경을 넘나들며
이동하지만 그것들은 상대적으로 예측가능하고 관찰가능하게 이동한다.[118]
그러나 데이터의 이동은 예측이 불가능하고 일반적으로 데이터의 주체나
정부기관이 알 수 없는 방식으로 이동한다. 이러한 특징으로 인해 데이터
의 저장 위치를 영토적 관할권을 결정짓는 근거로 삼기 어렵게 된다.

또한, 이것은 데이터가 저장된 장소와 해당 데이터에 대해 이해관계가
있는 국가와의 불일치성을 야기하게 된다. 결국, 국가뿐만 아니라 데이터

---

115) *Ibid.*, p. 378.
116) Andrew Keane Woods, "Against Data Exceptionalism", *Stanford Law Review*, Vol. 68, 2016.
117) Jennifer Daskal, "Border and Bits", *Vanderbilt Law Review*, Vol.71, 2018, p. 222.
118) *Ibid.*, p. 222.

의 주체도 어떤 특정 시점에 해당 데이터의 위치를 알 수 없게 되는 "위치의 상실(loss of location)" 현상이 발생하게 된다.

금전이나 부채는 경쟁적(rivalrous) 자산으로 분류되는 반면, 데이터는 비경쟁적(non-rivalrous) 자산이다. 데이터는 그 데이터의 속성이나 데이터 주체의 접근 또는 수정 권한에 전혀 영향을 미치지 않으면서 일방적으로 복제되어 동시에 여러 관할 내에 존재할 수 있다.119)

금전의 경우 정부에 의해 압수되면 더 이상 그 소유자가 금전을 사용할 수 없게 되지만, 데이터는 기존 데이터 주체의 권리를 침해하지 않으면서 다수의 당사자에 의해 분할·배포·복제·접근이 가능하다.120) 데이터를 A 국가에서 압수하더라도 그 데이터는 여전히 다른 B 국가에서 접근하고 이용할 수 있다.

또한, 데이터는 원격에서 접근 및 변경이 가능하다. 이는 수사기관과 서비스제공자 모두가 해외에 직접 가지 않더라도 역외 데이터에 접근할 수 있음을 의미한다.121) 수사기관은 데이터 주체의 접근권한을 배제하거나 방해하지 않고서 데이터에 접근하고 복제할 수 있다.

마지막으로 데이터의 저장 위치가 제3자에 의해 통제되는 경우가 점점 증가하고 있다. 이용자는 일반적으로 데이터가 저장될 위치를 결정하지 않는다. 또한, 데이터 주체와 데이터가 저장될 위치와의 규범적인 관련성 역시 없다.122)

이러한 각각의 데이터 속성들은 주권과 관할권, 주요 이해관계를 평가함에 있어서 중요하게 작용하며, 적용할 규범을 판단할 때 고려되어야 한다.

이상에서 살펴본 바와 같이 클라우드 컴퓨팅의 보편화로 인해서 데이터는

---

119) *Ibid.*, p. 223.
120) *Ibid.*, p. 223.
121) *Ibid.*, p. 224.
122) *Ibid.*, p. 225.

위치 독립성을 가지고 제3자 또는 알고리즘에 의해 그 위치가 통제되며, 데이터를 복제하여 확보하더라도 그 가치가 멸실되거나 훼손되지 않는다. 또한, 데이터의 이동 또는 데이터에 대한 접근을 육안으로 확인하기 어렵고, 관리자 또는 정보주체가 이를 인지하기 어렵다. 이러한 점에서 데이터는 기존의 유무형 자산들과는 구별된다. 따라서 데이터가 실재하는 물리적 위치를 기준으로 관할권의 행사 여부를 판단하는 것은 현실적으로 무리가 있다.

3. 클라우드 유형별 법적 효과

클라우드 서비스제공자가 데이터를 관리하는 방식 또는 시스템의 알고리즘(algorithm)에 따라서 클라우드의 유형을 데이터 조각 모델(data shard model), 데이터 국지화 모델(data localization model), 데이터 신탁 모델(data trust model) 등 세 가지로 구분할 수 있다.123) 또한, 이러한 세 가지 유형에 따라 위에서 언급한 위치의 상실 문제 등 관할권 행사와 관련된 법적 효과도 달라질 수 있다.

가. 데이터 조각 모델(Data Shard Model)

데이터 조각 모델이란, 클라우드에 정보를 저장할 때 다수의 국가에 저장하는 경우로, 네트워크 자체가 국내외 서버에 동적으로 데이터를 분산시켜 저장하는 모델을 의미한다.124)

이러한 유형에서는 단일한 하나의 파일이 분산되어 여러 국가에 저장될 수 있으며, 네트워크에 내장된 알고리즘이 데이터를 어디에 보내고 어디

---

123) Paul M. Schwartz, *supra* note 109, p. 1694.
124) *Ibid.*, p. 1695.

에 저장할지 결정한다. 이 경우 데이터가 분산되어 있기 때문에 데이터는 실제 국경과는 무관하게 시스템의 로직(logic)에 따라 파편화되며, 데이터 조각 모델에 저장된 정보는 계속해서 이동한다.

구글(Google) 클라우드가 데이터 조각 모델의 대표적인 사례인데 후술할 미국의 구글 펜실베이니아 사건125)에서 법원이 판시한 바와 마찬가지로, 구글의 클라우드 네트워크는 성능, 신뢰성 및 효율성을 최적화하기 위해 데이터를 자동적으로 이동시킨다.126)

구글 펜실베이니아 사건에서 법원은 "구글 사용자 데이터는 하나의 단일한 디지털 파일로 저장되지 않고, 대신 구글은 각각의 데이터 파일들을 여러 개의 데이터 조각으로 나누어 보관하고 각각의 개별적인 조각들은 세계 각지에 흩어져 저장된다"고 판시하였다.127) 사용자 정보는 미국뿐만 아니라 전 세계에 있는 구글 서버에서도 발견할 수 있다.

데이터 조각 모델에서는 구글은 미국에서만 해당 클라우드 정보에 접근할 수 있다. 따라서 클라우드 정보를 전 세계에 저장하지만, 클라우드 정보에는 미국에서만 접근할 수 있다.128)

나. 데이터 국지화 모델(Data Localization Model)

데이터 국지화 모델이란, 클라우드에 정보를 저장할 때, 특정한 국가나 지역에 한정하여 저장하는 경우를 의미한다.129) 아마존 웹 서비스(AWS)

---

125) In re Search Warrant No. 16 - 960 - M - 01 to Google, 232 F.Supp.3d 708 (E.D.Pa. 2017).

126) In re Search Warrant No. 16 - 960 - M - 01 to Google, 232 F.Supp.3d at *710 (E.D.Pa. 2017).

127) In re Search Warrant No. 16 - 960 - M - 01 to Google, 232 F. Supp. 3d at *724 (E.D. Pa. 2017).

128) In re Search Warrant No. 16 - 960 - M - 01 to Google, 232 F. Supp. 3d at *712-713 (E.D. Pa. 2017).

및 마이크로소프트를 포함한 다수의 미국 클라우드 제공자들이 이러한 접근방식을 취하고 있다. 예를 들어, AWS는 2020년 3월 기준, 전 세계에 22개의 지역(region)과 70개의 "가용 영역(availability zones)"을 가지고 있으며 클라우드 서비스 이용자는 원하는 지역을 선택할 수 있다.[130] 독일의 통신사들도 데이터를 독일에만 저장하는 클라우드를 개발해왔다.

데이터 국지화와 관련하여 기술적인 문제와 법적인 문제는 구분이 되어야 하는데, 여기에서의 데이터 국지화 모델을 기술적인 국지화를 의미한다.

데이터 국지화 모델은 후술할 마이크로소프트 아일랜드 사건의 핵심이었는데, 이 사건에서 웹 기반 이메일 서비스는 아일랜드 더블린에 데이터 센터를 두고 있었고 미국 법집행기관은 마이크로소프트에 대하여 클라우드에 저장되어 있는 데이터를 제출하도록 명령하였다. 마이크로소프트 사건에서 데이터의 물리적인 저장위치는 아일랜드였지만, 해당 데이터는 서버의 위치인 아일랜드 더블린과 마이크로소프트 본사의 위치인 미국 레드몬드 두 곳 모두에서 접근할 수 있었다.

마이크로소프트 아일랜드 사건에서의 클라우드 모델과는 달리, AWS나 마이크로소프트 EU 지역에서 제공하는 클라우드 서비스의 경우에는 미국에서 접근이 불가능하다.[131]

---

129) Paul M. Schwartz, *supra* note 109, p. 1696.
130) Amazon의 클라우드 서비스는 세계 각지의 여러 곳에서 호스팅되고 있으며, 서버의 위치는 리전(region), 가용 영역, 로컬 영역으로 구성된다. 각 리전은 개별 지리 영역을 의미하며, 가용 영역은 각 리전 내에 있는 여러 격리된 위치이다. 로컬 영역에서는 최종 사용자에게 가까운 여러 위치에 컴퓨팅, 스토리지 등의 리소스를 배치할 수 있는 기능을 제공한다.
    <https://docs.aws.amazon.com/AWSEC2/latest/UserGuide/using-regions-availability-zones.html> 참조 (2024. 5. 30. 최종방문).
131) Paul M. Schwartz, *supra* note 212, p. 1697.

다. 데이터 신탁 모델(Data Trust Model)

데이터 신탁 모델이란, 네트워크 관리는 데이터 관리자가 통제하고 데이터 접근권한은 데이터 신탁관리자(trustee)가 배타적으로 갖는 경우를 의미한다.132) 주로 본사는 미국에 두고 데이터 신탁관리자는 주로 미국이 아닌 다른 국가에 소재한다.

데이터 신탁 모델은 데이터 국지화 방식에 기반을 두고 있다. 데이터 국지화 모델과 같이 데이터 신탁 유형 클라우드의 경우 특정 국가나 지역 내에 위치할 수 있다. 여기에서는 네트워크 관리와 데이터 접근권한을 분리하여 데이터 관리자는 네트워크 하드웨어와 소프트웨어를 감독한다. 데이터 신탁관리자는 배타적인 데이터 접근권한을 가진다. 데이터 신탁 모델은 법적 기술적 요소 즉, 국경과 신탁 약정에 따라 좌우되고 기술을 특정 국가의 국내법의 적용을 받도록 조정하게 된다.

현재까지는 마이크로소프트만 이러한 데이터 신탁 모델을 활용하고 있다. 마이크로소프트 EU 지역 내의 고객에게 "Microsoft Cloud Germany"라는 서비스를 제공하고 있다.133)

마이크로소프트 데이터 신탁은 고객의 데이터를 독일의 프랑크푸르트와 마그데부르크에 있는 데이터 센터에만 저장한다. 또한, T-Systems가 저장된 정보에 대한 신탁관리자이며, 해당 정보에 접근할 수 있는 권한을 통제한다. T-Systems는 독립적인 독일의 법인이며, 신탁 약정은 독일 법에 따라 계약상 의무를 규정하고 있고 특히 Microsoft Germany의 클라우드 정보 접근을 제한하고 있다.

해당 클라우드 내의 고객 데이터는 암호화되며 T-Systems만이 해당 데이터에 대해 접근할 수 있는 복호화 키를 가진다. 따라서 마이크로소프트

---

132) *Ibid.*, p. 1697.
133) *Ibid.*, p. 1698.

는 기술적으로도 데이터에 접근할 수 없게 된다. 신탁관계가 성립되면, Microsoft Germany가 아닌 T-Systems가 모든 해외에서의 데이터 제공 요청을 처리하게 된다. 또한, 법적으로 독일의 신탁법 및 신탁약정에 의거하여, 마이크로소프트는 T-Systems의 허가 없이는 클라우드 정보에 접근하는 것이 금지된다.[134]

라. 유형별 법적 효과

클라우드 서비스가 데이터 조각 모델에 해당하는 경우, 클라우드 서비스제공자가 국내 기업이고 만약 법원이 데이터 조각 클라우드에 대한 수색의 장소가 그 성격상 국내에서 이루어진다고 판단한다면, 별도의 MLA 절차는 불필요하며, 직접 국내 기업을 대상으로 각국의 국내법 절차에 따라 데이터 제공 요청을 할 수 있다.[135]

그러나 데이터 국지화 모델의 경우에는 사용자가 특정 지역을 설정해두면, 그 지역 내에 데이터가 저장되기 때문에 데이터 조각모델에 비해서 데이터가 저장된 위치를 파악하기가 상대적으로 용이하다. 법원이 클라우드 데이터에 대한 접근이 역외적으로 이루어진다고 판단한다는 가정하에, 특정 국가 또는 지역과 체결한 형사사법공조조약에 따라 절차가 진행된다.[136]

데이터 신탁 모델 클라우드의 경우에는 클라우드 서비스제공자인 신탁자에는 데이터에 대한 접근권한이 없기 때문에 MLAT 요청은 접근권한을 가진 수탁자가 있는 국가를 대상으로 하여야 한다.[137] 이러한 요청은 데이터 신탁관리자의 관할 국가의 법에 따라 판단된다.

---

134) *Ibid.*, p. 1699.
135) *Ibid.*, p. 1722.
136) *Ibid.*, p. 1722.
137) *Ibid.*, p. 1723.

제3절 클라우드 데이터에 대한
집행관할권 행사의 문제

1. 위치의 상실 문제

클라우드 컴퓨팅 모델은 컴퓨팅 자원을 보다 효율적으로 사용하고, 특정 국가의 영역 내에 있는 데이터 센터를 더욱 광범위하게 활용하기 위하여 개발되었다. 또 다른 클라우드 컴퓨팅의 중요한 특징은 효율성과 보안을 위하여 사용자의 데이터가 여러 개의 조각으로 나누어져, 복사되고 여러 대의 서버에 분산된다는 것이다.[138] 결과적으로 파편화되고 복사된 데이터들은 서로 다른 국가에 보관될 수 있다.

이러한 배경 아래에 클라우드 컴퓨팅은 집행관할권 행사와 관련하여 두 가지의 상호 연관된 문제를 발생시키고 있다. 첫 번째 문제점은 일국의 수사기관이 일방적으로 타국 영토 내에 저장된 데이터에 대한 접근을 획득하는 경우와 관련이 있고, 두 번째 문제는 그러한 일방적인 초국경적 행위를 함에 있어 수집하고자 하는 데이터의 지리적 위치를 수사기관이 알지 못한다는 점이다.[139] 이러한 현상은 이른바 '위치의 상실(loss of location)' 또는 '위치에 대해 알지 못함'이라고 불린다. 수사기관은 관련 데이터의 실제 위치를 알지 못하는 이러한 현상으로 인해서 수사기관은 자신들의 일방적인 데이터 접근행위의 결과로 어느 국가의 영토주권이 침해되는지도 알지 못하게 된다.[140]

국제사법공조는 데이터의 위치를 알고 있고 어느 국가에 공조 요청을

---

138) Ian Walden, "Law Enforcement Access to Data in Clouds", in Christopher Millard (ed.), *Cloud Computing Law*, Oxford University Press, 2013, pp. 285-288.
139) Stephen Allen, *supra* note 91, p. 387.
140) *Ibid.*, p. 387.

해야 하는지 알고 있다는 것을 전제로 하고 있다.[141] 그러나 위에서 살펴본 바와 같이 클라우드 컴퓨팅에 대해서는 이것이 성립하지 않는다.

서버가 어느 한 국가의 영토 내에 있다고 하더라도, 해당 국가의 기관은 수색영장을 획득하기 위해 그 서버에 특정 데이터가 어느 서버에 위치하고 있는지 알기가 어렵다. 수색영장이 있다 하더라도, 암호화로 인해 데이터에 접근이 불가능할 것이고 암호화 키는 타국의 자연인 또는 법인이 가지고 있을 수 있다.

수사기관이 사이버 범죄자의 신원을 알지 못하는 경우, 범죄자의 신원을 파악하기 위하여 IP 주소 등을 단서로 하여 범죄자를 추적하게 되는데, 추적기법을 활용하는 과정에서 수사관은 특정 국가의 라우터 및 서버로 접속하게 될 가능성이 있다. 또한, 압수수색 현장에서 컴퓨터가 실행되고 있는 경우, 수사기관은 서버가 존재하고 특정 데이터가 저장되어 있는 국가를 알지 못한 상태에서 기술적으로 데이터에 접근할 수 있다.

법집행권한은 통상 속지주의에 의해 그 행사범위의 한계가 결정되는데, 어떠한 국가도 다른 주권국가의 동의 없이 다른 국가의 영토 내에서 집행관할권을 행사할 수 없다. 따라서 타국에 위치한 서버 또는 컴퓨터시스템상의 데이터에 대한 수사기관의 일방적인 접근은 여러 문제를 발생시키게 된다. 동시에, "위치의 상실" 상황에서는 속지주의가 적용되기 어렵다.

"위치의 상실"에 대한 해결책은 유럽연합(EU) 내에서도 논의되고 있다. EU 법무 및 내무위원회(Justice and Home Affairs Council of the EU)는 2016년 6월 9일 채택된 "Council conclusions on improving criminal justice in cyberspace"에서 "다수의 정보시스템이 하나의 단일범죄를 범하기 위해

---

141) Cybercrime Convention Committee(T-CY). "Criminal justice access to electronic evidence in the cloud: Recommendations for consideration by the T-CY", Final report of the T-CY Cloud Evidence Group, Council of Europe, September 2016, pp. 15-17.

서 다수의 국가에서 동시다발적으로 이용되고 있으며, 관련 전자증거가 단시간 내에 여러 국가를 이동하고 있고, 범죄행위와 관련된 전자증거의 위치를 은닉하기 위해 정교한 수단이 사용되고 있는 등의 상황에서 집행 관할권에 관한 규칙들이 재검토되어야 한다"고 언급한 바 있다.142)

2. 국제사법공조제도의 비효율성

수사기관은 접근권한이 없거나 정보주체의 협조를 기대하기 어려운 경우와 같이 국내에서 디지털증거를 수집하기 어려운 경우에, 통상 타국 수사기관과의 국제공조를 통해 이를 수집한다. 국제공조의 방식에는 여러 가지가 있으나 공식적인 방식으로는 국제형사사법공조 조약 또는 상호주의에 기반한 국제형사사법공조 제도를 활용하고 있다. 이외에도 타국 수사기관과의 연락을 통하여 직접 협력하거나, 인터폴과 같은 국제기구의 네트워크를 통하여 공조하기도 한다.

국제형사사법공조 제도는 일국의 재판소가 타국 재판소에 대해 그 나라에 있는 증인으로부터의 증언의 녹취, 그 나라에 있는 자연인 또는 법인에 대한 영장의 송달 등을 의뢰하는 서면인 "요청서한(letters rogatory)"의 형식으로 시작되었다.143) 이후 이 제도는 주로 양자조약의 형태로 체결되어 운영되고 있으며, 범죄인인도 제도와 마찬가지로 쌍방가벌성의 원칙, 특정성의 원칙 등이 적용된다.

---

142) Council of the European Union, "Council conclusions on improving criminal justice in cyberspace", Luxembourg, 9 June 2016.
   <https://www.consilium.europa.eu/media/24300/cyberspace-en.pdf> (2024. 5. 30. 최종방문).
143) 김찬규, "국제형사사법제도의 운영현황과 개선방안", 경희법학 제42권 제1호, 2008, p. 11.

　우리나라 국제형사사법공조법 제2조에서는 국제형사사법공조를 '대한
민국과 외국 간에 형사사건의 수사 또는 재판에 필요한 협조를 제공하거
나 제공받는 것'으로 규정하고 있다.

　일반적으로 수사기관 간의 협력은 형사절차로 나아가는 단서가 될 수
있는 정보(intelligence)를 교환하는데 목적이 있다고 이해되고 있다.144) 그
러나 수사기관 간의 협력을 통해 획득한 정보는 국내법에 따라 형사절차
에서 증거로 사용될 수 없는 경우가 있다. 이에 반해 국제형사사법공조의
목적은 기소나 재판과정과 같은 형사절차에서 사용될 증거를 획득하는데
있다.145) 호주와 같은 일부 국가에서는 국제형사사법공조를 통해서 받은
자료에 대해서만 법원에서 증거능력이 인정된다.

　국내법에 따라 그 수집을 위해 영장을 발부받아야 하는 등 강제수사를
요구하는 정보, 주로 콘텐츠 데이터를 수집하기 위해서는 공식적인 국제
형사사법공조 절차를 활용하여야 한다.

　일국의 수사기관이 국제형사사법공조를 통해 클라우드 데이터를 수집
하고자 하는 경우, 해당 수사기관은 데이터가 저장된 서버의 소재지가 아
닌 데이터를 관리하고 있는 서비스제공자의 소재지 국가를 대상으로 국제
형사사법공조 요청을 하게 된다. 그러나, 국제형사사법공조 절차는 요청국
과 접수국의 외교부와 법무부, 수사기관을 차례로 거쳐야 하기 때문에 그
절차가 매우 복잡하고 공조요청을 하여 자료를 회신받기까지 평균적으로
6개월에서 2년의 시간이 소요된다.146)

　2014년 유럽평의회에서는 사이버범죄협약 당사국을 대상으로 국제형사
사법공조 절차에서 직면하는 문제점에 대하여 조사한 바 있다.147) 국제형

---

144) Council of Europe, "T-CY assessment report: The mutual legal assistance
　　provisions of the Budapest Convention on Cybercrime", 2014, p. 7.
145) *Ibid.*, p. 7.
146) *Ibid.*, p. 123.
147) *Ibid.*, p. 38.

사사법공조의 문제점으로는 '공조 요청 서류를 준비하거나 응답하는데 요
구되는 시간, 업무강도 및 절차의 복잡성', '특정 국가에 의한 협력거절 또
는 무응답', '언어, 번역품질, 사용되는 용어의 문제', '너무 광범위하고 대
량의 데이터 요구', '국가 간 법체계의 차이', '요청한 데이터가 삭제되는
등 존재하지 않는 경우', '데이터 보관기간 등 서비스제공자마다 상이한
정책' 등이 지적되었다.148)

　　클라우드 데이터의 속성으로 인한 위치의 상실의 문제와 국제형사사법
공조 제도의 비효율성 등 한계로 인해 범죄대응을 위한 노력이 무력화되
고 있으며, 국가관할권의 효과적 집행을 위한 국제협력이 어려워지고 있
다. 결국 클라우드 데이터에 접근하기 위해서 수사기관은 일방적인 접근
방식에 의존할 수밖에 없는 실정이며, 이러한 클라우드 데이터 접근이 집
행관할권 행사의 영토적 한계를 벗어난 역외적 행사인지 여부에 대해서
문제가 발생한다. 즉, 일방적인 클라우드 데이터 접근이 집행관할권의 역
외적 행사이며, 그것이 타국의 영토주권을 침해하는 행위인지에 대한 논
의가 필요하다.

---

148) *Ibid.*, pp. 38-39.

제4장
역외 디지털증거 수집에 관한
국제사회 논의

이상에서는 인터넷의 발달로 등장한 사이버공간에서의 관할권 행사의 문제와 클라우드 컴퓨팅 기술로 인하여 클라우드 내에 저장되는 데이터의 특징에 따른 '위치의 상실' 문제와 국제형사사법공조의 한계에 대하여 검토하였다. 이하에서는 이러한 문제 상황에 대응하기 위하여 국제사회에서 어떠한 논의가 이루어지고 있으며, 어떠한 접근방식을 채택하고 있는지 UN과 유럽평의회, 유럽연합(EU)으로 나누어 각각 그 실행을 살펴보고자 한다.

제1절 UN 차원에서의 논의

2015년 제13회 UN 범죄예방 및 형사사법 총회(13th United Nations Congress on Crime Prevention and Criminal Justice)에서 채택된 도하 선언(Doha Declaration)[1]에서는 모든 유형의 범죄를 예방하고 대응하자는 공동의 약속을 재확인하였다. 이를 위해서는 장기적 기술지원과 역량강화를 통해 이미 파악된 격차와 과제를 해결하는 것을 중심으로 국제사회의 노력을 구조화하는 것이 중요하다.[2] 특히 국가는 사이버범죄의 예방, 탐지, 수사, 기소 등 사이버범죄에 대한 국가기관의 대응역량을 모든 형태로 강화하는 데 초점을 맞춰야 한다. UN 내에서 사이버범죄는 오랜 기간 논의되어 온 주제이다.

---

1) https://www.unodc.org/unodc/doha-declaration/index.html.
2) EU Cyber Direct, "Cybercrime at UN Level", Background Notes, 2020, p. 3.
   https://eucyberdirect.eu/wp-content/uploads/2020/06/backgroundnote.pdf 참조.

1. UN 범죄예방 및 형사사법위원회

UN 범죄예방 및 형사사법위원회(Commission on Crime Prevention and Criminal Justice, CCPCJ)는 UN 차원에서 사이버범죄 논의를 하는 주요 기구이다.[3]

CCPCJ는 경제사회이사회(Economic and Social Council, ECOSOC)에 속해 있으며, 유엔 총회 결의 46/152호[4]에 따른 요청에 의해 1992년 ECOSOC의 결의 1992/1호에 의해 설치되었다. CCPCJ는 범죄예방과 형사사법 분야에서 유엔의 주요 정책입안기구 역할을 수행하고 있으며, 그를 위해 ECOSOC는 1992/22호 결의를 통해 국가 및 초국가 범죄에 대처하기 위한 국제 조치 개선과 형사 사법행정 시스템의 효율성 및 공정성을 포함하여 CCPCJ의 권한 및 우선순위의 근거를 제공하였다.[5] 그런 차원에서 CCPCJ는 국가 및 국제 전략을 개발하고 범죄와의 전쟁에 있어 우선순위를 파악하기 위해 전문 지식, 경험 및 정보 등을 교환할 수 있는 포럼을 회원국들에게 제공하고 있다.[6]

또한, 2006년 유엔 총회는 결의 61/252호[7]를 채택하여 CCPCJ가 유엔 마약범죄사무소(UNODC)를 총괄하는 이사회로서 활동할 수 있는 근거를 마련해 주었으며, UN은 전 세계적으로 범죄예방 및 형사사법 분야에서 기술적인 지원을 위한 자원을 제공하기 위해 CCPCJ의 예산을 승인해 주었다. 그로 인해 CCPCJ는 범죄예방 및 형사사법 분야에서 구체적인 권한을

---

3) https://www.unodc.org/unodc/en/commissions/CCPCJ/index.html 참조.
4) UN Doc. A/RES/46/152.
   https://www.unodc.org/documents/commissions/CCPCJ/GA_Resolution-46-152_E.pdf 참조.
5) EU Cyber Direct, "Cybercrime at UN Level", Background Notes, 2020, p. 4.
6) UN Doc. A/RES/46/152.
7) UN Doc. A/RES/61/252.

가지고 있는 다른 UN 기구와 조율하고 있으며, UN 범죄 총회(United Nations Crime Congress)를 준비하는 기구로서 역할을 수행하므로 의회에 의해 채택된 선언문은 승인을 위해 CCPCJ와 ECOSOC를 통해 유엔 총회로 전송된다.

2. 사이버범죄 범정부 전문가그룹 회의

UN 총회는 결의 65/230호[8])에서 CCPCJ에게 2010년 '글로벌 도전과제 해결을 위한 종합전략에 대한 살바도르 선언(Salvador Declaration on Comprehensive Strategies for Global Challenges)'[9]) 제42항에 따라 "국내법, 수범사례, 기술지원, 국제협력 등에 대한 정보 교환을 포함한 회원국, 국제사회, 민간분야에 의한 사이버범죄 문제 및 대응에 대한 종합적 연구를 수행"할 사이버범죄 범정부 전문가그룹(Open-ended Intergovernmental Expert Group, IEG)을 신설할 것을 요청하였다.[10])

그리고 UN 총회는 결의안 67/189호에서 사이버범죄 문제에 대한 포괄적인 연구를 수행하기 위해 전문가 그룹 회의가 결과물을 제시하도록 CCPCJ에 촉구하였다.[11]) 그에 따라 2011년 1월 17부터 21일까지 처음으로 전문가 그룹 회의가 열리게 되었고, 전문가그룹은 연구를 위한 주제와 방

---

8) UN Doc. A/RES/65/230.
9) Salvador Declaration on Comprehensive Strategies for Global Challenges: Crime Prevention and Criminal Justice Systems and Their Development in a Changing World
https://www.unodc.org/documents/crime-congress/12th-Crime-Congress/Documents/Salvador_Declaration/Salvador_Declaration_E.pdf
10) UN Doc. A/RES/65/230.
11) UN Doc. A/RES/67/189.

법론을 수집하여 검토하고 채택하였다.[12]

2013년 제2차 전문가그룹 회의에서 "사이버범죄 종합 연구 보고서 (Comprehensive Study on Cybercrime)[13]" 초안이 제출되었으나 보고서가 기존의 지역적·국제적 조약들의 불완전성을 지적하고 새로운 국제법 제정의 필요성을 제기한 것과 관련하여 국가들의 의견이 첨예하게 대립하여 결국 채택이 되지 않았다.[14] 미국·영국·일본을 중심으로 한 대다수의 유럽국가가 유럽평의회 사이버범죄협약 및 유엔 초국가적 조직범죄 방지협약(United Nations Convention against Transnational Organized Crime, 이하 'UNTOC')의 유용성을 강조하고, 기술지원 또는 역량강화, 각국 경찰 간 비공식적 협력강화에 집중해야 한다는 점을 역설한 반면, 중국·러시아와 브라질 등 일부 국가는 세계적으로 공통된 법제가 우선되어야 한다고 주장하였다. 결국, 국가 진영 간 의견 대립으로 합의에 이르지 못해 보고서는 채택되지 못하였고, 아직 초안인(draft) 상태로 남아 있으며, 이후 전문가그룹에서 계속 논의 중이다.

사이버범죄 종합 연구를 위한 주제들은 사이버범죄에 대한 문제, 사이버범죄에 대한 법적 대응, 범죄예방과 형사 사법 능력 및 사이버범죄에 대한 기타 대응, 국제조직 및 기술지원 등이 포함되어 있었다. 그리고 그 외에 추가로 12개의 하위 주제들로 구분되고 있는데, 이들은 ① 연결성과 사이버범죄, ② 세계화, ③ 입법과 프레임워크, ④ 범죄화, ⑤ 법집행과 수사, ⑥ 전자증거와 형사사법, ⑦ 국제 협력, 그리고 ⑧ 예방 등 총 8개의 장으로 구분하고 있다.

사이버범죄 종합 연구보고서 초안[15] 제7장 국제협력 파트에서는 역외

---

12) UNODC/CCPCJ/EG.4/2011/3.

13) UNODC, Comprehensive Study on Cybercrime, Draft, February 2013.
   https://www.unodc.org/documents/organized-crime/UNODC_CCPCJ_EG.4_2013/
   CYBERCRIME_STUDY_210213.pdf.

14) UNODC/CCPCJ/EG.4/2013/3.

데이터 수집과 관할권에 대한 내용을 포함하고 있는데, 보고서에서는 공식적 또는 비공식적 협력 방법은 국가주권에 영향을 미치는 외국 법집행기관의 수사행위에 대한 국가의 동의를 구하는 절차를 제공하고 있다고 언급하면서, 많은 수사기관들이 증거수집 과정에서 부지불식간에 해당 데이터가 물리적으로 위치한 국가의 동의 없이 역외 데이터에 접근하고 있다고 지적하였다.[16] 이러한 상황은 특히 클라우드 컴퓨팅 기술로 인해 발생하는데 데이터의 "저장 위치"는 점점 더 알기 어렵게 되고, 국제형사사법공조 요청도 실제 데이터가 물리적으로 위치한 국가가 아닌 서비스제공자가 위치한 국가를 대상으로 행해지고 있다고 언급하였다.[17]

따라서 보고서에서는 사이버범죄 수사에 있어서 공식적인 국제공조를 위한 전통적인 방법에 의존하는 것은 휘발성이 있는 전자증거를 신속하게 획득하기에는 한계가 있으며, 클라우드 컴퓨팅과 데이터 센터가 보편화된 시대에서는 증거의 "위치" 개념이 재정립(reconceptualized)될 필요가 있다고 보았다.[18] 따라서 보고서에서는 법집행기관에 의한 역외 데이터 접근에 대한 문제에 대한 국가들의 컨센서스가 필요하다고 주장하고 있다.[19]

이후 전문가그룹 회의는 제2차 회의 이후 4년 뒤인 2017년 4월 개최된 제3차 회의[20]에 이어 2018년 4월 제4차 회의, 2019년 3월 제5차 회의, 2020년 7월까지 총 6차례에 걸쳐 회의를 진행하였다.

특히 2019년 3월 개최된 제5차 회의에서는 법집행과 수사 그리고 전자증거와 형사사법 두 가지 의제에 관하여 논의하였다. 제5차 회의에서 클라우드 환경에서의 법집행기관의 증거수집에 대한 문제가 주로 논의되었다.[21]

---

15) UNODC/CCPCJ/EG.4/2013/2.
16) UNODC, Comprehensive Study on Cybercrime, Draft, February 2013, p. 222.
17) UNODC, Comprehensive Study on Cybercrime, Draft, February 2013, p. 217.
18) UNODC, Comprehensive Study on Cybercrime, Draft, February 2013, p. 223.
19) UNODC, Comprehensive Study on Cybercrime, Draft, February 2013, p. 223.
20) UNODC/CCPCJ/EG.4/2017/4.

먼저, 법집행과 수사 의제와 관련하여 참가자들은 서비스제공자의 본사가 한 국가의 관할권에 위치하나 해당 업체의 서버는 다른 관할권에 존재하거나 데이터가 여러 관할권에 산재해 있는 경우 등에 있어서 발생할 수 있는 집행관할권의 충돌 문제에 대해서 토의하였다.22) 또한, 일부 참가자는 클라우드 컴퓨팅 기술의 발전으로 인해 범죄 수사에 있어서 추가적인 법적·실무적 문제가 발생하고 있다고 언급하였다. 전문가그룹에서는 사이버범죄 분야에서 적용가능한 관할권의 기초에 대한 유연한 접근법을 견지하는 것이 유용할 것이라고 언급하면서, 여기에는 데이터의 물리적 저장 위치가 아니라 정보통신 서비스가 제공되고 있는 위치를 관할권 판단의 기준으로 삼는 것이 포함된다고 보았다.23)

각국 대표단은 또한 사이버범죄의 국가간 수사 및 기소에 있어서 국제공조의 중요성을 강조하였다.24) 참가자들은 전자적 증거의 수집 요청과 보존을 위한 형사사법공조 요청이 급격히 증가하고 있으며, 마우스 클릭 한 번으로 쉽게 다른 곳으로 전송되거나 삭제될 수 있는 등 전자증거의 휘발성(volatility) 때문에 신속하고 성공적인 데이터 접근(speedy and successful access to data)이 매우 중요하나 현재 장시간 소요되는 형사사법공조의 절차가 이에 충분하지 않다고 언급하였다.25)

참가자들은 또한 초국경적 데이터 접근(transborder access to data)에 대해서 토의하였다. 참가자들은 역외 데이터 접근에 있어서 관련국 간 실무와 절차 그리고 이러한 절차에 있어서 보장규정과 요건이 서로 다르다는

---

21) Report on the meeting of the Expert Group to Conduct a Comprehensive Study on Cybercrime held in Vienna from 27 to 29 March 2019, UNODC/CCPCJ/EG.4/2019/2, 12 April 2019.
22) UNODC/CCPCJ/EG.4/2019/2, para. 20.
23) UNODC/CCPCJ/EG.4/2019/2, para. 20.
24) UNODC/CCPCJ/EG.4/2019/2, para. 23.
25) UNODC/CCPCJ/EG.4/2019/2, para. 23.

점을 언급하였다. 참가자들은 피의자에 대한 절차적 보호, 프라이버시에 대한 고려, 개인정보보호, 역외에 저장된 데이터 접근의 적법성, 국가 주권 존중의 원칙 등을 논의하였다.[26]

두 번째 의제인 전자증거와 형사사법에 대해서 전문가그룹은 형사사법공조 요청이 제기된 데이터의 유형에 따라 국제협력의 효율성과 적시성에 끼치는 영향이 다를 수 있음을 언급하면서 데이터 종류의 구분(differentiation)이 필요하다고 언급하였다. 이와 관련하여 일부 참가자들은 법집행 협력 강화, 역외 데이터에 대한 접근에 관한 다자적 대화 전개, 유럽평의회의 사이버범죄협약에 근거하여 "가입자 정보" 접근을 위한 별도의 협력 기제 마련 등의 대안을 제시하였다.[27]

2018-2021 업무계획[28]에 따라 전문가그룹은 정보를 업데이트하고 참여 국가들에 의한 의견, 결론 및 권고사항을 논의하기 위해 매년 연구보고서의 각각의 장들을 논의한다. 전문가그룹은 2021년 CCPCJ에 그간의 논의사항을 종합하여 이를 제출하여야 한다.

2019년 12월 UN 총회는 결의 74/247호[29]에서 새로운 병행적 프로세스를 도입하였다. 결의안에서는 모든 지역을 대표하는 "임시 범정부 전문가위원회(Open-ended Ad Hoc Intergovernmental Committee of Experts)"를 설치하도록 하고 있고, "범죄목적의 정보통신기술 사용에 대응"하기 위한 종합적인 국제 협약을 입안하도록 하였다.[30] 이러한 프로세스는 2020년 8월부터 시작되며, 추가적인 국제적 의견대립을 방지하기 위하여 컨센서스에 의한 결정이 이루어져야 하고, 프로세스는 사이버범죄 문제에 대하여 적절히 대응할 수 있는 형사사법 이슈에 대한 전문성에 의존하여야 한다. 또

---

26) UNODC/CCPCJ/EG.4/2019/2, para. 25.
27) UNODC/CCPCJ/EG.4/2019/2, para. 41.
28) UNODC/CCPCJ/EG.4/2018/CRP.1.
29) UN Doc. A/RES/74/247.
30) UN Doc. A/RES/74/247.

한, 이 프로세스는 포용적이며, 투명해야 하고 논의 결과는 각국 정부에
의해 이미 수락된 현행 국제 프레임워크와 일치해야 한다.

3. 사회적, 인도적 및 문화적 문제에 대한
UN 제3위원회

사이버범죄는 전통적으로 제3위원회(UN Third Committee Social,
Humanitarian & Cultural Issues)에서 "범죄예방 및 형사사법"이라는 어젠
다로 논의되어 왔다. 지난 몇 년간 제3위원회는 사이버범죄와 관련된 다수
의 결의안을 채택하였다.[31]

2018년 UN 총회는 사무총장에게 범죄 목적으로 ICT 기술 활용에 대응
함에 있어서 직면하고 있는 도전과제에 대한 회원국의 의견을 수렴할 것
을 요청하였다. 2019년 UN 총회는 결의 74/173호[32]를 채택하였고 국가들
로 하여금 사이버범죄 수사 및 기소를 보장하는 조치, 국제협력을 촉진하
는 조치, 법집행기관 및 사법기관 종사자들에 대한 훈련을 위한 조치, 기

---

31) 여기에는 다음 결의가 포함된다. A/RES/74/173 "Promoting technical assistance and
capacity-building to strengthen national measures and international cooperation to
combat cybercrime, including information-sharing", A/RES/73/187 requested the
Secretary General to seek views of Member States on the challenges that they
faced in countering the use of ICTs for criminal purposes, A/RES/72/196
"Strengthening the United Nations crime prevention and criminal justice
programme, in particular its technical cooperation capacity", A/RES/68/243
"Developments in the field of information and telecommunications in the context
of international security", A/RES/68/193 and A/RES/66/181 "Strengthening the
United Nations crime prevention and criminal justice programme, in particular its
technical cooperation capacity", A/RES/56/121 and A/RES/55/63 "Combating the
criminal misuse of information technologies".

32) UN Doc. A/RES/74/173.

술지원 및 역량강화를 촉진하는 조치, 민간분야와 시민사회와의 협력을 증진하는 조치 등을 이행할 것을 촉구하였다.

2018년 12월 러시아는 UN 총회에 "범죄 목적의 정보통신기술 활용에 대한 대응(Countering the use of information and communications technologies for criminal purposes)"이라는 새로운 의제를 제안하였으며, 이러한 안건은 UN 총회 결의 73/187호에 의하여 채택되었다. 결의안 자체에서는 새로운 위원회나 협약의 필요성에 대해서 언급하고 있지 않지만, 러시아가 주도한 결의 74/247호에서는 임시 범정부 전문가 위원회의 설치를 요구하였다. 같은 결의안에서 총회는 모든 지역의 대표인 개방형 정부간 전문가 특별위원회를 설치해 사이버범죄에 대한 종합적인 연구를 수행하기 위한 정부간 전문가 그룹의 논의 결과, 범죄 목적의 정보통신 기술의 활용에 대응하기 위한 국가, 지역 및 국제 수준의 행위와 노력 등을 포함한 기존의 국제문서들을 충분히 고려해 범죄 목적의 정보통신기술 활용에 대응하는 포괄적 국제협약을 구체화하기로 했다.

이러한 맥락에서, UN의 사이버범죄에 대한 논의와 의사결정이 사이버범죄 대응에 대한 포괄적이고, 공정하고, 투명하고, 건설적인 접근을 보장하는 합의의 기초 위에서 지속되는 것이 중요하며, 중복과 자원의 낭비를 피하기 위해서는 장기적 기술지원과 역량강화 등 다양한 국제사회의 노력을 체계화하는 것이 필요하다.

제2절 유럽평의회의 사이버범죄협약

유럽평의회의 사이버범죄협약은 사이버범죄 문제를 규율하기 위해 마련된 최초의 구속력 있는 다자조약이다.[33) 비록 지역기구의 이니셔티브로 시작되었지만, 동 협약은 국제적으로 적용될 것을 의도하고 있다. 협약은 유럽평의회 회원국 외에도 협약 당사국 만장일치의 결정을 통해서 초청된 비회원국에게도 개방되어 있다. 사이버범죄협약은 국제사회에서 상당한 영향력을 가지고 있으며, 2024년 7월 기준, 76개 국가가 동 협약을 비준하였고 협약 당사국 중에서 유럽평의회 비회원 국가는 총 32개국이다.34)

또한, 협약은 오늘날 사이버범죄에 대해서 가장 실질적이고 광범위하게 규정되어 있는 다자협약으로, 사이버범죄를 실체적, 절차적으로 다루는 데 있어 종합적인 접근방식을 취하고 있으며, 과거에는 존재하지 않았던 국제협력의 프레임워크를 제공하고 있다.35) 즉 협약은 각국에서 처벌해야 할 사이버범죄를 실체적으로 범죄화하여 국제적으로 처벌해야 할 범죄의 종류가 명확히 규정되었을 뿐만 아니라 동 범죄행위의 미수, 방조, 교사 행위와 법인의 책임까지도 상세히 규정하고 있다.36) 또한, 협약은 사이버범죄의 수사, 기소 및 관할권에 관한 절차적인 내용을 규정함으로써 실체법이 적절하게 집행될 수 있도록 체계를 갖추고 법제도적인 차원에서 사이버범죄 대응에 있어 효율성을 제고하였다고 평가된다.37)

사이버범죄협약은 사이버범죄로부터 시민을 보호하고 인권보호에 기여하는 측면이 있다.38) 2008년 유럽인권재판소는 K.U. v. Finland 사건39)에

---

33) Jonathan Clough, *Principles of Cybercrime*, 2nd ed. (Cambridge University Press, 2015), pp. 24-25.
34) 사이버범죄협약에 가입 및 비준한 국가 현황은 아래 유럽평의회 홈페이지 참조. <https://www.coe.int/en/web/conventions/full-list/-/conventions/treaty/185/signatures?p_auth=znDSgt2Q> (2024. 5. 30. 최종방문).
35) Michael A. Vatis, "The Council of Europe Convention on Cybercrime", Proceedings of a Workshop on Deterring Cyber Attacks: Informing Strategies and Developing Options for U.S. Policy, 2010, p. 219.
36) 이영준, "유럽의회(Council of Europe)의 사이버범죄방지를 위한 국제협약 소고", 형사정책연구 제12권 제2호, 2001, p. 29.
37) 이영준, 금봉수, 정완, "사이버범죄방지조약에 관한 연구", 형사정책연구원 연구총서, 2001, p. 36.

서 정부는 효과적인 법률과 법집행을 통해, 즉 사이버범죄협약을 이행함
으로써 사이버범죄로부터 국민을 보호할 적극적 의무를 가진다고 판시한
바 있다.[40] 이 사건에서 재판소는 이 사건의 관련 규범으로서 특히 협약의
절차법 조항과 관련된 사이버범죄협약 제14조(절차적 조항의 범위) 및 제
18조(제출명령)를 언급하였고[41] 협약 제15조에서 언급하고 있는 보호조치
와 관련하여 유럽인권협약 제8조[42]상의 프라이버시에 관한 권리를 보장할
의무가 있음을 지적하고 있다. 재판소는 이 사건에서 유럽인권협약 제8조
로부터 국가가 자의적인 침해를 자제할 소극적 의무와 개인정보에 대한
심각한 범죄를 억제하기 위한 효과적인 형사법적 조치를 취할 적극적 의

---

38) Alexander Seger, "The Budapest Convention on Cybercrime 10 Years on?:
    Lessons Learnt or the Web Is a Web", Council of Europe, February 2012, p. 4.
    https://rm.coe.int/16802fa3e0 참조.
39) K.U. v. Finland (Application no. 2872/02), ECHR Judgment, December 2008.
40) 이 사건에서는 불상의 사람이 1999년 3월 데이트 사이트에 피해자인 12세 아동의
    이름, 사진, 연락처 등을 포함하여 데이트 상대를 구한다는 광고를 게시하였다. 피
    해자의 부모가 핀란드 경찰에 누가 광고를 올렸는지 확인해달라고 요청하였으나 서
    비스제공자는 당시 법률에 근거하여 해당 IP주소의 사용자 공개를 거부하였다. 핀
    란드 법원에서는 서비스제공자의 주장을 받아들였고 이 사건은 유럽인권재판소에
    회부되었다. 이 사건에서 재판소는 핀란드가 범죄자의 효과적인 수사 및 기소를 위
    한 적절한 입법적, 사법적 조치를 취하지 못하여 원고의 프라이버시권을 침해하였
    다고 판시하였다. Council of Europe/ CyberCrime@IPA, "Article 15 Conditions
    and Safeguards under the Budapest Convention on Cybercrime", March 2012,
    pp. 11-12. https://rm.coe.int/CoERMPublicCommonSearchServices/DisplayDCTM
    Content?documentId=0900001680303194 참조.
41) K.U. v. Finland, paras. 24-25.
42) 제8조 (사생활 및 가족생활을 존중받을 권리)
    1. 모든 사람은 그의 사생활, 가정생활, 주거 및 통신을 존중받을 권리를 가진다.
    2. 법률에 합치되고, 국가안보, 공공의 안전 또는 국가의 경제적 복리, 질서유지와
       범죄의 방지, 보건 및 도덕의 보호, 또는 다른 사람의 권리 및 자유를 보호하기
       위하여 민주사회에서 필요한 경우 이외에는, 이 권리의 행사에 대하여는 어떠한
       공공당국의 개입도 있어서는 아니된다.

무도 도출된다고 판시하였다.[43]

1. 협약의 성안 배경

유럽에서는 1976년 스트라스부르(Strasbourg)에서 사이버범죄가 최초로 언급되었다.[44] 당시 개최된 "경제범죄의 범죄학적 측면에 관한 제12회 범죄학 연구기관장 콘퍼런스(12th Conference of Directors of Criminological Research Institutes: Criminological Aspects of Economic Crime)"에서는 컴퓨터범죄가 "컴퓨터가 범죄의 도구 또는 대상이 되는 불법행위, 즉 컴퓨터의 기능에 영향을 미칠 목적으로 또는 이를 수단으로 하는 범죄"라고 정의되었고, 컴퓨터범죄의 여러 가지 유형 및 예방조치들이 소개되었다.[45]

이 콘퍼런스 이후 경제범죄 특별위원회는 경제범죄에 대한 권고안 No. R (81) 12[46]를 작성하였고 동 권고안은 1981년 6월 각료위원회에서 채택되었다. 여기에서는 경제범죄를 나열식으로 정의하였다. 동 권고사항에서 데이터 유출, 비밀 침해, 컴퓨터 데이터 조작 등의 컴퓨터범죄는 범죄가 상당한 손해를 야기하고 범죄자가 특별한 기업 지식을 가진다는 것을 전제로 하며, 기업인이 직업 또는 기능의 행사의 일환으로 범죄를 저지르는

---

43) K.U. v. Finland, paras. 42-43.
44) Council of Europe, "Computer-Related Crime: Recommendation No. R. (89) 9 on Computer-Related Crime and Final Report of the European Committee on Crime Problems," 1990, p. 11 ; Stein Schjolberg, *The History of Cybercrime: 1976-2014*, Cybercrime Research Institute, 2014, p. 32.
45) Criminological Aspects of Economic Crime: Reports Presented to the Twelfth Conference of Directors of Criminological Research Institutes (1976). (Council of Europe, 1977), https://books.google.com/books?id=Y9IXAAAAYAAJ&pgis=1.
46) Council of Europe, "Recommendation No. R (81) 12 of the Committee of Ministers To Member States on Economic Crime," 1981.

경우에만 경제범죄의 한 유형으로 취급되었다.[47]

이후 경제협력개발기구(OECD)는 1982년 회원국을 대상으로 컴퓨터범죄의 통제에 대한 설문조사를 실시하기로 하였고 전문가그룹이 이 문제에 대해 논의하기 시작했다. OECD는 회원국을 대상으로 한 설문조사를 기반으로 "컴퓨터 관련 범죄: 법정책의 분석"이라는 보고서[48]를 작성하여 발표하였다.[49]

가. 컴퓨터 관련 범죄에 관한 전문가 특별위원회(PC-R-CC)

컴퓨터 관련 범죄 문제는 1985년 및 1986년 유럽평의회 산하 유럽형사문제위원회(CDPC) 연구 프로그램에 포함되었으며, 유럽형사문제위원회는 이 문제를 연구하기 위하여 "컴퓨터 관련 범죄에 관한 전문가 특별위원회(PC-R-CC)"를 신설하였고 동 위원회는 1985년부터 임기를 시작하여 1989년 3월 임기를 종료하였다. 특별위원회의 권고사항 및 보고서 초안이 1989년 6월 유럽형사문제위원회에서 승인되고 1989년 9월 각료위원회에서 채택되었다.[50]

특별위원회의 작업은 주로 위에서 언급한 OECD 보고서 및 설문조사에 대한 응답에 기반을 두었는데, 위원회는 국내 입법을 위한 가이드라인을 작성하였고, 범죄수사에서 컴퓨터 데이터의 사용과 관련된 절차법적 문제

---

47) Council of Europe, "Computer-Related Crime: Recommendation No. R. (89) 9 on Computer-Related Crime and Final Report of the European Committee on Crime Problems.", pp. 11-12.
48) Computer-Related Crime: Analysis of Legal Policy, Volume 1 (OECD, 1986).
49) 동 보고서는 컴퓨터 관련 범죄의 입법정책의 주요 흐름, 전통적 형사법의 적용 및 컴퓨터에 특화된 입법의 발전, 컴퓨터 관련 범죄 및 실체법의 구체적이고 특수한 측면, 컴퓨터 관련 범죄의 국제적 특징 등의 내용을 포함하고 있다. Stein Schjolberg, *supra* note 44, p. 36.
50) *Ibid.*, p. 9.

를 다루었다. 이 외에도 위원회는 특정 컴퓨터 관련 범죄의 초국경적 특성과 그러한 유형의 국제범죄에 대응하기 위한 방안, 컴퓨터 관련 범죄의 보안예방 조치의 중요성 및 피해자의 지위에 관한 다른 중요한 측면 등에 관해서도 연구하였다.

특별위원회는 회원국에게 "자국의 입법을 검토 또는 새로운 법안을 발의(initiate)할 경우, 유럽형사문제위원회에 의해 마련된 컴퓨터 관련 범죄에 관한 보고서 및 특히 국내 입법을 위한 가이드라인을 참조할 것"과 "1993년까지 컴퓨터관련 범죄의 국제 사법공조의 입법, 사법실무 및 사례의 발전이 있는 경우, 유럽평의회의 사무총장에게 보고할 것"을 권고하였다.

컴퓨터 관련 범죄에 관한 권고사항 No. R (89) 9에서는 실체법을 중심으로 회원국들이 컴퓨터 관련 범죄로 입법화할 범죄유형을 최소 목록과 선택적 목록으로 나누어 제시하였다.[51) 또한, 다양한 컴퓨터 관련 범죄의 태양에 대하여 각각의 현상학적 측면, 보호법익, 구성요건에 관하여 구체적으로 규정하였다.[52)

나. 컴퓨터 관련 범죄와 관련된 절차법 문제에 대한 전문가위원회(PC-PC)

권고사항 No. R (89) 9이 채택된 지 2년이 지난 1991년 유럽형사문제위

---

51) 최소목록에서는 컴퓨터관련 사기, 컴퓨터 위조, 컴퓨터 데이터 또는 프로그램에 대한 훼손, 컴퓨터 방해(computer sabotage), 허가받지 않은 접근, 허가받지 않은 감청, 보호되고 있는 컴퓨터 프로그램의 허가받지 않은 복제, 허가받지 않은 토포그래피(반도체 기술) 복제 등 8가지 항목을 규정하고 있고, 선택적 목록에서는 컴퓨터 데이터 또는 컴퓨터 프로그램의 변경, 컴퓨터 간첩행위, 컴퓨터의 허가받지 않은 사용, 보호되고 있는 컴퓨터 프로그램의 허가받지 않은 사용 등 4가지 항목을 규정하고 있다.
52) 김한균, 김성은, 이승현, "사이버범죄방지를 위한 국제공조방안 연구 - 유럽사이버범죄방지협약을 중심으로 -," 대검찰청 정책연구용역보고서, 2008, p. 11.

원회는 "정보기술과 관련된 절차법 문제에 대한 전문가 위원회(PC-PC)"라는 새로운 전문가위원회를 신설하였다. PC-PC 위원회는 1992년 10월에 작업에 착수하여 1995년 4월 임기를 마쳤다.[53]

PC-PC 위원회의 위임사항은 "수사상 통신시스템 감청, 컴퓨터에 대한 감청, 데이터처리시스템의 압수수색 등에 관한 형사절차 규정에 근거한 기술적 환경에서 강제력의 행사, 프로그램을 포함한 데이터 처리 관련 자료로 구성된 증거의 증거능력 및 신뢰성, 새로운 기술의 사용 또는 새로운 유형의 범죄와 관련된 절차법 문제와 관련된 구체적 문제들, 컴퓨터 관련 범죄 수사에 있어 국제협력"에 대해 조사하는 것이었다. 위원회의 주요 목표는 처음으로 컴퓨터 관련 범죄에 관한 형사절차법 문제가 제기되었을 때, 국내 입법의 가이드라인을 줄 수 있는 종합적인 원칙들을 마련하는 것이었다.[54]

1995년 4월 PC-PC 위원회는 정보기술과 관련된 형사절차법 문제에 관한 권고안 및 해설서 초안을 채택하였고 같은 해 5월 유럽형사문제위원회가 보고서를 승인하여, 유럽평의회 각료위원회가 이를 같은 해 9월 11일 채택하였다.

정보기술과 관련된 형사절차법 문제에 관한 권고사항 No. R (95) 13에서는 회원국에게 "자국의 법제 및 실무를 검토하는 데 동 권고안에 첨부된 원칙을 참조할 것"과 "자국의 수사기관 및 기타 이러한 원칙을 적용할 이해관계를 가진 특히 IT 분야 전문기관에 동 원칙들을 잘 전파할 것"을 권고하고 있다.[55] 또한, 권고사항 부록에서는 절차법과 관련된 압수수색, 기술적 감시, 수사기관에 협조할 의무, 전자 증거, 암호화, 연구 및 훈련,

53) Council of Europe, "Recommendation No. R (95) 13 of the Committee of Ministers to Member States Concerning Problems of Criminal Procedural Law Connected with Information Technology," 1995, p. 11.
54) Ibid., pp. 12-13.
55) Ibid.; 정완, "하이테크범죄대책에 관한 국제동향," 형사정책연구 제10권 제4호, 1999, p. 343.

국제협력 등 7개의 장으로 구성된 18개의 원칙을 제시하고 있다.56)

권고사항 제1장(압수수색)에서는 컴퓨터 환경에서의 압수수색이라는 강제적 권한의 적용가능성에 대해 다루고 있다. 특히 세부 원칙에서 컴퓨터시스템을 수색하고 데이터를 압수할 수 있도록 절차법적 정비가 이루어져야 하며, 수색영장을 집행할 때, 만약 신속한 수사가 요구될 경우, 수사기관은 적절한 보호조치 하에서 자국 영역 내의 네트워크로 연결된 다른 컴퓨터시스템까지 압수수색을 확장할 권한을 가져야 한다는 점을 언급하였다.

제3장(수사기관에 협조할 의무)에서는 증거수집에 있어 수사기관에 협조할 전통적인 증인 및 전문가의 의무를 컴퓨터 환경에 확대할 것을 권고하고 있다. 이러한 의무는 다양한 형태로 나타날 수 있는데 특정 데이터를 수사기관에 제출하거나 컴퓨터시스템, 파일 데이터에 접근할 수 있도록 해주는 것 등이 포함될 수 있다. 특히 세부 원칙에서 수사기관에게 개인이 통제하고 있는 데이터를 제출하도록 명령할 권한을 부여하는 규정이 신설되어야 한다고 권고하였다.

또한, 초국경적 범죄 수사에 있어서 신속한 법집행을 가능하게 하기 위하여 제7장(국제협력)에서는 더 나은 협력 체계를 지지하고 있다. 여기에서는 초국경 네트워크 수색은 수사기관에게는 중요한 도구가 될 것이지만, 이는 국제법이나 국가 주권을 위반할 가능성이 있기 때문에, 이러한 문제를 예방하기 위해 국제규약을 신설할 것을 권고하고 있다.57)

---

56) Stein Schjolberg, *supra* note 44, pp. 40-43.
57) 권고사항 제7장의 세부원칙의 내용은 다음과 같다.

　　17. 다른 컴퓨터시스템에까지 수색을 확대할 권한은 신속한 수사가 요구될 때, 타국의 관할권 내에 위치해있는 시스템에까지 적용될 수 있어야 한다. 국제법 또는 국가주권을 위반할 가능성을 피하기 위해서, 그러한 확대된 압수수색에 대한 확실한 법적 근거가 성립되어 있어야 한다. 따라서, 어떻게, 언제, 어디까지 그러한 압수수색이 허용될 수 있는지에 대한 국제적 합의를 이루어내기 위한 협상이 시급하게 이루어져야 한다.

　　18. 수사기관이 해외 법집행기관에게 신속하게 증거를 수집할 수 있도록 요청하기

다. 사이버공간에서의 범죄에 관한 전문가 위원회(PC-CY)

유럽평의회가 위와 같은 두 가지의 구체적 권고사항을 발표했음에도, 회원국들의 법률을 조정하기 위한 어떠한 공식적 절차도 시작되지 않았다.58) 이에 1996년 11월 유럽형사문제위원회(European Committee on Crime Problems (CDPC))는 사이버범죄를 다루는 전문가들의 위원회를 설립하기로 결정하였다.59)

CDPC의 결정 이후, 각료위원회에서는 1997년 2월 4일 개최된 제583차 차관회의에서 "사이버공간에서의 범죄에 관한 전문가 위원회(PC-CY)"라고 하는 새로운 위원회를 설립하였다.60)

동 위원회는 이전의 두 가지 권고사항61)을 기초로 하여 컴퓨터범죄 위협과 적절한 법체계에 관한 조사를 수행하였다.62) PC-CY 위원회는 1997

위한 신속하고 적절한 조치 및 파견시스템이 가능해야 한다. 이를 위해서 피요청국(접수국)은 컴퓨터시스템을 수색하고 데이터를 압수할 수 있는 권한이 있어야 한다. 피요청국은 특정 통신에 관련된 트래픽데이터를 제공하고 특정 통신을 감청 또는 통신의 근원지를 파악할 수 있는 권한이 있어야 한다. 이를 위해서, 기존의 형사사법공조 조약이 보강되어야 한다.

58) Ryan M. F. Baron, "A Critique of the International Cybercrime Treaty," CommLaw Conspectus: Journal of Communications Law and Technology Policy, Vol. 10, No. 2, 2002.
59) Decision CDPC/103/211196.
60) Decision No. CM/Del/Dec(97)583.
61) Recommendation No. R (89) 9, Recommendation No. R (95) 13.
62) 위원회의 구체적 위임사항은 다음과 같다. 위원회는 아래에서 언급된 사항에 대한 구속력있는 법적 조약을 입안하여야 하며 특정이슈에 대하여 추가적인 권고안을 수립하여야 한다. 위원회는 기술발전에 비추어 다른 이슈에 대해서도 제언할 수 있다.
　ⅰ. 컴퓨터 관련 범죄에 관한 권고 No R (89) 9 및 정보통신과 관련된 형사절차법에 관한 No R (95) 13 권고를 고려하여, 아래 주제에 관하여 구체적으로 조사한다.
　ⅱ. 사이버공간 범죄, 특히 인터넷 등 통신네트워크를 통해 범해지는, 불법 송금, 불법서비스 제공, 저작권 침해, 명예 훼손, 아동보호 위반과 같은 범죄 ;
　ⅲ. 국제협력의 목적으로 공통의 접근방식이 요구되는, 정의, 제재, ISP를 포함한

년 4월부터 임기를 시작하여 본격적으로 사이버범죄에 관한 국제협약에 대한 협상을 수행하였다.

1997년 4월에서 2000년 12월 사이에, PC-CY 위원회는 10차례에 걸친 총회 및 15차례 초안작업그룹 회의를 개최하였다. 위원회의 연장된 임기 만료 이후, 전문가들은 의회의 의견에 따라 초안을 마무리 짓고 협약 초안을 검토하기 위해서 3차례의 회의를 추가로 개최하였다. 각료위원회는 PC-CY 위원회 요청에 따라 협약 초안에 대한 의견을 제시하였고 이는 2001년 4월 총회에서 채택되었다.

최종 협약 초안 및 주석서는 2001년 6월 CDPC에 승인을 위해 제출되었고 2001년 11월 8일 유럽평의회 각료위원회에서 채택되었다. 협약은 2001년 11월 23일 헝가리 부다페스트에서 열린 국제 사이버범죄 컨퍼런스(International Conference on Cyber-Crime)에서 서명을 위해 개방되었고 2004년 7월 1일 발효되었다.[63]

사이버공간의 행위자 책임과 같은 기타 실체법적 이슈;

iv. 통신감청과 같은 기술적 환경에서 강제력의 사용 및 적용가능성 및 인터넷 등 정보네트워크의 전자적 감시, 정보처리 시스템의 압수수색, 불법 매체를 접속 불가하게 만드는 조치, 서비스제공자에 특수한 의무에 따르도록 요구하는 것, 암호화와 같은 정보보호의 특정 조치에 의해 초래되는 문제점 고려;

v. 사이버범죄와 관련된 관할권 문제, 예를 들어 범죄발생 장소를 결정하는 문제, 적용법규의 결정, 다중 관할이 문제될 경우 일사부재리 문제, 적극적 관할권 경합 문제를 어떻게 해결할 것인지와 소극적 관할권 경합 문제를 어떻게 예방할 수 있는지;

vi. 형사분야에서 유럽협약의 작동에 관한 전문가 위원회(PC-OC)와의 긴밀한 협력을 통한 사이버공간범죄 수사에 있어 국제협력의 문제; Council of Europe, "Convention on Cybercrime Explanatory Report," 2001, para.11.

63) 이영준, 금봉수, 정완, "사이버범죄방지조약에 관한 연구," 형사정책연구원 연구총서, 2001, pp. 33-34.

2. 협약의 주요 내용

가. 협약의 목적과 구성

유럽평의회의 사이버범죄협약은 사이버범죄 관련 국내법을 조화시키고, 수사기법을 향상시키며, 국가간 협력을 증진함으로써 사이버범죄를 효과적으로 다루기 위한 최초의 국제조약이다. 사이버범죄협약은 특히, 컴퓨터 네트워크의 조사와 네트워크 침입의 차단과 같은 일련의 권한과 절차를 규정하고 있다.

협약의 제정 목적은 국내 형사 실체법의 사이버범죄 관련 규정을 조화시키고, 사이버범죄, 컴퓨터시스템을 수단으로 행한 범죄 또는 전자증거와 관련된 수사와 기소를 위해 필요한 절차법적 권한을 부여하며, 국제협력의 신속하고 효과적인 체제를 정립하는 것이라고 할 수 있다.[64] 이에 따라 협약은 전문과 4개의 장, 48개 조문으로 구성되어 있으며, 전문에서는 사이버범죄로부터 사회를 보호하기 위해 적절한 입법과 국제공조를 증진하는 등 공통의 형사정책을 추구할 필요성에 따라 본 협약이 체결되었으며, 국제연합(UN), OECD, 유럽연합(EU) 등 국제기구의 기존 논의와 노력을 협약에 반영하였음을 천명하고 있다.[65] 협약 본문은 제1장 용어의 정의, 제2장 국내적 차원에서 취할 조치들 - 실체법과 절차법, 제3장 국제협력, 제4장 최종 조항(final clauses)으로 구성되어 있다.

특히 절차법 이슈를 다루는 제2장 제2절 및 제3장 국제협력은 제2장 제1절에서 정의된 범죄, 즉 사이버범죄의 범위를 넘어서 컴퓨터시스템을 수

---

64) Council of Europe, *supra* note 62, para.16 ; 금봉수, "사이버 범죄 방지를 위한 국제공조방안 연구", 경희대학교 박사학위논문, 2001, p. 187.
65) 정수봉, "유럽의회 사이버범죄 방지조약의 주요 내용 및 쟁점," 해외연수검사논문집 제19집, 2004, p. 608.

단으로 행해진 범죄 또는 일반 범죄 수사와 관련된 전자증거 수집에도 적용된다.66)

전자 증거(electronic evidence)는 물리적 증거보다 보존이 어려우며, 쉽게 변경, 이동, 삭제될 수 있다. 협약 제2장 제2절에서는 개별 당사국으로 하여금 수사당국에 시스템조사와 압수(seizure), 실시간 트래픽데이터 수집, 콘텐츠데이터 차단, 트래픽 관련 컴퓨터 저장 데이터의 보관과 공개를 포함하는 수사과정에서 활용할 수 있는 적절한 권한과 절차를 부여하도록 요구하고 있다. PC-CY에서는 협약이 서비스제공자에게 일정 기간 트래픽 데이터를 수집하고 보관할 의무를 부과해야 하는지에 대해서 논의가 이루어졌으나, 이에 대해 의견일치가 이루어지지 않아 동 협약에서는 이러한 의무를 포함하지 않았다.67)

아래에서는 절차법 규정 중에서도 수사기관의 데이터 접근과 관련된 내용을 규율하고 있는 제16조 내지 제19조 및 초국경적 데이터 접근에 관해 규정하고 있는 제32조를 중심으로 각각의 조문과 주석서의 내용과 협약 성안 과정에서 논의된 쟁점을 세부적으로 분석하기로 한다.

나. 주요 내용

1) 데이터의 신속한 보존 (제16조 및 제17조)

협약 제16조68)는 저장된 컴퓨터 데이터가 보존될 수 있도록 강제하는

---

66) 협약 제14조 및 제23조. Council of Europe, *supra* note 62, para. 243.
67) Council of Europe, *supra* note 62, para. 135.
68) 제16조 (저장된 컴퓨터데이터의 신속한 보존) 1. 컴퓨터시스템에 의해서 저장되어 있는 트래픽데이터를 포함한 특정한 컴퓨터데이터가 특히 손실되거나 변경될 수 있다고 믿을 만한 근거가 있는 경우에는 당사국은 이러한 데이터의 신속한 보존을 자국의 권한 있는 기관이 명령하거나 이와 유사한 방법으로 획득할 수 있도록 필

형사절차적 권한 규정이다.[69] 제16조에서는 국내적 수사절차에 대해 필요한 입법적 조치에 대해 규정하고 있으며, 제29조[70]에서는 저장된 컴퓨터

요한 입법적 조치와 그 밖의 조치를 취하여야 한다.

2. 당사국은 어떤 자가 소유하거나 지배하고 있는 특정한 저장된 컴퓨터데이터를 보존하도록 명령을 통하여 요구함으로써 제1항을 실행한다면, 당사국은 필요한 만큼의 기간 동안, 최장 90일 동안 그 자가 이러한 컴퓨터데이터의 무결성을 보존하고 유지하여 이를 권한 있는 기관에게 전달할 수 있도록 필요한 법적 조치와 그 밖의 조치를 취하여야 한다. 당사국은 그러한 명령이 연속하여 연장될 수 있도록 규정할 수 있다.

3. 각 당사국은 국내법에 의해 규정된 기간 동안 이러한 절차의 수행을 비밀리에 할 수 있도록 보관자 또는 컴퓨터데이터를 확보해야 할 자에게 의무를 과하기 위해 필요한 입법적 조치와 그 밖의 조치를 취해야 한다.

4. 이 조에 의한 권한과 절차는 제14조와 제15조를 기초로 하여야 한다.

69) 박희영, "사이버범죄방지조약의 형사절차법 규정의 평가와 현행 형사절차법 관련 규정의 개정방향," 인터넷법률 제46호 (2009), p. 163.

70) 제29조 (저장된 컴퓨터 데이터의 신속한 보존) 1. 당사국은 다른 당사국의 영역 내에 있는 컴퓨터시스템에 저장된 데이터의 신속한 보존과 획득을 요구할 수 있고, 당사국은 자료의 수색 및 접속, 압수 및 획득 또는 자료의 공개와 관련된 공조를 다른 당사국에게 요구할 수 있다.

2. 제1항에 의한 보존요청은 a. 보관하고 있는 기관, b. 수사 중인 범인 및 관련 사실 개요, c. 보존이 필요한 저장된 컴퓨터 데이터 및 저장된 컴퓨터 자료와 범죄와의 관계, d. 저장된 컴퓨터 자료의 관리인 또는 컴퓨터시스템의 유지를 확인하기 위해 이용할 수 있는 일체의 정보, e. 보존의 필요성 그리고 f. 당사국이 자료의 수색 및 접속, 압수 및 획득 또는 공개를 위해 공조요청한 것을 정확히 명기해야 한다.

3. 다른 당사국으로부터 공조요청을 받은 피요청국은 자국의 국내법에 따라 명기된 자료의 신속한 보존을 위한 모든 적절한 조치를 취해야 하나, 공조요청에 대한 회신을 함에 있어서 보존을 제공하는 조건이 요청국과 피요청국간에 쌍방가벌성을 요건으로 해서는 아니된다.

4. 동 협약 제2조 내지 제11조 이외의 범죄에 있어서 자료의 수색 및 접속, 압수 및 획득 또는 공개를 위한 공조요청에 대하여 회신하는 조건으로서 쌍발가벌성을 요구하는 당사국은 쌍방가벌성 요건으로 하는 공개 등이 이행될 수 없다고 믿을 만한 이유가 있는 경우에는 제29조에 따른 보존요청에 대하여 거절할 권리를 가진다.

데이터의 신속 보존과 관련된 국제공조 절차에 대해 규정하고 있다. 제16
조에서 보존의 대상이 되는 '컴퓨터 데이터'란 컴퓨터시스템을 실행시키
는데 적합한 프로그램을 포함하여 컴퓨터시스템을 처리하는 데 적합한 형
태로 되어 있는 일체의 사실, 정보, 개념을 의미하며,[71] 보존대상에는 트
래픽 데이터뿐만 아니라 콘텐츠 데이터도 포함된다.[72] 제16조에서 '신속
성'을 요하는 이유는 디지털 증거의 휘발성 및 변경의 용이성이라는 특징
을 고려한 것이며, 이는 디지털 증거에 대한 신속한 보존을 확보함으로써
이어질 제출명령 및 압수수색의 절차의 실효성을 확보하기 위한 규정이라
고 볼 수 있다.[73] '데이터의 보존(preservation)'이란 이미 존재하여 저장되
어 있는 데이터를 그 내용뿐만 아니라 현재의 상태를 변경할 수 있는 가능
성으로부터 보호하는 것을 의미한다.[74] 협약에서는 데이터 보존의 구체적
인 방법을 제시하지 않고 있으며, 보존을 위한 적절한 방법은 각 당사국이
결정하도록 하고 있다.[75] 제16조 및 제17조는 서비스제공자가 일정한 종

---

5. 보존 거절 사유에 추가하여 피요청국은 a. 공조요청이 정치범죄 또는 정치범죄
와 관련이 있는 범죄라고 판단하는 경우 또는 b. 공조의 집행이 자국의 주권,
안보, 공공질서 또는 다른 중요한 이익을 침해할 가능성이 있다고 판단하는 경
우 공조를 거절할 수 있다.

6. 피요청국은 보존하는 것이 향후 자료의 유용성을 확보하지 못하게 하거나 자료
의 비밀성을 침해하거나 그렇지 않으면 요청국의 수사를 방해할 것으로 판단되
는 경우 즉시 요청국에게 이러한 사실에도 불구하고 공조를 시행할 것인지를
결정할 수 있도록 통보해야 한다.

7. 제1항에 따라 공조요청에 대한 회신으로서 일체의 보존행위는 요청국이 자료를
수색 및 접속, 압수 및 획득 또는 공개할 수 있도록 하기 위하여 최소한 60일
이내에 행해져야 한다.

71) 협약 제1조 (b)호.
72) Council of Europe, *supra* note 62, para. 161.
73) 전현욱, 이자영, "사이버범죄협약과 형사절차상 적법절차원칙 : 저장된 데이터의
보존 및 일부 공개를 중심으로," 형사정책연구 제25권 제2호 (2014); 박희영, *supra*
note 69, p. 163.
74) Council of Europe, *supra* note 62, para. 159.

류의 데이터를 법에서 정한 기간동안 보관할 것을 의무화하는 데이터 보관(data retention) 제도와는 차이가 있다. 즉, 협약은 데이터의 보관에 관한 국내법 규정을 제정할 의무를 당사국에 부과하지 않는다.76)

제17조77)는 제16조에 대한 특칙으로 제30조78)는 이와 관련한 국제형사 사법공조의 절차에 관하여 규정하고 있다. 제16조는 모든 컴퓨터데이터에 대한 보존명령을 규정하고 있으나, 제17조는 트래픽데이터에 한정하여 추가적으로 필요한 조치에 대해 규정하고 있다.79) 제17조에서는 트래픽데이터가 일반적으로 장기간 보관되지 않고 일정 기간이 지나면 삭제되기 때문에 통신의 전송에 다수의 서비스제공자가 관여되어 있는 경우에도 모든 서비스제공자에게 신속한 보존명령을 내릴 수 있도록 하고 있다.80) 또한,

---

75) *Ibid.*

76) Council of Europe, *supra* note 62, paras. 152-153 ; 노명선, "사이버범죄 대처를 위한 EU 사이버범죄협약," 법무부 정책연구용역보고서, 2011, p. 104.

77) 제17조 (트래픽데이터의 신속한 보존과 일부 제출) 1. 각 당사국은 제16조에 의하여 보존될 트래픽데이터와 관련하여,
   a) 하나 또는 그 이상의 서비스제공자가 이 통신의 중개에 참여하고 있는지에 관계없이 트래픽데이터의 신속한 보존이 가능하고,
   b) 당사국이 서비스제공자 및 통신의 전송 경로를 확정할 수 있도록 충분한 양의 트래픽데이터가 당사국의 관할기관이나 이 기관으로부터 지명받은 자에게 즉시 공개되도록 필요한 입법적 조치와 그 밖의 조치를 취해야 한다.
   2. 이 조에 의한 권한과 절차는 제14조와 제15조를 기초로 하여야 한다.

78) 제30조 (보존된 트래픽데이터의 신속한 공개) 1. 특정한 통신과 관계있는 전송데이터의 보존을 위해 제29조에 따라 공조요청이 행해지는 중에 피요청국이 다른 당사국의 서비스제공자가 데이터의 전송과 관련되었다는 것을 발견한 경우, 피요청국은 즉시 요청국에게 데이터의 교환 경로와 서비스제공자를 확인하기 위한 충분한 정도의 트래픽데이터를 공개해야 한다.
   2. 제1항에 의한 트래픽데이터의 공개는 피요청국이 a. 공조요청이 정치범죄 또는 정치범죄와 관련이 있는 범죄라고 판단하는 경우 또는 b. 공조의 집행이 자국의 주권, 안보, 공공질서 또는 다른 중요한 이익을 침해할 가능성이 있다고 판단하는 경우에만 보류될 수 있다.

79) 전현욱, 이자영, *supra* note 73, p. 90; 박희영, *supra* note 69, p. 166.

동조 제1항 b)에서는 단순한 보존을 넘어서 저장된 데이터의 일부 공개 역시 규정하고 있는데, 이는 통신의 전송경로를 확인하기에 충분한 데이터를 수사기관이 확보할 수 있도록 하기 위함이며 이 과정에서 다른 당사국 영토 내의 서비스제공자가 통신전송에 관여하였음이 확인되는 경우에는 협약 제29조에 의해 해당국에 저장된 데이터의 신속보존을 요청할 수 있다. 피요청국이 트래픽데이터를 통해 제3의 당사국이 통신전송에 관련되었다는 사실을 확인한 경우 제30조에 의해 요청국에게 관련된 트래픽데이터를 공개하여야 한다.

특기할 만한 점은, 제29조 제3항에서 신속보존을 타국에 제공하기 위한 요건으로 쌍방가벌성(dual criminality)을 요구하지 않고 있다는 것이다.[81] 일반적으로 쌍방가벌성의 원칙을 적용하는 것은 데이터 보존에 있어서 오히려 역효과를 낳는다. 첫째, 국제형사사법공조 실무를 살펴보면, 압수수색이나 감청과 같은 가장 침해적인 조치를 요하는 것 외에는 쌍방가벌성 요건을 배제하는 경향이 나타난다.[82] 보존은 데이터의 관리자가 데이터를 법적으로 일정 기간 보관하는 것에 불과하며, 데이터 공개 요청이 있기 전까지는 수사당국에 공개되지 않기 때문에 보존조치는 침해적인 수단이라고 보기 어렵다.[83] 둘째, 실무상 쌍방가벌성 요건을 충족한다는 사실에 대한 충분한 설명을 위해서는 시간이 오래 소요되어 그사이에 데이터가 삭제되거나 변경될 우려가 있다.[84] 결국, 이 조항은 디지털증거의 휘발성 및 서비스제공자의 데이터 보관 정책 등으로 인해 수사상 결정적인 단서가 될 데이터가 삭제될 우려가 있으므로 국제공조의 요건을 경감시켜 신속성

---

80) Council of Europe, *supra* note 62, para. 166; 전현욱, 이자영, *supra* note 73, p. 90.
81) Council of Europe, *supra* note 62, para. 285.
82) *Ibid.*
83) *Ibid.*
84) *Ibid.*

을 기하려는 취지로 해석된다.

2) 컴퓨터데이터 및 가입자 정보의 제출명령 (제18조)

협약 제18조[85])는 두 가지의 제출명령을 규정하고 있는데 하나는 일정한 컴퓨터데이터를 소유 또는 지배하고 있는 사람에 대한 제출명령이고, 다른 하나는 서비스제공자에 대한 가입자 정보의 제출명령에 관한 것이다.[86]) 이는 제19조에서 규정하고 있는 압수수색과는 구별되는 것으로, 후자의 경우 수사기관이 해당 컴퓨터데이터에 직접 접근하여 이를 확보하는 수단인 반면 전자는 컴퓨터 데이터를 소유하거나 지배하고 있는 자에게 데이터의 제출을 요구하는 것이다.[87]) 여기에서의 데이터는 이미 저장되어

---

85) 제18조 (제출명령) 1. 각 당사국은 a) 어떤 자가 자국의 영토 내에서 소유하고 있거나 지배하고 있고 컴퓨터시스템 내에 또는 컴퓨터데이터 저장매체에 저장되어 있는 특정한 컴퓨터데이터를 제출하고, b) 서비스제공자가 당사국의 영토 내에서 그의 서비스와 관련하여 소유하고 있거나 지배하고 있는 가입자정보(subscriber information)를 제출하도록 명령할 권한을 관할 기관에게 부여하도록 필요한 입법적 조치 및 그 밖의 조치를 취해야 한다.
2. 이 조에 의한 권한과 절차는 제14조와 제15조를 기초로 하여야 한다.
3. 이 조에서 의미하는 가입자정보란 컴퓨터데이터의 형태로 또는 그 밖의 다른 형태로 포함되어 있는 모든 정보로써, 트래픽데이터나 내용관련 데이터를 제외한, 서비스제공자의 서비스 이용자에 관한 것으로써 서비스제공자에게 보관되어 있고, a) 이용 중인 통신서비스의 종류, 이 서비스에 관련되는 기술적 조치 및 서비스의 기간; b) 가입자의 신원, 주소, 전화와 그 밖의 접속번호, 통신서비스와 관련한 계약이나 협약에 근거해서 이용될 수 있는 요금의 청구 및 지급에 관한 정보; c) 통신서비스와 관련한 계약 또는 협정에 근거하여 존재하는 전기통신시설이 있는 장소에 관한 그 밖의 정보를 통해서 확정될 수 있는 모든 정보를 의미한다.
86) 박희영, *supra* note 69, p. 169.
87) 차진아, "사이버범죄에 대한 실효적 대응과 헌법상 통신의 비밀 보장 - 사이버범죄 협약 가입에 따른 통신비밀보호법의 개정방향을 중심으로 - ", 공법학연구 제14권 제1호, 2013, p. 59.

있거나 현존하는 데이터를 뜻하며, 미래의 통신과 관련된 아직 존재하지 않는 데이터는 포함하지 않는다.[88] 협약의 입안자들은 범죄수사와 관련된 정보를 수집함에 있어 제출명령이 압수수색보다는 덜 침해적인 수단이며 법집행기관에게 보다 유연성을 제공해줄 것이라고 보았다.[89]

제18조 제1항 a호에 따라, 당사국은 법집행기관이 자국 영토 내의 개인에게 컴퓨터시스템에 저장되어 있는 특정 데이터 또는 개인의 소유 또는 지배하에 놓인 데이터 저장 매체를 제출하도록 명령할 권한을 갖도록 하여야 한다. 사이버범죄협약 주석서에 따르면,"소유 또는 지배(possession or control)"라는 용어는 관련 데이터를 물리적으로 소유하는 것과 개인이 물리적으로 보유하고 있지는 않지만, 개인이 당사국 영토 내에서 데이터를 불러와서 언제든 데이터를 제출 가능한 상황 모두를 의미한다.[90] 예를 들어, 클라우드 서버에 저장된 자신의 계정에 관한 정보를 제출하도록 제출명령을 받은 개인은 해당 정보를 수사기관에 제출하여야 한다.

제1항 b호에 따라 당사국은 자국 영토 내에서 서비스를 제공하는 서비스제공자에게 자신이 보유 또는 관리하고 있는 가입자정보를 제출하도록 명령할 권한을 부여하여야 한다. 제1항 a호에서와 같이 "소유 또는 지배"라는 용어는 서비스제공자가 물리적으로 소유하고 있는 가입자 정보 및 서비스제공자의 지배 하에 놓여 있는 원격에 저장된 가입자정보를 의미한다.

3)컴퓨터 데이터의 압수수색 (제19조)

협약 제19조[91]는 자국 내에 있는 컴퓨터시스템 및 컴퓨터에 저장된 컴

---

88) Council of Europe, *supra* note 62, para. 170.
89) *Ibid.*, para. 171.
90) *Ibid.*, para. 173.
91) 제19조 (저장된 컴퓨터데이터의 수색과 압수) 1. 각 당사국은 자국의 권한있는 기관에게 그 영토 내에서

퓨터데이터와 그 저장매체를 수사기관이 수색 또는 접근할 수 있도록 당
사국이 필요한 입법조치를 취할 것을 요구하고 있다. 제1항 및 제2항에서
는 컴퓨터시스템, 저장매체, 데이터, 네트워크에 대한 수색권한을 규정하
고 있고 제3항은 이러한 대상의 압수, 제4항은 전문가의 정보제공의무를
각각 규정하고 있다. 제1항은 전통적인 수색의 대상을 유체물에만 한정하
여 사이버범죄 증거확보에 어려움이 있었던 문제에 효과적으로 대응할 수
있는 법적 수단을 마련한 것으로 평가된다.[92] 또한, 제2항의 경우는 정보

---

a) 컴퓨터시스템 또는 이 시스템의 일부 및 거기에 저장되어 있는 컴퓨터 데이터,
b) 컴퓨터 데이터가 저장될 수 있는 컴퓨터 데이터 저장매체를 수색하거나 이와
   유사한 방식으로 거기에 접근할 권한을 부여하기 위해서 필요한 입법적 조치와
   그 밖의 조치를 취해야 한다.
2. 각 당사국은 그의 기관이 제1항 a)에 의한 특정 컴퓨터 또는 그것의 일부를 수색
   하거나 이와 유사한 방법으로 이에 접근하여 발견한 데이터가 자국 영토 내의
   다른 컴퓨터시스템 또는 이 시스템의 일부에 저장되어 있고, 이 데이터가 첫 번
   째 시스템으로부터 정당하게 접근가능하고 이용할 수 있다고 추측할 만한 근거
   를 가지는 경우에는, 수색 또는 유사한 접근을 다른 시스템으로 신속하게 확대할
   수 있는 것을 확보하기 위해서 필요한 입법적 또는 그 밖의 조치를 취해야 한다.
3. 각 당사국은 권한 있는 기관에게 제1항과 제2항에 의해 접근한 컴퓨터데이터를
   압수하거나 이와 유사한 방법으로 보전할 권한을 부여하기 위해서 필요한 입법
   적 조치와 그 밖의 조치를 취해야 한다. 이러한 조치는 다음의 권한을 포함한다:
a) 컴퓨터시스템 또는 그 일부 또는 컴퓨터저장매체를 압수하거나 이와 유사한 방
   법으로 보존할 권한,
b) 컴퓨터데이터를 복제하고 반환할 권한,
c) 관련된 저장컴퓨터데이터의 무결성을 유지할 권한,
d) 접근한 컴퓨터시스템의 컴퓨터데이터에 접근을 불가능하게 하거나 이로부터 차
   단할 권한.
4. 각 당사국은 컴퓨터시스템의 기능이나 거기에 포함되어 있는 데이터의 보호조
   치에 관하여 지식을 가진 자에게 제1항과 제2항에 언급하고 있는 조치의 수행
   이 가능하도록 하기 위해서 합리적인 기준에 따라서 필요한 정보를 제공하도록
   명령할 수 있는 권한을 부여하기 위해 필요한 입법적 조치 및 그 밖의 조치를
   취해야 한다.
5. 본 조에 의한 권한과 절차는 제14조와 제15조를 기초로 해야 한다.

통신망으로 연결되어 있는 원격지에 있는 컴퓨터시스템에까지 수색의 범위를 확대하였다는 것에 의의가 있다.[93]

온라인상에서의 압수수색은 압수물에 대한 점유권을 박탈하는 오프라인에서의 유체물에 대한 압수수색과 차이가 있다. PC-CY는 이러한 점을 고려하여 제5항에 대한 논의과정에서 압수수색에 관련된 이해당사자에 대한 통지(notification) 의무에 대해 논의하였다.[94] 일부 당사국에서는 전통적인 수색의 경우에도 통지의무를 법률에 규정하지 않고 있는 반면, 통지의무를 필수적인 절차적 요건으로 여기는 당사국도 있다.[95] 이러한 국가 간의 입법상 차이로 인해 결국 PC-CY는 컴퓨터 수색에 있어서 통지의무를 협약에 포함하지 않고 국내법에서 결정할 사항으로 남겨두었다.[96]

4) 컴퓨터 데이터에 대한 초국경적 접근 (제32조)

저장된 컴퓨터 데이터에 대한 초국경 접근을 규정하고 있는 제32조[97]는 협약 내용 중에서도 가장 논란이 많은 규정이다. 특히 협약의 비당사국인 중국, 러시아 등의 국가들은 협약 제32조 (b)항이 국가주권을 침해할

---

92) 차진아, *supra* note 87, pp. 60-61.
93) 박희영, *supra* note 69, p. 176.
94) Council of Europe, *supra* note 62, para. 204.
95) *Ibid.*
96) *Ibid.*
97) 제32조 - 동의에 의한 또는 공개되어 있는 저장된 컴퓨터데이터에 대한 초국경적 접근

　당사국은, 다른 당사국의 승인을 얻지 않은 상태에서,

　a. 데이터의 지리적 위치에 관계없이, 공개되어 있는 저장된 컴퓨터 데이터에 접근할 수 있으며,

　b. 만약 당사국이 데이터를 공개할 법적 권한이 있는 자의 적법하고 자발적 동의를 얻었다면, 자국 영토내의 컴퓨터시스템을 통해 다른 당사국에 위치한 저장된 컴퓨터데이터에 접근하거나 이를 받을 수 있다.

소지가 있으며 프라이버시 등의 인권을 침해할 소지가 있다는 이유에서 동 협약에 반대하고 있다.98)

초국가적 사이버범죄에 대한 대응 필요성과 함께 디지털증거 수집의 필요성도 증가하고 있으며, 클라우드 컴퓨팅 등 기술이 발전하면서 수집하고자 하는 데이터의 위치를 특정하지 못하는 문제가 발생함에 따라 데이터에 대한 초국경적 접근의 필요성이 더욱 강조되고 있다.99)

협약 제32조는 제31조100)의 특별규정의 성격을 가지며 아래 두 가지 상황 중 어느 하나에 해당할 경우, 법집행기관이 해외 정부의 승인 없이도 타국의 영역 내의 데이터에 접근할 수 있도록 규정하고 있다. 두 가지 상황이란 데이터가 공개되어 있는 경우 또는 법집행기관이 데이터를 공개할 법적 권한이 있는 자의 적법하고 자발적인 동의를 얻었을 경우를 의미한다.101) 전자는 데이터 자체의 상태와 관련이 있으며, 후자는 데이터에 대한 법적 권한을 가진 사람에 초점이 맞춰져 있다.102)

제32조 (a)항에 대해서는 별다른 문제 제기가 이루어지지 않았고 협약과

---

98) Stein Schjolberg, *supra* note 44, p. 76.
99) Cybercrime Convention Committee(T-CY), "Transborder Access and Jurisdiction?: What Are the Options?", 2012, p. 55.
100) 제31조 (저장된 컴퓨터 자료의 접근에 관한 상호공조) 1. 당사국은 제29조에 따라 보존되고 있는 데이터를 포함하여 피요청국의 영역내에 위치한 컴퓨터시스템으로 저장된 자료의 수색 및 접근, 압수 및 획득 또는 공개를 피요청국에게 요청할 수 있다.
   2. 피요청국은 제3장의 관련 규정 또는 제24조에 의한 국제합의, 협정 및 법률의 적용을 통하여 공조요청에 회신하여야 한다.
   3. 공조는 a. 관련자료가 특히 손상 또는 변경되기 쉽다고 믿을 만한 근거가 있거나, b. 신속한 공조제공 또는 제2항의 합의, 협정 및 법률이 있는 경우에는 신속한 공조제공 원칙에 따라 회신되어야 한다.
101) Council of Europe, *supra* note 62, para. 294.
102) Ian Walden, "Accessing Data in the Cloud: The Long Arm of the Law Enforcement Agent", Queen Mary School of Law Legal Studies Research Paper No. 74/2011 (2011), p. 8.

관계없이 이를 관습국제법의 일부로 간주하기도 한다.[103] 이와는 반대로, 제
32조 (b)항은 국제법의 관할권 행사원칙에 대한 예외로써 논쟁의 소지가 있
다. 일부 국가들은 이 규정이 주권 존중의 원칙에 배치된다고 주장한다.[104]

이 이슈는 이미 1989년 컴퓨터 관련 범죄 전문가위원회에 의해서도 논
의된 바 있으며, 동 위원회는 이 문제가 "국가주권 존중의 원칙에 영향을
미칠 수 있으며, 국가가 자국 영토 내에서 배타적으로 집행관할권을 행사
할 수 있는 권리를 침해할 수 있다"고 결론 내렸다.[105] 또한, 1995년 정보
기술과 관련된 절차법 문제에 관한 전문가위원회에서도 증거수집을 위한
"초국경 네트워크 수색"의 활용의 적법성에 대해서 논의하였다. 여기에서
는 그러한 수색이 허용될 수 있는 최소한의 특정 상황에 대해 데이터가
공개되어 있거나 데이터에 접근할 수 있는 법적 권한을 가진 자가 접근에
동의한 경우를 예시로 들면서, 법적 근거로서 새로운 국제규범이 필요하
다고 결론 내렸다.[106]

협약의 입안자 즉, PC-CY는 당사국이 타방 당사국의 형사사법공조를
구하지 않고 일방적으로(unilaterally) 데이터에 접근하는 것이 어느 경우에
허용되는지를 세부적으로 논의하였다.[107] 입안자들은 국가들이 일방적으

---

103) Cybercrime Convention Committee(T-CY), Ad-hoc sub-group on jurisdiction
and transborder access to data), Discussion paper, "Transborder Access and
Jurisdiction: What Are the Options?" (2012), p. 56.

104) United Nations Office on Drugs and Crime, Comprehensive Study on
Cybercrime, Draft February 2013, United Nations, New York (2013), p. 218.
http://www.unodc.org/documents/organized-crime/UNODC_CCPCJ_EG.4_2013/
CYBERCRIME_STUDY_210213.pdf 참조.

105) Council of Europe, "Computer-Related Crime: Recommendation No. R. (89) 9
on Computer-Related Crime and Final Report of the European Committee on
Crime Problems.", p. 88.

106) Council of Europe, "Recommendation No. R (95) 13 of the Committee of
Ministers to Member States Concerning Problems of Criminal Procedural Law
Connected with Information Technology.", pp. 68-70.

로 접근하는 것이 허용되는 경우와 그렇지 않은 경우에 대해서 세부적으로 고려했으나 결국 PC-CY는 아직까지 이 분야를 규율할 법적 구속력있는 제도를 마련하는 것은 불가능하다고 결정하였다.108) 당시 그러한 상황에 대한 구체적인 경험이 부족하였을 뿐만 아니라 개별적인 상황에 따라 그에 맞는 적절한 해결책이 달라지기 때문에 모든 상황에 적용가능한 일반 규칙을 만드는 것이 어려웠기 때문이다.109) 따라서 일방적 접근이 허용되는 모두가 동의할 수 있는 최소한의 상황만을 협약에 포함하기로 결정하였으며, 관련 사례가 축적되어 추가적인 논의가 진행될 수 있는 시점까지는 제32조에서 규정하고 있는 상황 외에 다른 상황에 대해서는 규율하지 않기로 합의하였다.110)

협약 주석서에 따르면, 데이터 공개를 적법하게 승인할 수 있는 사람이 누구인지는 관련 상황, 개인의 법적 지위, 적용법규에 따라 달라질 수 있다.111) 예를 들어, 개인의 이메일은 서비스제공자에 의해 타국에 저장되어 있을 수 있고 또는 개인이 의도적으로 데이터를 타국에 저장할 수도 있다. 만약 개인이 데이터에 접근할 수 있는 적법한 권한을 가지고 있다면, 법집행기관에 데이터를 자발적으로 공개하거나 법집행기관으로 하여금 데이터에 접근할 수 있도록 허용할 수 있다.

3. 주요 쟁점과 관련 논의

현재 전 세계 모든 국가가 사이버범죄 협약을 이상적인 표준이라고 간

---

107) Council of Europe, *supra* note 62, para. 293.
108) *Ibid.*
109) *Ibid.*
110) *Ibid.*
111) Council of Europe, *supra* note 62, para. 294.

주하는 것은 아니며, 서구와 동구권 사이의 긴장이 존재하고 있다. 특히 주요 경제대국으로 떠오른 러시아와 중국은 인터넷에 대한 강력한 통제를 요구하고 있으며, 사이버범죄 협약을 확대하고자 하는 접근방식에 반대하고 있다.112)

특히 러시아는 1990년대 중반부터 UN에 사이버 무기 통제 조약을 제안해왔다.113) 협약과 관련하여 러시아는 계속해서 법집행기관에 의한 일방적인 초국경적 데이터 접근 규정에 의해 자국의 주권이 위협받을 수 있다고 주장하고 있다. 이와 관련하여 러시아는 "주권침해 관련 조항이 삭제된다면 협약에 가입할 준비가 되어있다"114)고 언급한 바 있다.

일각에서는 러시아가 협약에 가입하지 않는 진짜 이유는 다수의 사이버공격이 러시아로부터 발생하고 있기 때문에 사이버범죄 수사에 있어 다른 국가에 협조할 의무를 부담하지 않기 위해서라고 주장한다. 또한, 그러한 사이버공격에는 국가가 배후에서 지원하는(state-sponsored) 공격도 포함되어 있다.115)

유엔마약범죄사무소(UNODC)는 "사이버범죄 방지를 위한 국제협약을 마련하는 것에 대해 신중하고 긍정적인 검토가 이루어져야 한다"고 권고한 바 있다. 또한, 유엔마약범죄사무소는 유럽평의회 협약 가입에 별다른 진전이 없고 유럽평의회 비회원국들이 협약에 가입하는 것을 꺼린다는 점

---

112) Alisdair A. Gillespie, *Cybercrime: Key Issues and Debates*, Routledge, 2016, pp. 18-19.

113) Michael A. Vatis, "The Council of Europe Convention on Cybercrime", Proceedings of a Workshop on Deterring Cyber Attacks: Informing Strategies and Developing Options for U.S. Policy, 2010, p. 221.

114) Franz-stefan Gady and Greg Austin, "Russia, The United States, And Cyber Diplomacy: Opening the Doors," EastWest Institute (New York, 2010), p. 13.

115) Michael A. Vatis, "The Council of Europe Convention on Cybercrime", Proceedings of a Workshop on Deterring Cyber Attacks: Informing Strategies and Developing Options for U.S. Policy, 2010, p. 218.

을 지적하였다.116)

지난 몇 년간 유럽평의회의 사이버범죄협약이 아닌 국제적인 차원에서의 사이버범죄 협약이 필요한지에 대한 논의가 있었다. 2010년, 제12차 UN 범죄예방 및 형사사법 총회에서 국제사회가 사이버범죄의 국제협약에 대한 협의를 진행해야 하는지 또는 사이버범죄협약을 국제 기준으로 간주할 수 있는지에 대해서 국가 간에 분명하게 의견이 나뉘었다.117) 중국과 러시아는 모든 국가가 참여하는 UN 차원에서 새로운 국제 조약을 마련하자고 주장하는 반면, 서방국가에서는 이러한 노력이 불필요하다고 주장하였다.118)

협약에 대해서 여러 가지 비판이 존재하지만, 이 중에서도 가장 논란이 많이 되고 있는 것은 위에서 언급한 제32조 (b)항에 관한 것이다. 클라우드 컴퓨팅 기술의 발달로, 데이터의 위치는 점점 더 알기 어려워지고 있으며, 이로 인해서 실무에서는 실제 데이터가 물리적으로 존재하는 국가가 아닌 구글, 페이스북 등 해당 서비스제공자가 위치한 국가에 국제형사사법공조 요청을 하고 있다.119)

또한, 수사기관이 의식적으로 또는 무의식적으로 증거를 수집하는 과정에서 데이터가 물리적으로 저장되어 있는 국가의 동의를 받지 않은 채 역외 데이터에 접근하는 경우가 증가하고 있다. 유럽평의회 사이버범죄협약의 초국경적 접근에 관한 제32조 (b)항은 이러한 상황을 적절하게 규율하지 못하고 있다는 비판을 받는다.120) 왜냐하면, 이러한 조항들은 데이터를

---

116) Secretariat of the United Nations Office on Drugs and Crime (UNODC), Recent developments in the use of science and technology by offenders and by competent authorities in fighting crime, including the case of cybercrime, Working Paper submitted to the Twelfth United Nations Congress on Crime Prevention and Criminal Justice (Jan. 22, 2010), p. 15.

117) Jonathan Clough, *supra* note 33, p. 25.

118) Alisdair A. Gillespie, *supra* note 112, p. 19.

119) *Ibid.*, p. 223.

공개할 법적 권한을 가진 자의 동의에 초점을 맞추고 데이터에 접근할 시점의 해당 데이터의 위치를 알고 있다는 것을 전제로 하고 있기 때문이다. 그러나 대부분의 경우 수사기관이 정확한 데이터의 물리적 위치를 알기란 매우 어렵다.

이렇듯 사이버범죄협약에 대해 각국 정부, 학계, 시민사회 등에서 여러 비판이 제기되자 유럽평의회에서는 사이버범죄협약 위원회(Cybercrime Convention Committee, T-CY)를 설립하여 사이버범죄협약의 적용을 활성화하고 시대 흐름에 맞추어 협약을 재해석하기 위해 여러 가지 활동을 수행해왔다. T-CY는 협약 당사국을 대표하며, 협약 제46조에 기초한 위원회의 활동은 협약의 효과적인 활용 및 이행, 정보교환, 향후 개정에 대한 고려를 촉진하기 위함에 그 목적이 있다. T-CY는 협약의 실질적 적용을 개선하기 위해 협약 이행에 대한 평가를 수행하고, 협약의 해석과 이행에 대한 의견과 권고사항을 채택하고, 협약 제35조에 따라 설치된 24/7 네트워크의 기능에 대해 검토하고, 협약에 가입하지 않은 국가를 대상으로 협약 가입을 독려하고 사이버범죄 역량강화를 촉진하는 등 다양한 역할과 기능을 수행한다.[121]

협약을 개선하기 위한 다양한 노력 중 하나로 T-CY는 2014년 12월부터 협약 일부 규정에 대한 해설서(Guidance Note)를 발간하기 시작하였다. 또한, 협약에 대한 제2추가의정서(Second Additional Protocol)에 포함될 사항에 대하여 논의하고 추가의정서 초안을 작성하였다. 또한, 2015년부터 클라우드 증거 그룹(Cloud Evidence Group)을 신설하여 클라우드 서비스에서의 증거 획득에 관련된 연구를 수행하도록 임무를 부여하고 최신 기술

---

120) *Ibid.*, p. 216.
121) Cybercrime Convention Committee (T-CY), T-CY Rules of Procedure, T-CY (2013)25 rev, Adopted by the 10th Plenary of the T-CY on 3 December 2013, Art. 1.

에 따른 디지털 증거수집 등 절차법적 정비를 위해 노력하고 있다. 아래에
서는 본 논문의 주제와 관련이 있는 제18조 및 제32조에 대한 해설서의
내용과 추가의정서 논의의 진행 경과에 대하여 살펴본다.

가. 해설서(Guidance Note)의 주요 내용

1) 가입자정보 제출명령(제18조)

동 해설서는 제18조의 가입자정보 제출명령에 대한 문제를 다루고 있
다.[122) 가입자정보는 범죄수사 과정에서 가장 자주 수집되는 데이터로, 클
라우드 컴퓨팅과 원격 데이터 저장의 증가로 인해 법집행기관이 특정 컴퓨
터데이터, 특히 가입자 정보에 접근하는데 실무상 어려움을 겪고 있다.[123)

해설서에서는 제18조상 "가입자정보"에 대한 T-CY의 해석을 포함하고
있다. 우선, 제18조 제1항 a호의 범위와 관련하여, 서비스제공자를 포함한
"개인"은 당사국 영토 내에 소재하여야 하고, 특정 컴퓨터데이터는 개인이
보유하고 있거나 개인이 물리적으로 보유하고 있지 않더라도 컴퓨터 데이
터를 자국 영토 내에서 제출할 수 있도록 관리하고 있어야 한다.[124)

제18조 제1항 b호의 범위는 a호의 범위보다 좁은데, b호는 서비스제공
자에만 한정되며, 제출명령을 받은 서비스제공자는 당사국 영토 내에 소
재할 필요는 없으나 당사국 영토 내에서 서비스를 제공하여야 한다.[125) 또
한, 가입자정보는 서비스제공자의 서비스와 관련 있거나 서비스제공자의

---

122) Cybercrime Convention Committee(T-CY), "T-CY Guidance Note #10 -
Production orders for subscriber information (Article 18 Budapest Convention)",
T-CY(2015)16, 2017.
123) *Ibid.*, p. 3.
124) *Ibid.*, p. 6.
125) *Ibid.*, p. 6.

보유 또는 관리 하에 놓인 것이어야 한다.126)

　당사국 영토 내에 소재하는 개인에 적용되는 제1항 a호와는 달리, b호
는 서비스제공자의 위치에 대해서는 침묵하고 있으며, 당사국은 자국 영
토 내에 서비스제공자가 법적으로 또는 물리적으로 소재하지 않는 경우에
도 동 조항을 적용할 수 있다.127)

　제18조 상 "제출명령"은 국내적 조치이며 자국 형사법에 규정되어야 한
다.128) 또한, 제출명령은 개인 또는 서비스제공자의 소유 또는 지배 하에
놓인 컴퓨터데이터 또는 가입자정보에 관한 규정이다.129)

　데이터가 서비스제공자의 소유 또는 지배 하에 있는 한, 가입자정보가
타 국가 내에 저장되어 있다는 사실만으로 제18조의 적용이 방해받는 것
은 아니다.130) 또한, 제1항 b호와 관련하여, 서비스제공자가 본사는 어떤
한 국가에 소재하고 데이터는 다른 국가에 저장하고 있는 경우도 포함될
수 있다.131) 이러한 해설서의 내용은 형사사법 영역뿐만 아니라 개인정보
보호 법제에서도 데이터의 위치가 관할권 성립을 결정짓는 요소가 아니라
는 점을 반영하고 있다.

　2) 초국경적 접근(제32조)

　초국경적 접근(transborder access)에 대한 해설서는 협약 당사국의 이행을
촉진하고, 초국경 접근에 관한 당사국 및 다른 국가들의 잘못된 이해를 바
로 잡기 위하여 마련되었고 2014년 12월 제12차 총회에서 채택되었다.132)

---

126) *Ibid.*, p. 6.
127) *Ibid.*, p. 6.
128) *Ibid.*, p. 7.
129) *Ibid.*, p. 7.
130) *Ibid.*, p. 7.
131) *Ibid.*, p. 7.
132) Cybercrime Convention Committee(T-CY), "T-CY Guidance Note # 3 -

제32조 (b)항은 속지주의에 대한 예외이며, 제한된 상황에서 국제사법공조 없이도 일방적인 초국경적 접근을 허용하고 있다. 협약은 당사국들로 하여금 국제사법공조를 포함하여 협약의 국제협력 규정을 더욱 효과적으로 사용하도록 장려하고 있다.

공개된 데이터에 대한 초국경적 접근을 규정한 제32조 (a)항에 대해서는 어떠한 특정 이슈도 제기된 바 없으며, 따라서 이에 대해서는 T-CY의 가이드라인이 필요하지 않다. 누구나 접근할 수 있는 데이터는 법집행기관도 접근이 가능하며, 데이터에 대한 접근을 목적으로 대중들에게 이용가능한 서비스에 가입하거나 등록하는 것도 가능하다는 점은 통상적으로 받아들여지고 있는 것이기 때문이다. 만약 공공 웹사이트의 일부 또는 서비스의 일부가 대중들에게 공개되어 있지 않다면, 이는 제32조 (a)항에서의 공개된 데이터라고 간주되지 않는다.

그러나 제32조 (b)항에 대해서는 논란이 많으며 이 해설서에서도 제32조 (b)항에 대한 가이드라인을 제시하고 있다. 제32조 (b)항은 협약 제14조의 범위 내에서 특정 범죄수사 및 절차에 적용되는 조치이다. 개인의 권리와 제3자의 이해관계는 이러한 조치를 적용할 때 고려되어야 한다. 따라서 데이터에 접근하는 당사국은 타방 당사국의 관련기관에 이와 같은 사실을 통지할 것을 고려해볼 수 있다.

초국경적 접근은 "국제공조를 구하지 않고 타방 당사국에 저장된 컴퓨터 데이터에 일방적으로 접근하는 것"을 의미한다.133) 이러한 조치는 당사국 사이에서 적용될 수 있다. 제32조 (b)항은 "타방 당사국에 위치해있는 저장된 컴퓨터 데이터"를 언급하고 있다. 이는 제32조 (b)항이 데이터의 위치를 아는 경우에 활용될 수 있다는 것을 의미한다. 제32조 (b)항은 데이터가 타방 당사국에 저장되어 있지 않거나 데이터의 위치가 불분명한

Transborder access to data (Article 32)", T-CY (2013)7 E, 2014.
133) Council of Europe, *supra* note 62, para. 293.

경우와 같은 상황에는 적용되지 않는다. 제32조 (b)항은 다른 상황을 "승인하지도 배척하지도 않는다(neither authorises, nor precludes)."따라서 데이터가 타방 당사국에 저장되어 있는지 모르거나 확실하지 않은 경우에, 당사국은 국내법, 관련 국제법 원칙 또는 국제관계를 고려하여 수색이나 다른 유형의 접근이 적법한지를 평가할 필요가 있다.134)

제32조 (b)항은 국제사법공조를 요하지 않으며, 협약은 타방 당사국에게 통지할 것을 요하지 않는다. 동시에, 협약은 통지를 배척하지도 않는다. 따라서 당사국은 적절하다고 판단되는 경우에 타방 당사국에 통지를 행할 수 있다.

제32조 (b)항은 동의가 적법하고 자발적으로 이루어져야 한다고 규정하고 있으며, 이는 접근권한을 제공하거나 데이터 제공에 동의하는 자가 강요 또는 기만에 의해 동의를 해서는 안된다는 것을 의미한다.135) 국내법에 따르면, 미성년자는 동의를 할 능력이 되지 않고, 정신적 또는 기타 조건으로 인해 동의의 의사능력이 없는 경우도 있다. 대부분의 당사국에서, 범죄수사에서의 협력은 명시적인 동의를 요한다. 예를 들어, 비록 이러한 약관에 데이터가 남용되는 경우 데이터를 형사사법 당국과 공유할 수 있다고 명시되어 있더라도, 온라인 서비스의 약관에 대한 일반적인 동의는 명시적인 동의를 구성하지 않는다.

접근권한이 있는 자는 해외에 저장된 자신의 이메일 계정이나 다른 데이터에 대한 접근권한을 제공해주는 자연인일 수도 있고 법인일 수도 있다.136) 서비스제공자는 제32조에 따라 고객의 데이터의 공개에 대해서 유효하고 자발적으로 동의할 수 없는 경우가 대부분인데, 일반적으로 서비

---

134) Cybercrime Convention Committee(T-CY), "T-CY Guidances Notes," T-CY (2013)29rev, 2017, p. 12.
135) *Ibid.*, p. 12.
136) *Ibid.*, p. 13.

스제공자는 그러한 데이터의 보관자(holder)에 불과하며, 데이터를 통제하거나 소유하지 않기 때문이다.137) 물론, 법집행기관은 국제사법공조나 긴급절차 등 다른 방법을 통해 초국가적으로 데이터를 획득할 수도 있다.

협약은 접근권한을 제공하는 사람이 요청국의 영토 내에 물리적으로 소재하고 있다는 것을 기본적인 전제로 하고 있다.138) 접근권한을 가진 자의 위치에 대해서 여러 가지 시나리오를 생각해볼 수 있는데 자연인 또는 법인이 공개에 동의하거나 접근권한을 제공할 때 요청하는 국가의 영토 내에 있거나, 공개에 동의하는 시점에는 국내에 있고 데이터를 제공하는 시점에는 해외에 있는 경우도 있을 수 있다.139) 또는, 협력에 동의하거나 접근권한을 제공할 때 데이터가 저장된 다른 국가 또는 제3국 내에 소재할 수 있다.140)

나. 추가의정서 논의

1) Transborder Group

데이터에 대한 초국경 접근 문제를 다루기 위해 T-CY는 2011년 11월 "관할권 및 데이터와 데이터 흐름에 대한 초국경 접근에 관한 임시 소위원회(ad-hoc sub-group on jurisdiction and transborder access to data and data flows, 이하 Transborder Group)"를 구성하기로 결정하였다. T-CY가 2012년 12월 채택한 보고서에서는 1) 협약의 보다 효과적인 활용, 2) 제32조에 대한 해설서 마련 및 3) 전자증거에 대한 접근에 관한 추가의정서 마련 등 3가지 방안이 제시되었다.141)

---

137) *Ibid.*, p. 13.
138) *Ibid.*, p. 13.
139) *Ibid.*, p. 13.
140) *Ibid.*, p. 13.

2013년 4월 Transborder Group은 추가의정서에 포함될 요소에 대해서 다음과 같이 5가지 사항을 제안하였다.[142)]

 ·제안 1: "타방 당사국에" 저장된 데이터에 대한 제한 없이 동의를 얻어 초국경적 접근을 하는 경우
 ·제안 2: 동의없이 그러나 적법하게 획득된 자격(credentials)을 가지고 초국경적 접근을 하는 경우
 ·제안 3: 동의없이 선의로(in good faith), 또는 긴급상황 또는 기타 상황 에서 초국경적 접근을 하는 경우
 ·제안 4: 제19조 제2항의 "자국 영토 내에서"라는 제한 없이 수색을 확대
 ·제안 5: 법적 연결요소로서의 처분 권한(power of disposal)

첫 번째 제안은 제32조 (b)항과 유사한 조건 하에서 동의를 얻었으나 데 이터의 위치가 불분명하거나 데이터가 계속 이동하는 상황을 다룰 필요가 있고 비 당사국에 위치한 데이터에 대한 접근을 가능하게 하도록 범위를 확대할 필요에 따라 마련되었다. 이 옵션과 관련하여, 데이터의 위치를 알 게 된 때 사후 통지와 같은 추가적인 보호조치가 요구된다. 그러나 이러한 옵션은 국제법상의 문제를 야기할 수 있는데 조약법에 관한 비엔나 협약 제34조에서는 조약이 제3국의 동의 없이 제3국에 대한 의무 또는 권리를 창설할 수 없다고 규정하고 있다.

두 번째 제안에 따르면, 추가의정서는 만약 당사국이 적법한 수사활동 에 의해 자격을 획득한 경우, 당사국이 범죄수사 또는 재판과정에서 자국

---

141) Cybercrime Convention Committee(T-CY), "Transborder Access and Jurisdiction: What Are the Options?", pp. 58-59.
142) Cybercrime Convention Committee(T-CY), "(Draft) Elements of an Additional Protocol to the Budapest Convention on Cybercrime Regarding Transborder Access to Data," 2013., pp. 4-6.

영역 내의 컴퓨터시스템을 통해 타방 당사국의 승인 없이 타방 당사국 내에 위치한 데이터에 접근하거나 데이터를 수신하는 것을 허용하는 규정을 신설해야 한다. 당사국은 데이터를 획득하기 이전, 도중, 또는 이후에 그 사실을 통지할 의무를 지게 된다.

세 번째 제안에 따르면, 중대한 위험, 물리적 손해, 피의자의 도주 등을 예방하기 위해 특정 상황에서의 초국경 접근을 허용하는 규정을 신설하여야 한다. 그러한 상황에는 관련 증거의 인멸 위험성 등이 포함될 수 있다. 또한, 이 경우 구체적인 기준 및 보호조치와 타방 당사국에 대한 통지 요건도 규정될 필요가 있다. 추가의정서의 새로운 조항은 수색 도중에 법집행기관이 수색하는 시스템이 외국 영토에 위치하고 있는지 모르는 경우, 또는 어떠한 국가에 위치하는지 모르는 경우 또는 실수 또는 우연히 해외 영토에 있는 증거를 획득하게 된 경우 등의 "선의"의 상황을 다룰 필요가 있다.

협약 제19조 제2항은 당사국이 자국 영토 내의 연결된 컴퓨터시스템에까지 수색을 확대할 수 있도록 승인할 것을 요구하고 있다. 각 당사국은 수사기관이 특정 컴퓨터시스템 또는 그 일부를 수색 또는 접근하고자 하는 경우 해당 데이터가 당사국 영토 내의 다른 컴퓨터시스템 또는 그 일부에 저장되어 있다고 믿을 만한 근거가 있고 그러한 데이터가 최초의 시스템으로부터 접근이 가능할 경우, 수사기관이 신속하게 해당 수색이나 접근을 다른 시스템에 확장할 수 있도록 하는 입법적 또는 기타 조치를 취해야 한다. 네 번째 제안에서는 제19조 제2항 상의 "자국 영토 내에서"라는 제한을 없애는 것을 내용으로 하고 있으며, 이러한 제한을 없애는 경우는 데이터가 당사국 내에 있거나 위치를 알 수 없는 경우에만 한정되어야 한다. 또한, 다른 제안과 마찬가지로 통지규정과 같은 구체적인 기준 및 보호조치가 규정되어야 한다.

클라우드 컴퓨팅과 관련하여, 데이터는 "클라우드 내 어디엔가"에 저장되어 있으며, 개인들은 자신의 데이터가 특정 시점에 어디에 저장되어 있는지 알지 못하는 경우가 대부분이다. 만약 데이터의 위치를 정확하게 특정할 수 없다면, 전자증거의 압수수색을 집행할 관할을 결정함에 있어 속지주의를 적용하기가 매우 어려워진다. 따라서 속지주의를 넘어선 새로운 접근방식이 요구된다는 주장이 제기되어 왔다.[143] 이에 따라 다섯 번째 제안에서는 속지주의를 대체할 수 있는 법적 연결 요소의 하나로 "처분권한"을 들고 있다. 이 제안에 따르면 만약 데이터의 위치를 모르더라도 데이터에 대한 처분권을 가진 사람이 당사국의 영토 내에 있거나 자국민일 경우에 법집행기관은 데이터를 수색하거나 데이터에 접근할 수 있다. 그러나 이 경우에도 다수의 보호조치가 마련되어야 하고 구체적인 기준이 적용될 필요가 있다. 또한, 이러한 접근은 법집행기관이 접근자격을 적법하게 획득한 경우에만 가능하도록 한정시켜 법집행기관에 의한 해킹을 방지하자는 주장도 제안되었다.

2013년 6월 T-CY는 스트라스부르에서 초국경 접근 조항에 대한 위 5가지 제안을 포함하는 추가의정서 초안에 대해 시민사회 및 민간기업의 의견을 수렴하기 위한 공청회를 개최하였다. 이 제안은 공청회에서 다수의 이해당사자로부터 강력한 비판을 받았으며, 일부에서는 프라이버시 요건과 동의의 개념에 대한 비판을 제기하였다.[144] 또한, 초국경접근의 승인에 대한 적법성, '선의 또는 긴급상황', '데이터 처분권한'과 같은 용어의 해석과 관련된 문제도 제기되었다.[145] 이에 T-CY는 제9차 총회에서

---

143) Jan Spoenle, "Cloud Computing and Cybercrime Investigations?: Territoriality vs the Power of Disposal?", Discussion Paper (Strasbourg, France, 2010), pp. 10-12.
144) European Digital Rights, "Transborder data access: Strong critics on plans to extend CoE Cybercrime Treaty" (June 5, 2013). https://edri.org/edrigramnumber11-11transborder-data-access-cybercrime-treaty/ 참조.
145) NATO Cooperative Cyber Defence Centre of Excellence, "Transborder Data

Transborder Group의 임기를 2015년 12월까지 연장하기로 결정하고 추가
의정서의 두번째 초안 작성을 요청하였다.146)

　Transborder Group은 2014년 보고서에서 그간의 연구 결과를 종합하면
서 추가의정서에 관한 논의는 상당히 논란이 많고 아직까지 당사국 간의
컨센서스를 이루기에는 부족하다고 판단하였다.147) 따라서 T-CY는 향후
데이터에 대한 초국경 접근이라는 구체적 문제에 대한 의정서의 타당성에
대해 다시 검토할 필요가 있다고 결론내렸다.148) 또한, 추가적인 옵션으로
서 클라우드 내의 전자증거에 대한 사법기관의 접근에 대한 문제와 그 해
결방안을 논의하기 위하여 워킹그룹을 구성할 것을 권고하였다.

2) Cloud Evidence Group

　Transborder Group의 권고안에 따라 2015년 1월부터 클라우드 내의 전
자증거에 관한 워킹그룹(Cloud Evidence Group, 이하 "CEG")이 구성되어
임기를 시작하였다. CEG는 2015년 11월 애플, 구글, 페이스북 등 서비스
제공자가 참석하는 공청회를 개최하였고, 2016년 5월 데이터 보호 기관과
의 의견 교환 등을 통해 클라우드 및 해외 서버에 저장된 디지털 증거수집
에 관한 해결방안에 관한 연구를 수행하였다. CEG는 2016년 9월 16일
T-CY에 "클라우드 내 전자증거에 대한 형사사법적 접근: T-CY에 대한 권
고안"149)이라는 제목의 최종 보고서를 제출하였다.

Access: Quo Vadis, Council of Europe?" (June 5, 2013). https://ccdcoe.org/transb
order-data-access-quo-vadis-council-europe.html 참조.
146) http://www.coe.int/t/dghl/cooperation/economiccrime/Source/Cybercrime/TCY/TCY%
202013/TCY(2013)22_PlenAbrMeetRep_V9.pdf 참조.
147) Cybercrime Convention Committee(T-CY), "Transborder Access to Data and
Jurisdiction: Options for Further Action by the T-CY" (Strasbourg, France,
2014)., p. 12.
148) Ibid., p. 14.

동 보고서에서는 실무상의 문제점으로 국제형사사법공조 절차가 너무 복잡하고 비효율적이라는 점, 가입자 정보의 수집과 관련하여 당사국들 사이에 너무나 다양한 접근법이 존재한다는 점, 국제사법공조는 데이터의 위치를 알고 있다는 것을 전제로 하고 있는데, 클라우드 컴퓨팅에서는 데이터의 위치를 알기가 어렵다는 점, 서비스제공자와 법집행기관 간의 협력이 어려운 점 등을 제시하였다.[150)

보고서에는 이에 대한 다섯 가지 해결방안을 제시하였는데, 우선 여전히 국제형사사법공조가 전자증거를 수집하는데 주된 수단이며, 국제형사사법공조 절차를 효율화하기 위한 법적, 실무적 조치가 필요하다고 보았다.[151) 또한, 위에서 살펴본 협약 제18조에 대한 해설서(guidance note)에 따른 문언적 해석도 하나의 해결방안으로 제시하였다.[152) 세 번째로는 가입자정보 접근에 대하여 국내적 규정 및 절차에 조화를 이루어야 하고 가입자정보가 다른 트래픽데이터나 콘텐츠데이터보다 프라이버시 민감성이 떨어지기 때문에 가입자 정보 제출에 대한 절차를 간소화하고 좀 더 낮은 수준의 보호조치를 적용할 필요가 있다고 보았다.[153) 네 번째, 장기적 해결방안으로 서비스제공자와 형사사법기관 간 초국경적 협력을 증진시키기 위해서 연례회의, 최신 정책 및 절차규정의 공유, 역량강화 프로젝트 등의 실무적 조치를 취해야 한다고 제안했다.[154) 마지막으로 보고서에서는 더욱 효과적인 국제사법공조를 가능하게 하고, 해외 서비스제공자와의 직접적인 협력을 촉진하며, 초국경적 데이터 접근과 관련된 조건과 보호조치,

---

149) Cybercrime Convention Committee (T-CY), "Criminal Justice Access to Electronic Evidence in the Cloud: Recommendations for Consideration by the T-CY", September (2016).
150) *Ibid.*, pp. 11-28.
151) *Ibid.*, pp. 35-36.
152) *Ibid.*, p. 37.
153) *Ibid.*, p. 38.
154) *Ibid.*, p. 39.

데이터 보호요건을 수립하기 위해 사이버범죄협약의 추가의정서에 대한 논의를 시작할 것을 권고하였다.[155]

3) Protocol Drafting Group

CEG에 권고안에 따라 2017년 6월 T-CY는 2017년 9월부터 2019년 12월까지 추가의정서 준비를 위한 의정서 초안 작성 그룹(Protocol Drafting Group, 이하 "PDG")을 신설하기로 합의하였고, 의정서에 더욱 효율적인 국제형사사법공조 규정, 해외에 있는 서비스제공자와의 직접적인 협력에 관한 규정, 데이터에 대한 초국경 접근에 관한 현행 실무 체계, 데이터 보호 관련 조치 등을 포함시키기로 하였다.[156] 2017년 9월 개최된 제1차 회의에서 PDG는 추가 의정서 작성 과정에서 시민사회, 데이터 보호 기구 및 민간기업의 자문을 구하고 여러 이해당사자의 의견을 수렴하기로 합의하였다.

4. 제2추가의정서의 주요 내용

PDG에서는 2017년부터 2021년까지 총 16회에 걸쳐 초안작성 그룹 회의를 개최하였고, 민간기업, 시민사회 및 개인정보보호 전문가 등으로부터 의견수렴을 하기 위한 자문회의를 총 6차례 개최하였다.[157]

T-CY에서는 2021년 5월 28일 제2추가의정서 초안을 승인하였으며, 해당

---

155) *Ibid.*, p. 40.
156) Cybercrime Convention Committee (T-CY), Summary report of the 1st Meeting of the T-CY Protocol Drafting Group (September 2017).
157) Cybercrime Convention Committee (T-CY), "Second Additional Protocol to the Convention on Cybercrime on enhanced co-operation and disclosure of electronic evidence", T-CY (2020)7 (May 28, 2021), paras. 15-19.

초안은 2021년 11월 17일 유럽평의회 각료위원회에서 채택되었다. 제2추가
의정서는 2022년 5월 12일 프랑스 스트라스부르에서 서명을 위해 개방되었
고, 2024년 7월 기준 미국, 일본, 벨기에 등 46개 국가가 이에 서명 또는 비
준하였다.

2021년 11월 채택된 "사이버범죄협약 제2추가의정서"(이하 '의정서'라
함)는 아래 표와 같이 총 4개의 장과 25개 조문으로 구성되어 있으며, 아
래에서는 이 중 본 논문의 주제와 관련된 제7조, 제8조 및 제10조 및 해당
조문의 주석서(explanatory report)의 내용을 검토하고자 한다.

〈표 1〉 사이버범죄협약 제2추가의정서의 구성

제1장 공통 조항(Common provisions)
제1조 목적(Purpose)
제2조 적용범위(Scope of application)
제3조 정의(Definitions)
제4조 언어(Language)
제2장 강화된 협력을 위한 조치(Measures for enhanced co-operation)
제1절 제2장에 적용되는 일반 원칙(General principles applicable to Chapter II)
제5조 제2장에 적용되는 일반 원칙(General principles applicable to Chapter II)
제2절 타방 당사국에 있는 제공자 및 단체와의 직접 협력을 강화하는 절차 (Procedures enhancing direct co-operation with providers and entities in other Parties)
제6조 도메인 네임 등록 정보 요청(Request for domain name registration information)
제7조 가입자정보 공개(Disclosure of subscriber information)
제3절 저장된 컴퓨터 데이터의 공개를 위한 당사국 간의 국제협력을 강화하는 절차 (Procedures enhancing international co-operation between authorities for the disclosure of stored computer data)
제8조 가입자정보 및 트래픽 데이터의 신속한 제출을 위한 타방 당사국의 명령에 효력 부여(Giving effect to orders from another party for expedited production of subscriber information and traffic data)
제9조 긴급 상황에서의 저장된 컴퓨터 데이터의 신속 공개(Expedited disclosure of stored computer data in an emergency)
제4절 긴급 국제사법공조 절차(Procedures pertaining to emergency mutual assistance)

제10조 긴급 국제사법공조(Emergency mutual assistance)
제5절 적용가능한 국제협정이 부재한 경우 국제협력 절차(Procedures pertaining to international co-operation in the absence of applicable international agreements)
제11조 비디오 컨퍼런스(Video conferencing)
제12조 합동 수사팀 및 합동수사(Joint investigation teams and joint investigations)
제3장 조건 및 보호조치(Conditions and safeguards)
제13조 조건 및 보호조치(Conditions and safeguards)
제14조 개인정보보호(Protection of personal data)
제4장 최종 조항(Final provisions)
제15조 추가의정서의 효력(Effects of this Protocol)
제16조 서명 및 발효(Signature and entry into force)
제17조 연방조항(Federal clause)
제18조 영토적 적용범위(Territorial application)
제19조 유보와 선언(Reservations and declarations)
제20조 유보의 현황 및 철회(Status and withdrawal of reservations)
제21조 개정(Amendments)
제22조 분쟁 해결(Settlement of disputes)
제23조 당사국 간의 협의 및 이행 평가(Consultations of the Parties and assessment of implementation)
제24조 탈퇴(Denunciation)
제25조 통지(Notification)

가. 긴급 국제사법공조

의정서 제10조에서는 긴급상황에서의 국제형사사법공조(Emergency Mutual Assistance)에 관하여 규정하고 있다.

이 조항에서 '긴급(emergency)' 상황이란, 사람의 생명 또는 안전에 대해 중대하고 임박한(imminent) 위험이 있는 경우를 의미한다고 정의하고 있다.[158] 따라서 그러한 위험이 이미 발생한 경우나, 임박하지 않은 미래

---

158) 1. For the purposes of this Article, an emergency means a situation in which there is a significant and imminent risk to the life or safety of any natural person.

의 위험이 예상되는 경우는 제외된다.159)

긴급 국제사법공조 조항은 협약 제25조 제3항과는 구별되어야 한다. 협약 제25조 제3항에서는 당사국은 긴급(urgent) 상황에서 보안과 인증이 적절한 수준으로 제공되는 신속한 통신 수단을 통해 국제사법공조 요청을 할 수 있다고 규정하고 있다. 협약의 규정이 더 광범위하며, 추가의정서가 상정하지 않고 있는 경우를 포함하고 있다. 예를 들어, 개인의 생명이나 안전에 대한 위험이 계속되고 있으나 임박하지는 않은 경우, 절차 지연을 야기할 수 있는 증거의 잠재적 훼손이 우려되는 경우, 재판 기일이 임박한 경우 등이다.160)

추가의정서 규정이 적용되는 경우, 절차는 더욱 신속하게 진행되어야 한다. 이러한 경우로는 인질납치 상황이나, 아동성착취물의 발견으로 인해 아동 성범죄가 의심되는 경우, 테러리스트 공격 시나리오 등을 생각해 볼 수 있다.161)

제2항에서는 요청국은 요청이 긴급상황에 대응하기 위해 필요하다는 사실을 설명하여야 하며 구체적인 사실관계를 요청서에 포함하여야 한다고 규정하고 있다.162)

제3항은 피요청국이 요청을 전자적 형태로 수용할 것을 규정하고 있고 피요청국은 적절한 수준의 보안 및 인증을 요구할 수 있다고 규정하고 있다.163)

---

159) Cybercrime Convention Committee (T-CY), "Preparation of a 2nd Additional Protocol to the Budapest Convention on Cybercrime – Provisional text of provisions", T-CY (2018)23, Strasbourg, version 8 November 2019, p. 12.

160) *Ibid.*

161) *Ibid.*

162) 2. Each Party may seek mutual assistance on a rapidly expedited basis where it is of the view that an emergency exists. A request under this Article shall include, in addition to the other contents required, a description of the facts that demonstrate that there is an emergency and how the assistance sought relates to it.

보안 요건과 관련하여 당사국은 특히 민감한 사건일 경우에 필요한 경우 암호화 등 특별한 보안조치를 할 것을 결정할 수 있다고 규정하고 있다.164)

제4항에서는 피요청국이 긴급상황이라는 점을 입증하기 위한 추가적인 정보가 필요한 경우, 요청국은 그러한 정보를 최대한 신속하게 제공할 것을 규정하고 있다.165)

제5항은 요구되는 정보가 제공된 경우 피요청국은 최대한 신속히 응답하기 위하여 노력할 것을 규정하고 있고, 제6항은 당사국은 국제공조를 담당하는 중앙기관이 상시 연락 가능할 것을 보장하여야 한다고 규정하고 있다.166) 제7항은 당사국들이 정보나 증거를 상호 합의된 다른 채널을 통해 주고받을 수 있다고 규정하고 있고, 제8항은 협약 제27조 제9항의 압축된 버전으로 긴급상황에서 당사국은 타방당사국의 사법당국으로 직접 공조를 요청하거나 인터폴(International Criminal Police Organization, Interpol) 또는 타방당사국의 컨택 포인트(24/7 point of contact)를 통해 요청할 수 있다고 규정하고 있다.167)

나. 가입자정보의 직접 제공

제7조는 당사국의 사법기관과 타방 당사국 영토 내의 서비스제공자간의 가입자정보와 관련된 직접적인 협력의 근거를 제공하고 있다.168) 가입자

---

163) 3. A requested Party shall accept such request in electronic form. However, it may require appropriate levels of security and authentication before accepting the request.

164) Cybercrime Convention Committee (T-CY), Preparation of a 2nd Additional Protocol to the Budapest Convention on Cybercrime - Provisional text of provisions, T-CY (2018)23, Strasbourg, version 8 November 2019, p. 12.

165) *Ibid.*, p. 13.

166) *Ibid.*

167) *Ibid.*

정보는 협약 제18조 제3항에서 정의하고 있으며, 가입자의 인적사항, 우편
주소, 전화번호 또는 기타 접근번호, 결제 정보 등을 포함한다. 이 중 IP주
소의 경우에는 계정이 생성된 시점에 사용된 IP주소, 최근 로그온(log-on)
IP 주소, 또는 특정 시점의 로그온 IP 주소 등이 포함된다. 일부 국가에서
는 이러한 정보가 가입자정보가 아닌 트래픽 데이터로 취급되는데, 이러
한 정보가 통신의 송수신과 관련되어 있기 때문이다.169) 따라서 제9항 b
호에서는 트래픽 데이터에 대한 유보 규정을 두고 있다.

협약 제18조 제1항의 경우 서비스제공자가 제출명령을 발부하는 당사
국 영토 내에 있거나 당사국에 서비스를 제공하는 경우에 적용된다. 그러
나 의정서 제7조 규정은 이러한 협약 제18조의 범위를 넘어서는 것으로
서비스제공자가 다른 당사국 영토 내에 있는 경우에도 제출명령을 발부할
수 있도록 하고 있다.170)

제1항에서는 당사국으로 하여금 사법기관에게 타국 영토 내의 서비스제
공자에 대하여 가입자정보 제공을 요청할 수 있는 명령을 발부할 권한을
부여하도록 규정하고 있다. 이러한 명령은 특정한 범죄수사 또는 기소를
위해서 필요한 경우, 특정되고(specified) 저장된(stored) 가입자정보에 대해
서만 발부될 수 있다.171)

제2항에서는 당사국으로 하여금 제1항에 의해서 타국 사법기관이 발부한
명령에 자국의 서비스제공자가 대응하기 위해서 필요한 조치를 취할 것을
규정하고 있다. 제2항은 제1항에 대한 대응 규정의 성격을 가지며, 국내법
시스템이 각각 차이가 있기 때문에 당사국은 직접적 협력 절차가 효과적이
고 효율적으로 수행되게 하기 위한 각기 다른 조치를 이행할 수 있다.172)

---

168) *Ibid.*, p. 17.
169) *Ibid.*, pp. 17-18.
170) *Ibid.*, p. 18.
171) *Ibid.*
172) *Ibid.*, p. 19.

또한, 여기에는 개인정보보호 관련 규정도 포함될 수 있으며, 개인정보에 해당하는 가입자정보의 국외이전과 관련된 조항이 적용될 수도 있다.

제3항에서는 명령을 발부할 때 포함되어야 할 최소한의 정보를 열거하고 있는데, 여기에는 명령을 발부하는 기관 및 발부된 날짜, 해당 명령이 이 추가의정서에 따라 발부되었다는 점, 서비스제공자의 사업자명과 주소, 범죄수사 대상 범죄, 담당 기관, 특정 가입자정보에 대한 구체적 설명 등이 포함된다.173)

제4항에서는 제3항 외에 첨부되어야 할 추가적인 정보를 규정하고 있다. 여기에는 명령의 발부와 관련된 형사소송법과 같은 국내법적 근거, 대상 범죄와 관련된 법규정, 담당 기관의 연락처 정보, 가입자정보 제공 시간 및 방법, 데이터 보존조치가 취해진 경우 해당 정보, 기밀 유지와 같은 특수한 절차적 안내사항, 기타 가입자정보 공개에 도움이 되는 정보 등이 포함된다.174)

제7조에서 가장 핵심적이고 독특한 내용 중 하나인 제5항에서는 통지 (notification)와 관련된 사항을 규정하고 있다. 제5항 a호에서는 만약 당사국이 피요청국인 경우, 해당 당사국은 모든 경우 또는 특정한 경우, 명령을 발부하는 당사국, 즉 요청국이 명령의 발부와 동시에 해당 사실을 자국에게 통지할 것을 요청하는 내용을 유럽평의회 사무총장에게 통보할 수 있음을 규정하고 있다.175) 해당 사실에는 명령서와 보충 정보 및 범죄수사와 관련된 사실관계의 요약 등이 포함된다.

또한 제5항 b호에서는 당사국은 국내법에 따라 서비스제공자로 하여금 타방 당사국으로부터 요청을 받는 경우에 자국 정부의 자문을 구할 것을 요구할 수 있다. 모든 경우에 자문을 요구할 경우에는 절차의 지연이 따르

---

173) *Ibid.*, p. 20.
174) *Ibid.*
175) *Ibid.*, p. 21.

게 되므로 모든 경우에 이를 요구할 수는 없고 제한되고 특정한 상황의 경우에만 이를 요구할 수 있다.176)

　이러한 통지 및 자문절차는 완전히 당사국의 재량에 맡겨져 있으며, 당사국은 이러한 절차들을 이행하지 않을 수도 있다.177) 또한, 요청을 받는 서비스제공자가 소재한 국가는 일정한 경우에 서비스제공자로 하여금 정보를 제공하지 않을 것을 명령할 수 있다. 제5항 a호에 따른 통지를 받거나 제5항 b호에 따른 자문을 받은 기관은 요청국에게 추가적인 정보를 요구할 수 있고, 만약 서비스제공자에게 정보를 제공하지 말 것을 지시한 경우 요청국에게 해당 사실과 그 이유를 신속하게 통보하여야 한다.

　제6항에서는 해당 명령서의 제시 또는 통지를 전자적 수단을 통해서 할 수 있음을 규정하고 있으며, 그러한 전자적 수단에는 이메일이나 온라인 포털 등이 포함된다. 이 경우 권한있는 사법기관임을 입증하기 위해 공식 이메일 주소의 사용, 기술적 인증 수단 등을 활용할 수 있다.178)

　제7항에서는 서비스제공자가 이행을 거부하는 경우에 대하여 규정하고 있고 제8항에서는 당사국이 타방 당사국에게 제8조를 적용하기 전에 서비스제공자에게 직접 가입자 정보를 요청하는 제7조를 우선 적용할 것을 요구하는 선언을 할 수 있다.

다. 타방 당사국의 제출명령에 대한 효력 부여

　제8조에서는 당사국이 타방 당사국의 제출명령에 대해 국내법적 효력을 부여할 수 있는 근거 규정을 두고 있다.179) 이 조항의 목적은 요청국가가 피요청국에 대한 명령을 발부할 수 있는 근거를 제공하고, 피요청국이 자

---

176) *Ibid.*
177) *Ibid.*
178) *Ibid.*, p. 22.
179) *Ibid.*, pp. 24-26.

국내 서비스제공자로 하여금 가입자정보나 트래픽 데이터를 제공할 것을
강제함으로써 해당 명령의 효력을 부여할 수 있도록 하기 위함이다.180) 이
조항은 협약의 국제형사사법공조 규정을 보충하는 메커니즘을 신설하고
있다. 제1항에는 요청국은 타방 당사국 내에 있는 서비스제공자로부터 가
입자정보나 트래픽데이터를 수집하기 위한 명령을 발부할 수 있다고 규정
하고 있다. 제8조에서 "타방 당사국 영토 내의 서비스제공자"라는 문구는
서비스제공자가 타방 당사국 내에 물리적으로 소재할(physically present)
것을 요구한다. 제2항은 피요청국으로 하여금 요청국이 발부한 명령에 대
해 자국 내의 효력을 부여하도록 요구하고 있다. "효력을 부여하는 것
(giving effect)"의 의미는 피요청국이 서비스제공자로 하여금 요청국이 선
택하는 방법에 따라 가입자정보와 트래픽데이터를 제공하도록 강제하는
것을 의미한다.181)

제3항에서는 명령서에 포함되어야 할 정보 및 보충 정보에 포함되어야
할 정보를 규정하고 있으며, 조문 내용은 제7조 제3항 및 제4항의 규정과
같다. 제6항에서는 피요청국은 관련 정보를 받은 날로부터 서비스제공자
에게 45일 이내에 해당 명령을 제시할 합리적인 노력을 다하여야 하며, 가
입자정보의 경우 20일 이내, 트래픽 데이터의 경우 45일 이내에 정보를 제
공할 것을 명령하여야 한다.

라. 검토

유보가능성과 관련하여 제7조와 제8조의 경우, 유보를 일부 또는 전부
허용하고 있는데 이 조항들은 다른 국가의 법원에서 발부한 명령이나 영
장의 효력을 국내에서 인정하는 것이므로 관할권의 기본원칙과 관련하여

---
180) *Ibid.*, p. 26.
181) *Ibid.*, p. 27.

논란의 여지가 있고 추가의정서의 당사국 범위를 확대하기 위한 의도에서 유보를 허용하는 것으로 짐작해 볼 수 있다.

제7조 직접 제공 규정의 경우, 규정 전체의 적용을 유보할 권리가 있으며, 특정 유형의 접근번호(access numbers), 특히 IP주소의 공개가 국내법의 기본원칙에 위배되는 경우 접근번호에 한해 해당 규정의 적용을 유보할 수도 있다. 제8조의 경우, 트래픽 데이터에 대해서는 조약의 적용을 유보할 권리가 있다. 제7조와 제8조는 유사한 조항처럼 보이지만 관련 당사자나 대상 정보의 범위 등의 차이가 있다. 이를 표로 정리하면 다음과 같다.

〈표 2〉 제2추가의정서 제7조 및 제8조 비교

구분	제7조	제8조
관련 주체	국가-서비스제공자	국가-국가
대상 정보	가입자정보에만 한정	가입자정보 및 트래픽 데이터
통지규정	통지규정 있음 (요청국가로 하여금 자국에게 통지할 것을 요구할 수 있음)	통지 관련 규정 없음
제공시한	데이터 제공에 대한 시한 규정 없음 (간접규정으로서 제7항 : 30일 이내)	가입자정보 : 20일 이내 트래픽 데이터 : 45일 이내
유보	전체 또는 일부 유보 가능	트래픽 데이터에 한해 유보 가능

유럽평의회에서는 2018년 7월부터 2021년 5월까지 총 6차례에 걸쳐 제2추가의정서 초안에 대한 시민사회단체, 학계, 개인정보보호 전문가, 산업계 등의 의견을 수렴하였다. 이 중 시민사회, 산업계, 개인정보보호기구의 주요 의견을 정리하면 다음과 같다.

2019년 11월 "EU 개인정보보호 이사회(European Data Protection Board, EDPB)"는 2019년 10월 초안에 새로 도입된 가입자정보의 직접 제공 규정과 타국 데이터 제출명령에 대한 효력 부여 규정에 대하여 의견을 제시하였다.[182] 우선, 제7조 제5항에서는 서비스제공자가 자국 내의 지정 기관에

통지하도록 하고 있으며 해당 지정 기관은 협약 제25조 제4항 또는 제27
조 제4항의 공조 거절 사유에 해당하는 경우 서비스제공자에게 정보를 공
개하지 말 것을 명령할 수 있음을 규정하고 있는데, 이러한 통지 규정을
적용할지 여부는 위에서 살펴본 바와 같이 당사국 재량사항에 위임하고
있다. EDPB는 의견서에서 이렇게 당사국의 재량에 위임할 경우에는 법
적용의 일관성을 해할 우려가 있으므로 일관되게 해당 규정이 적용될 필
요가 있다고 주장하였다.[183] 또한, 해당 규정에서는 통지를 해야 하는 기
관을 해당 국가가 지정하는 기관으로 규정하고 있어 어느 기관에 통지를
해야 하는지에 대한 구체적인 언급을 피하고 있는데, EDPB는 사법기관이
통지를 하는 것이 적절하다고 보고 있다.[184]

　　EDPB는 제7조 제2b항[185]에서 접수국은 선언을 통해 요청기관의 지위
를 검사, 사법기관 또는 다른 독립기관으로 제한할 수 있다고 규정한 것에
대하여 이 규정은 그러한 선언이 없는 경우에 서비스제공자에 대한 명령
이 요청국의 어느 기관에 의해서나 발부될 수 있음을 의미하는 것이라고
보았다.[186] 협약의 추가의정서의 직접 효력으로 인해, 초안의 규정은 모든

---

182) EDPB contribution to the consultation on a draft second additional protocol to
　　the Council of Europe Convention on Cybercrime (Budapest Convention),
　　Brussels, 13th November 2019.
　　https://rm.coe.int/edpbcontributionbudapestconvntion/168098d940 참조.
183) *Ibid.*
184) *Ibid.*
185) b. At the time of signature or when depositing its instrument of ratification,
　　acceptance, approval or accession, a Party may – with respect to orders issued
　　to service providers in its territory - make the following declaration: "the order
　　under Article [ ] paragraph 1 must be issued by, or under the supervision of, a
　　prosecutor or other judicial authority, or otherwise be issued under independent
　　supervision."
186) EDPB contribution to the consultation on a draft second additional protocol to
　　the Council of Europe Convention on Cybercrime (Budapest Convention),

기관이 명령을 발부할 수 있는 것으로 해석될 여지가 있고 이는 EU 법에 비추어봤을 때 적법성의 문제가 제기될 수 있다. EDPB는 명령을 발부할 수 있는 요청기관은 검사, 사법기관 또는 다른 독립기관으로 제한되어야 한다는 의견을 제시하였다.[187]

EDPB는 협약 제18조 제3항에 따른 가입자정보의 정의가 다른 트래픽 데이터나 콘텐츠 데이터와 혼동되지 않도록 보다 명확하게 규정되어야 할 필요가 있다고 제안하였다. 서비스의 가입자를 식별하기 위해 필요한 정보에는 IP 주소 정보가 포함된다. 그러나 특정 시점에 접속한 IP 주소나 최근의 로그온 IP 주소의 경우에는 통신의 전송과 관련된 트래픽 데이터에 포함될 여지가 있어 정의규정을 수정할 것을 제안하였다.[188]

Facebook은 제10조 긴급 국제사법공조에서 '긴급(emergency)'의 정의가 '자연인의 생명 또는 안전에 중대하고 임박한 위험이 있는 경우'라고 규정되어 있는 부분에서 해당 부분의 개정이 필요하다고 제안하였다.[189] '안전(safety)'이라는 표현은 해석에 따라 범위가 달라질 수 있고 모호한 개념이기 때문에 해당 정의 규정을 '자연인에 대한 생명 또는 심각한 신체적 손상(serious bodily injury)에 대한 중대하고 임박한 위험이 있는 경우'로 수정할 것을 제안하였다.[190]

Brussels, 13th November 2019.

187) *Ibid.*

188) *Ibid.*

189) Facebook, Public Consultation Response, 2nd Additional Protocol to the Budapest Convention on Cybercrime.
https://rm.coe.int/facebook-comments-2nd-additional-protocol/168098c93f.

190) *Ibid.*

제3절 유럽연합(EU)의 전자증거 규정 초안

2018년 4월 17일 유럽 집행위원회(European Commission)는 전자증거 규정(e-Evidence Regulation)[191] 및 전자증거 지침(e-Evidence Directive)[192] 초안(이른바 'e-Evidence proposal')을 제안하였다. 동 초안은 전자증거를 더욱 신속하고 효과적으로 확보 및 획득하고, 유럽연합에 서비스를 제공하는 모든 사업자에 대해 동일한 의무를 부과하는 것을 목적으로 한다.[193] 또한, 특정 유형의 데이터를 수집하기 위해 서비스제공자와의 협력을 위한 공통의 프레임워크를 개발하고 법적 확실성과 명확성을 개선하기 위하여 제안되었다.[194] 아래에서는 EU에서의 전통적인 사법공조 및 다양한 메커니즘, 전자증거 제도의 논의 경과와 전자증거 규정 초안의 입법 배경 및 주요 내용을 살펴보고자 한다.

---

191) Proposal for a Regulation of the European Parliament and of the Council on European Production and Preservation Orders for electronic evidence in criminal matters, COM(2018) 225 final, Strasbourg, 17. 4. 2018.

192) Proposal for a Directive of the European Parliament and of the Council laying down harmonised rules on the appointment of legal representatives for the purpose of gathering evidence in criminal proceedings, COM(2018) 226 final, Strasbourg, 17. 4. 2018.

193) European Commission "E-Evidence," Migration and Home Affairs, February 7, 2017.
https://ec.europa.eu/homeaffairs/what-we-do/policies/organized-crime-and-human-trafficking/e-evidence_en 참조.

194) *Ibid.*

1. 전통적인 형사사법공조 및 상호 승인

전통적으로 국제형사사법공조(Mutual Legal Assistance, MLA)는 국가 간에 정보 수집 및 교환을 위해 협력을 촉진하는 메커니즘을 의미한다. 그러한 협력은 통상 초국경적 성격을 갖는 범죄의 수사 및 기소를 지원하기 위해 이루어진다.

EU에서는 형사문제에 대한 협력은 쉥겐 협정(Schengen agreement)의 도입을 통해 발전해왔고 점차 상호 승인 원칙(principle of mutual recognition)에 의해 대체되어 가고 있다. 이러한 EU에서의 국제형사사법공조 원칙 및 상호 승인 원칙은 회원국 간의 상호 신뢰를 바탕으로 운용되고 있는 제도이다.195)

최초의 국제사법공조에 대한 유럽의 조약은 유럽평의회의 "형사문제에 대한 공조에 관한 유럽협약(European Convention on Mutual Assistance in Criminal Matters, 이하 '유럽 형사사법공조협약')"이다. 이는 1959년 4월 20일 체결되었다.196) 이 협약은 1978년 3월 17일 추가의정서 및 2001년 11월 8일 제2추가의정서에 의해 보충되었다.

"EU 회원국 간의 형사사법공조협약(EU Convention on Mutual Assistance in Criminal Matters between the Member States of the European Union)"은 2000년 5월 29일 EU 조약 제34조에 따라 Council Act197)에 의해 설립되

---

195) Mark D. Cole and Teresa Quintel, "Transborder Access to e-Evidence by Law Enforcement Agencies : A first comparative view on the Commission's Proposal for a Regulation on a European Preservation/Production Order and accompanying Directive", Law Working Paper Series, Paper number 2018-010, University of Luxembourg, 2018, p. 3.

196) European Convention on Mutual Assistance in Criminal Matters, ETS No.030, Strasbourg, 20 April 1959.

197) Council Act of 29 May 2000 establishing in accordance with Article 34 of the Treaty on European Union the Convention on Mutual Assistance in Criminal

었고 EU 차원에서 체결된 최초의 형사사법공조 조약이다.[198] 다른 MLA 협약과 달리, EU의 협약은 제17조 내지 제22조에서 통신감청에 대한 명시적인 규정을 포함하고 있다.[199]

2008년 12월 18일 Council Framework Decision 2008/978/JHA[200]은 증거수집에서의 공조를 강화하기 위해 형사절차에서의 활용을 위한 물건, 문서 및 데이터 획득을 위해 유럽 증거 영장(European Evidence Warrant, EEW) 제도를 신설하였다. 이는 증거수집에 대한 상호 승인 원칙을 이행하는 최초의 문서였다.

'상호 승인 원칙'은 회원국 간의 상호 신뢰에 기반하며, 한 회원국의 사법판결은 다른 회원국에서도 인정되어야 한다는 원칙이다. 따라서 이러한 문서 하에서 요청의 적법성, 필요성 및 비례성은 요청국가의 당국에 의해 검증된 것이며, 접수국에서 추가적인 승인절차를 거치지 않는다.[201] 상호 승인 원칙은 EU 내부 시장(internal market)에서의 재화의 자유로운 이동(free movement of goods) 맥락에서도 적용되며, 형사사법공조에서의 상호 승인 원칙은 EU 기능조약(Treaty on the Functioning of the European Union, TFEU) 제67조 제3항[202] 및 제82조에 성문화되어 있다.

Matters between the Member States of the European Union, O.J. C 197, 12 July 2000, pp. 1-2.
198) Convention established by the Council in accordance with Article 34 of the Treaty on European Union, on Mutual Assistance in Criminal Matters between the Member States of the European Union, OJ C 197, 12. 7. 2000, pp. 3-23.
199) Mark D. Cole and Teresa Quintel, *supra* note 195, p. 3.
200) Council Framework Decision 2008/978/JHA of 18 December 2008 on the European evidence warrant for the purpose of obtaining objects, documents and data for use in proceedings in criminal matters, OJ L 350, 30. 12. 2008, pp. 72-92.
201) Mark D. Cole and Teresa Quintel, *supra* note 195, p. 5.
202) The Union shall endeavour to ensure a high level of security through measures to prevent and combat crime, racism and xenophobia, and through measures for

2014년 4월 3일 형사문제에서 유럽수사명령(European Investigation Order, EIO)에 대한 지침(Directive) 2014/41/EU[203])은 상호 승인 원칙에 근거하며, 회원국 간에 형사문제에서 증거의 수집 및 전송을 용이하게 하려는 목적이 있다. 유럽수사명령에 대한 지침은 증거의 동결 및 현존하는 증거의 전송 등 모든 절차규정을 포함하고 있으며, 동 지침의 주된 목표는 증거수집에 대한 파편화를 감소시키고, 새로운 증거 유형에도 적용가능한 더욱 일관성 있는 제도를 만들기 위함에 있다.[204]) 또한, 동 지침에서는 국가가 타국의 공조요청을 수락하고 이에 응답하여야 하는 기한을 설정하였고 요청의 거절 사유 및 요청을 제출하기 위한 표준 양식을 도입하였다.[205])

2. EU 전자증거 규정 초안

가. 데이터 보관 및 기타 전자증거 관련 논의

과거 EU 데이터 보관 지침(Data Retention Directive)[206])은 범죄예방또는

coordination and cooperation between police and judicial authorities and other competent authorities, as well as through the mutual recognition of judgments in criminal matters and, if necessary, through the approximation of criminal laws.

203) Directive 2014/41/EU of the European Parliament and of the Council of 3 April 2014 regarding the European Investigation Order in criminal matters, OJ L 130, 1. 5. 2014, pp. 1-36.

204) Lorena Bachmaier Winter, "European investigation order for obtaining evidence in the criminal proceedings: Study of the proposal for a European directive", *Zeitschrift für Internationale Strafrechtsdogmatik*, No. 9/2010, p. 581.

205) Mark D. Cole and Teresa Quintel, *supra* note 195, pp. 4-5

206) Directive 2006/24/EC on the retention of data generated or processed in connection with the provision of publicly available electronic communications

범죄수사 목적으로 필요한 경우 법집행기관에게 데이터를 제공할 수 있도록 하기 위해서, 전기통신서비스 제공자로 하여금 이용자에 대한 통신데이터를 6개월에서 24개월까지 보관할 것을 의무화하였다. 데이터 보관 지침에 따라 서비스제공자는 EU 기본권 헌장(Charter of Fundamental Rights of the European Union)에 규정된 기본권을 준수하면서 조직범죄와 테러범죄와 같은 중대범죄의 예방, 수사, 확인 및 소추의 목적으로 사용될 수 있도록 통신 데이터를 생성 및 처리하여 보관하여야 한다. 이러한 목적을 달성하기 위하여 지침 제3조는 서비스제공자에게 제5조에 열거한 통신 데이터를 보관할 의무를 부과하였다. 지침에 따른 보관의무가 발생하는 정보로는 이용자의 성명과 주소, 전화번호, IP 주소 등 가입자 정보와 통신내역 등의 정보가 포함되며, 통신내용은 제외된다. 2006년 채택된 이 지침은 2014년 유럽사법재판소의 Digital Rights Ireland 판결[207]에 의해 무효화되었다. 유럽사법재판소는 개인정보의 무차별적인 보관은 비례의 원칙을 규정한 EU 기본권 헌장 제52조 제1항[208]에 위배되며 사생활 및 개인정보보

---

services or of public communications networks and amending Directive 2002/58, OJ, L 105/54, 13. 4. 2006.

[207] 아일랜드의 시민단체인 Digital Rights Ireland는 2006년 8월 11일 아일랜드 최고법원에 소송을 제기하면서, 통신 데이터를 보관하기 위한 아일랜드의 국내법의 정당성에 의문을 제기하면서, EU 데이터보관 지침의 무효를 선언해 줄 것을 청구하였다. 또한, 오스트리아 캐른트너(Kärntner) 주 정부, 자이틀링어(Seitlinger), 촐(Tschohl), 그리고 일반 시민 11,128인은 통신정보보관지침을 국내법으로 전환한 2003년 전기통신법 규정의 무효 소송을 헌법재판소에 청구하였다. 청구인들은 2003년 전기통신법 규정이 시민들의 데이터 보호에 관한 기본권을 침해하고 있다고 주장하였다. 이에 따라 아일랜드 최고법원과 오스트리아 헌법재판소에서는 EU 데이터 보관 지침이 EU 법에 합치하는지 여부에 대한 선결적 판단을 유럽사법재판소에 요청하였다. Joined Cases C-293/12 and C-594/12, Digital Rights Ireland Ltd (C-293/12) and Seitlinger (C-594/12), 8 April 2014.

[208] 헌장에 규정된 권리와 자유의 행사에 대한 모든 제한은 법률로 규정되어야 하고 이 권리와 자유의 본질적인 내용을 존중해야 한다. 이들 권리와 자유에 대한 제한은 비례의 원칙을 준수하여 오로지 필요한 경우에 한하며, 그러한 제한은 EU에

호를 규정한 제7조[209] 및 제8조[210]를 위반하는 것이라고 판시하였다. 재판소는 일반적으로 데이터 보관 제도는 중대 범죄에 대한 대응이라는 공익적 목적을 추구하고 이러한 목적을 달성하기 위하여 적합한 제도로 인정하였지만, 해당 지침은 비례의 원칙을 위반하여 개인정보보호 및 프라이버시권을 침해한다고 보았다.[211] 지침에 따르면, 모든 가입자정보와 트래픽 데이터를 최소 6개월 이상 보관할 의무를 부과함으로써, 모든 사람을 차별 없이, 제한 없이 또는 예외 없이 관련시키고 있고, 법원이나 독립된 기관에 의한 사전통제장치 등 데이터에 대한 접근과 이용에 대한 아무런 구체적인 규정을 두고 있지 않다.[212] 또한, 지침은 보관 기간의 범위를 6개월에서 24개월까지 광범위하게 규정하고 있지만, 데이터의 범주에 따른 세부적 요건이나 기준 등을 요구하고 있지 않다.[213] 이러한 재판소의 입장은 이후 Tele2/Watson 판결[214]에서 재확인되었다.

Digital Rights Ireland 판결이 선고된 이후, 스웨덴 및 영국의 전자적 통

의해서 인정된 공공의 이익의 목적이나 다른 사람의 권리와 자유의 보호의 필요성을 충족하는 경우에 가능하다.

209) 제7조(사생활 및 가족생활의 존중) 누구나 자신의 프라이버시, 가족 생활, 가정, 통신을 존중받을 권리를 가진다.

210) 제8조(개인정보보호) ① 누구나 자기에 관한 개인정보의 보호권을 가진다. ② 개인정보는 오로지 정해진 목적을 위해 신의성실에 의해서 그리고 당사자의 동의 또는 그 밖에 법률에 정한 합리적인 근거에 의해서만 처리될 수 있다. 누구나 자기에 관해서 수집된 데이터에 관한 정보를 획득하고 이들 데이터에 대한 수정할 권리를 가진다. ③ 이 규정의 준수여부는 독립된 기관에 의해서 감독된다.

211) Joined Cases C-293/12 and C-594/12, Digital Rights Ireland Ltd (C-293/12) and Seitlinger (C-594/12), 8 April 2014, paras. 41-44.

212) Joined Cases C-293/12 and C-594/12, Digital Rights Ireland Ltd (C-293/12) and Seitlinger (C-594/12), 8 April 2014, paras. 57-62.

213) Joined Cases C-293/12 and C-594/12, Digital Rights Ireland Ltd (C-293/12) and Seitlinger (C-594/12), 8 April 2014, paras. 63-64.

214) Joined Cases C-203/15 and C-698/15, Tele2 Sverige AB (C-203/15) and Watson (C-698/15), 21 December 2016.

신서비스 제공자에 대한 통신정보의 일반적 보관의무에 관한 규정에 대하여 유럽사법재판소의 판단을 요청하는 제소가 이루어졌고, 이에 따라 유럽사법재판소는 Digital Rights Ireland 판결이 회원국의 국내법과 관련하여 어떤 맥락에서 해석되어야 하는지 검토하였다. Tele2/Watson 사건에서 재판소는 일반적인 통신정보 보관의무를 부과하는 회원국의 국내법은 엄격한 요건 하에 EU 법과 일치할 수 있다고 판시하였다.215) 이러한 요건으로는 일반적 통신정보 보관의무 및 이로부터 도출되는 의무는 접근가능성, 예견가능성이 있고 자의적 침해를 방지할 수 있는 법률 규정을 통해서 이루어져야 하며, EU 기본권 헌장에 규정된 프라이버시권과 개인정보보호권을 보장해야 하고, 모든 기본권 침해는 공공의 이익(general interest)이라는 목적에 적합해야 하고, 본 사안의 공공의 이익이란 '중대한 범죄에 대처하기 위한 것'에 한정되므로, 이외의 목적에 의한 정보보관은 금지된다고 판시하였다.216) 또한, 통신정보의 일반적 보관의무는 다른 조치나 조치들의 결합이 효과가 없거나, 해당 조치들보다 기본권이 덜 침해되는 등의 '절대적으로 필요한 경우'로 한정되어야 하며, 일반적인 통신정보 보관의무는 중대범죄에 대처하려는 공익적 목적과 적정한 비례관계에 있어야 한다고 판시하였다.217)

그러나 위와 같은 유럽사법재판소의 엄격한 접근방식에도 불구하고, 범죄수사에 있어서 전자증거 수집의 필요성이 증가하면서 법집행기관에 의한 초국경적 데이터 접근과 데이터 보관에 관한 제도가 필요하다는 주장이 제기되어 왔다. 특히 유럽 집행위원회의 2018년 업무계획(Work Programme)에서는 새로운 데이터의 보관 가능성에 대한 가이던스를 마련하고 법집행기관에 의한 초국경적인 전자증거 접근을 용이하게 할 수 있는 조치를 도입

215) *Ibid.*
216) *Ibid.*
217) *Ibid.*

할 것을 제안하였다.218)

EU 내에서는 전통적으로 초국가적 협력을 지원했던 MLA 메커니즘이 유럽수사명령(EIO) 지침에서 성문화된 사법결정에 대한 상호 승인으로 점차 변화되고 있다. EIO는 한 회원국에 의해 발부되는 사법결정으로 다른 회원국으로 하여금 증거수집을 위해 특정 수사 조치를 취할 것을 요구할 수 있다.219)

나. 전자증거 초안의 입법 배경

2016년 6월, EU 이사회는 사이버공간에서의 형사사법을 개선하기 위한 결론을 채택하였다. 여기에서 EU 이사회는 서비스제공자와의 협력 개선, MLA 및 상호승인 절차의 간소화, 사이버공간에서의 관할권 행사 등 쟁점을 검토하여 발전방안을 제시하는 보고서를 제출하도록 유럽 집행위원회에 요청하였다.220)

서비스제공자와의 협력 강화에 대해서, EU 이사회는 '제3국의 국내법에 의해 허용될 경우, 특정 유형의 데이터, 특히 가입자정보 수집을 위해 서비스제공자와 협력하기 위한 공통의 프레임워크 또는 그러한 데이터의 신속하고 합법적인 공개를 허용하는 다른 방안을 개발'하도록 집행위원회에 요청하였다.221) 집행위원회는 절차의 신속성을 보장하고 전자증거 수집

---

218) Commission Work Programme 2018: An agenda for a more united, stronger and more democratic Europe, COM(2017) 650 final, Strasbourg, 24.10.2017.
219) Jorge A. Espina Ramos, "The European Investigation Order and Its Relationship with Other Judicial Cooperation Instruments", EUCRIM 1/2019, p. 54.
220) Council of the European Union, Council conclusions on improving criminal justice in cyberspace (9 June 2016).
   https://www.consilium.europa.eu/media/24300/cyberspace-en.pdf 참조.
221) *Ibid.*, p. 3.

절차의 투명성과 책무성을 증진시키기 위한 수단을 연구하였다.

2016년 12월 집행위원회는 회원국 및 회원국의 사법기관과 법집행기관이 전자증거 접근과 수집을 위한 다양한 접근방식을 취하고 있음을 확인하였다.222) 집행위원회에 따르면, 모든 유형의 전자증거 요청에 대한 MLA 시스템의 활용은 문제가 많고 장시간이 소요되는 것으로 평가되고 있다. 따라서 상호 승인을 통해 강화된 협력을 달성하려는 EU의 노력에도 불구하고, 법집행기관은 MLA 메커니즘보다는 서비스제공자와의 비공식적인 채널을 점점 더 많이 활용하고 있다.

2018년 4월 17일 유럽 집행위원회는 전자증거 규정(e-Evidence Regulation)223) 및 전자증거 지침(e-Evidence Directive)224) 초안을 발표하였고, 이에 대한 수정 법안이 2018년 12월 7일 채택되었다.

다. 전자증거 규정 및 지침의 주요 내용

EU의 전자증거 규정 초안은 유럽의 경찰과 사법기관에 의한 초국경적 전자증거의 접근을 가능하게 하고, 데이터 접근에 대한 기본적인 원칙과 초국경적인 분쟁의 해결방안을 제시하기 위하여 마련되었다.

EU의 전자증거 규정은 EU 회원국의 수사기관이 다른 EU 회원국 내에 설립된 서비스제공자에 의해 보관 중인 데이터를 제출하도록 강제할 수 있는 법적 근거를 규정하고 있고 그러한 수단으로 법적 구속력이 있는 유럽

---

222) Mark D. Cole and Teresa Quintel, *supra* note 195, p. 13.
223) Proposal for a Regulation of the European Parliament and of the Council on European Production and Preservation Orders for Electronic Evidence in Criminal Matters, COM (2018) 225 final (Apr. 17, 2018).
224) Proposal for a Directive of the European Parliament and of the Council Laying Down Harmonised Rules on the Appointment of Legal Representatives for the Purpose of Gathering Evidence in Criminal Proceedings, COM (2018) 226 final (Apr. 17, 2018).

제출 명령(European Production Orders, EPO)과 유럽 보존 명령(European Preservation Orders, EPO-PR) 제도를 도입하고 있다.225)

규정 초안에서는 관할권의 주요한 결정요소로서의 데이터의 저장 위치라는 개념을 버리고, 요청국가가 서비스제공자가 위치한 다른 회원국의 협력이나 형사사법공조 없이도 다른 회원국 내에 위치한 서비스제공자에게 직접 데이터의 제출을 강제할 수 있도록 규정하였다.226)

규정은 서비스제공자가 요청국이 아닌 어느 회원국에 설립되어 있거나 사무소를 두고 있는 경우 모든 경우에 적용가능하다. 규정의 적용을 받는 서비스제공자는 데이터 저장위치에 관계없이 전자증거의 제출명령이나 보존명령에 따라야 한다.227)

규정안의 법적 근거는 TFEU 제82조 제1항이며, 그것은 모든 형태의 판결과 사법 결정이 EU 전체에서 승인될 수 있도록 보장하고 사법기관 간의 협력을 촉진하기 위한 규칙과 절차를 정하기 위해 채택될 수 있는 사법공조에 관한 조치와 관련이 있다. 서비스제공자에게 직접 전자증거를 전송하도록 의무화하는 제출명령이 TFEU 제82조 제1항의 범위 내의 사법공조(judicial cooperation)에 해당되는지에 대해서는 논란이 있다.228)

또한, 지침 초안에서는 모든 온라인 서비스제공자로 하여금 EU 회원국 중 해당 서비스제공자가 설립되었거나 "상당한 관련성(substantial connection)"을 갖는 최소한 하나의 회원국에 법적 대리인을 지정할 것을

---

225) European Commission, "E-evidence-cross-border access to electronic evidence. Improving cross-border access to electronic evidence", https://ec.europa.eu/info/policies/justice-and-fundamental-rights/criminal-justice/e-evidence-cross-border-accesselectronic-evidence_en.

226) Jennifer Daskal, "Privacy and Security Across Borders", *Yale Law Journal Online*, Vol.128, 2019, p. 1040.

227) Article 1(1) of the e-evidence proposal, COM(2018) 225 final, Strasbourg, 17.4.2018.

228) Mark D. Cole and Teresa Quintel, *supra* note 195, p. 14.

요구하고 있다.229) 이러한 대리인은 모든 회원국의 법집행기관에게 형사
절차상 증거를 제공할 수 있도록 제출명령을 준수할 수 있는 역량을 갖춰
야 한다. 해외에 위치한 글로벌 서비스제공자들은 EU 시민들과 거주자들
의 데이터를 점점 더 많이 통제, 관리하고 있으며, 이러한 데이터에 대한
접근권한을 갖고 있기 때문에 이에 대응하기 위해서 지침 초안은 이러한
글로벌기업에 대해서 EU가 관할권을 행사할 수 있도록 근거를 마련하고
있다.230)

이 제안의 인적 적용범위는 전자통신서비스 제공자 및 정보사회서비스
제공자에게 적용된다. 또한, 제2조 제3항 (c) 호에서는 인터넷 도메인 네임
과 IP 주소 할당 서비스도 서비스제공자의 정의에 포함하고 있다.

3. 유럽제출명령과 개인정보보호

가. 개인정보 관련 규정

EPO에 따라 개인정보를 처리할 경우에는 관련된 "일반개인정보보호규
정"(General Data Protection Regulation, GDPR)231), "경찰 및 형사사법기관
을 위한 개인정보보호지침"(Data Protection Directive for Police and Criminal
Justice Authorities, 이른바 'Law Enforcement Directive(LED)')232)을 준수

---

229) Jennifer Daskal, *supra* note 226, pp. 1039-1040.
230) *Ibid.*, p. 1040.
231) Regulation (EU) 2016/679 of the European Parliament and of the Council of
    27 April 2016 on the protection of natural persons with regard to the
    processing of personal data and on the free movement of such data, and
    repealing Directive 95/46/EC [2016]OJ L 119, pp. 1-88.
232) Directive (EU) 2016/680 of the European Parliament and of the Council of 27
    April 2016 on the protection of natural persons with regard to the processing

하여야 한다. GDPR은 2018년 5월 25일 발효되었고, LED는 회원국에 의해 2018년 5월 6일까지 이행되어야 한다. GDPR은 민간 및 공공기관에 의한 일반적인 개인정보 처리 활동에 적용되며, LED는 범죄의 예방, 수사, 탐지 및 기소 목적으로 사법 당국에 의해 개인정보가 처리되는 경우 적용된다. 따라서 서비스제공자에 의한 개인정보처리는 GDPR의 적용을 받게 되며, 법집행기관은 법집행목적으로 개인정보를 처리할 때 LED를 적용하게 된다.233) LED는 국경 간 처리 및 국내 처리 모두에 적용되며, 경찰 및 사법기관 간의 정보교환에 대한 국내법을 조화시키는 한편, 회원국에게 일부 재량을 부여하고 있다. 그러나 LED가 적용되는 분야의 특수성으로 인해, 프로세서에게는 정보주체의 정보를 제공받을 권리(right to information)와 관련하여 유연성이 부여된다. 만약 정보주체에 대한 통지로 인해 진행 중인 수사가 방해받을 우려가 있는 경우에 프로세서는 개인정보가 처리되었다는 사실을 정보주체에게 통지할 수 없다.234)

이러한 논리는 EPO 제안 제11조 제1항에서 다시 언급되었고 여기에서는 서비스제공자는 '관련 형사절차를 방해하지 않기 위해 EPO에 따라 데이터가 처리되는 정보주체에 대하여 통지를 삼가야' 한다고 규정하고 있다. 제11조 제2항에 따라, 발부하는 기관은 정보주체에 대하여 데이터의 제출에 대하여 통지하여야 하나, 관련 형사절차가 방해되지 않게 하기 위하여 필요하고 비례한 수준에서 통지를 유예할 수 있다. 제11조235)는 제

---

of personal data by competent authorities for the purposes of the prevention, investigation, detection or prosecution of criminal offences or the execution of criminal penalties, and on the free movement of such data, and repealing Council Framework Decision 2008/977/JHA, [2016] OJ L 119, pp. 89-131.

233) Mark D. Cole and Teresa Quintel, *supra* note 195, pp. 2-3.

234) *Ibid.*, p. 16.

235) Article 11 (Confidentiality and user information)

　　1. Addressees and, if different, service providers shall take the necessary measures to ensure the confidentiality of the EPOC or the EPOC-PR and

안에서 개인정보보호에 대해서 규정하고 있는 유일한 규정이며, GDPR 제
23조와 LED 제13조에 따른 것이다.

  GDPR 제23조[236)]는 컨트롤러나 프로세서는 범죄의 예방, 수사, 탐지 또
는 기소 또는 형벌의 집행을 위해 정보주체의 권리를 제한할 수 있다고
규정하고 있다. 여기에는 공공안전에 대한 위협으로부터의 보호 및 예방
이 포함된다. LED 제13조에서는 법집행 업무와 관련하여 정보주체의 정
보를 제공받을 권리에 대하여 규정하고 있다.

  형사절차로 인해 제한을 부과하는 업무는 서비스제공자 또는 지정된 수
령인에게 위임된다. LED 제13조 제1항에 따라 EPO를 발부하는 권한있는
당국은 컨트롤러에 대한 정보, 처리의 목적, 접근, 정정, 삭제권, 법적 구제
수단에 대한 정보 등을 이용 가능하도록 제공해야 한다. 그러나 EPO 제안

---

of the data produced or preserved and where requested by the issuing
authority, shall refrain from informing the person whose data is being
sought in order not to obstruct the relevant criminal proceedings.

2. Where the issuing authority requested the addressee to refrain from informing
the person whose data is being sought, the issuing authority shall inform the
person whose data is being sought by the EPOC without undue delay about
the data production. This information may be delayed as long as necessary
and proportionate to avoid obstructing the relevant criminal proceedings.

3. When informing the person, the issuing authority shall include information
about any available remedies as referred to in Article 17.

236) Article 23 (Restrictions) 1. Union or Member State law to which the data
controller or processor is subject may restrict by way of a legislative measure
the scope of the obligations and rights provided for in Articles 12 to 22 and
Article 34, as well as Article 5 in so far as its provisions correspond to the
rights and obligations provided for in Articles 12 to 22, when such a restriction
respects the essence of the fundamental rights and freedoms and is a necessary
and proportionate measure in a democratic society to safeguard:

(d) the prevention, investigation, detection or prosecution of criminal offences
or the execution of criminal penalties, including the safeguarding against
and the prevention of threats to public security;

에 따르면 보존명령은 덜 침해적이기 때문에, 정보는 제출명령의 경우에 만 제공되어야 한다.

나. 데이터 유형별 구분

EPO 제안은 가입자정보, 접근 데이터, 송수신 데이터 및 콘텐츠 데이터 를 구분하고 있다. 모든 데이터에 대한 EPOC와 EPOC-PR은 판사, 법원 및 권한있는 검사 또는 발부국가에서 정한 다른 권한있는 당국에 의해 발 부되어야 한다. 그러나 집행위원회는 가입자정보와 접근 데이터, 그리고 송수신 데이터와 콘텐츠 데이터의 프라이버시 침해 정도가 각각 다르기 때문에, EPOC와 EPOC-PR 발부에 대해서 서로 다른 요건이 적용되어야 한다고 주장한다.

제안의 전문 23에서는 '모든 데이터 유형은 개인정보를 포함하고 따라 서 유럽 개인정보보호규정의 보호조치를 적용하여야 한다. 그러나 가입자 정보 및 접근 데이터 그리고 송수신 데이터 및 콘텐츠 데이터는 기본권에 대한 영향에 있어서 차이가 있다.'고 언급하고 있다.

또한, 규정 초안은 모든 명령이 형사절차의 목적상 필요하며 비례할 것 등의 요건을 포함한 기본적인 요건을 규정하고 있다. 가입자정보 또는 접 근 데이터에 대한 제출명령은 모든 범죄에 대해서 발부될 수 있고 콘텐츠 데이터 및 송수신 데이터(transactional data)[237)]에 관한 제출명령의 경우, 최소 3년의 징역형으로 규정되어 있는 범죄 및 규칙 초안에 명시된 범죄 유형[238)]에만 적용된다.[239)] 제출명령과 달리, 보존 명령의 경우 모든 범죄

---

237) 규칙 초안에서는 데이터의 유형을 가입자 정보, 접근 데이터(서비스 사용 일시, 로그 기록, IP주소 등과 같은 접속기록), 송수신 데이터(메세지의 송수신, 기기의 위치, 날짜, 시간, 기간, 크기, 경로, 포맷, 프로토콜, 압축유형 등 메타데이터) 및 콘텐츠 데이터 4가지로 구분하고 있다.

238) 여기에는 온라인 사기, 온라인 아동성착취 및 아동음란물, 정보시스템에 대한 불

에 대해 발부가 가능하다.

또한, 송수신 데이터 및 콘텐츠 데이터에 대한 EPOC를 위해서는 법원 또는 수사판사의 검토가 요구되며, 가입자정보 및 접근 데이터에 대한 제출명령은 회원국의 권한 있는 검사에 의해서 발부되고 인증될 수 있다. 보존명령은 판사, 법원, 사건에 대하여 권한 있는 검사 또는 권한 있는 당국에 의해 발부되고 인증될 수 있다.

다. 서비스제공자의 데이터 제공 의무

규정 초안 제9조에 따르면, 명령을 수령하는 사람, 즉, 서비스제공자의 법적 대리인은 요청된 데이터가 발부한 기관에 직접 전송될 수 있도록 해야 한다. 규정 초안은 제공자에 대해서 엄격한 기한을 부여하고 제출명령에 대하여 이의제기를 할 수 있는 법적 근거를 제공하고 있다. 특히 초안에서는 서비스제공자에게 일반적으로 10일 이내에 응답할 것을 요구하고 있고, 긴급한 경우에는 6시간 이내에 응답할 것을 요구하고 있다.[240] 이는 통상 국제형사사법공조가 10개월, 유럽 수사 명령(European Investigation Order)이 120일이 소요되는 것과 비교했을 때 상당히 시간을 단축할 수 있는 제도라고 할 수 있다. 만약 서비스제공자가 제출명령 또는 보존명령을 준수하지 않을 경우에는 벌금을 부과하도록 하고 있다.

명령이 불완전하고 "명백한 오류(manifest errors)"를 포함하고 있는 경우, 수령인이 불가항력으로 인해 명령을 준수하지 못할 경우, 데이터가 삭제된 경우 또는 해당 명령이 EU 기본권헌장(Charter of Fundamental Rights of the European Union)을 명백히 위반하는 경우, 수령인은 발부기관에게

법 접근, 시스템 방해, 데이터 침해, 불법 감청, 악성 프로그램 등 유럽평의회 사이버범죄협약에서 규정하고 있는 범죄 대부분과 테러리즘 관련 범죄가 포함된다.
239) Jennifer Daskal, *supra* note 226, p. 1041.
240) *Ibid.*, p. 1042.

통지하여야 하고 해명을 요구하여야 한다. 이러한 이의제기는 10일 이내
에 이루어져야 하며, 요청된 데이터는 제출이 가능해질 때까지 보존되어
야 한다.

　EPO 제안은 데이터 보관 기간에 대해 규정하고 있지 않고 데이터는
GDPR 제5조 제1항 (e)호에서 규정하고 있는 저장 제한 원칙에 따라 보관
되어야 할 것으로 추정된다. 이러한 모든 단계에서 전통적인 MLA 절차와
는 달리 발부하는 회원국의 사법기관은 개입하지 않는다. 결과적으로
MLA절차나 EIO 지침은 전자증거 접근에 대한 문제를 해결하지 못하는
반면, EPO 제안은 문제 중심 접근방식을 취하고 있다.

제5장

주요국의 입법과 실행

이 장에서는 수사기관의 클라우드 데이터 접근에 대한 주요 국가의 입법과 법원의 판례를 분석하고 아직 국제법적으로 합의되지 않은 이 문제를 각국의 국내법 차원에서 어떻게 접근하고 해결하는지에 대한 시사점을 도출해 보고자 한다.

대상 국가로는 사이버범죄협약 당사국 중 역외 데이터 수집에 대한 관련 법률 규정을 마련하고 있거나, 법원의 판례가 있는 미국, 영국, 벨기에, 일본을 선정하였고, 사이버범죄협약 당사국은 아니지만, 우리나라의 입법과 판례도 살펴보고자 한다. 주요 입법은 사이버범죄협약 제18조의 가입자 정보 제출명령과 대응되는 규정과 트래픽 데이터, 통신내용 데이터를 수집할 수 있는 근거 규정, 사이버범죄협약 제19조 제2항에서 규정하고 있는 원격 압수수색에 대응되는 규정, 해킹 등 기술적인 수단을 이용한 온라인 수색[1] 등의 입법을 중심으로 살펴보고자 한다.

---

1) 국가기관이 기술적 수단(원격 통신 감시 소프트웨어)을 이용하여 이용자의 정보기술시스템에 비밀리에 접근하여 이용자의 시스템 이용을 감시하고 시스템에 저장된 내용을 열람하거나 수집하는 것을 온라인 수색(Online Durchsuchung)이라고 하며, 대부분의 국내문헌에서는 '온라인 수색'이라는 용어가 사용되고 있는 반면, 해외문헌에서는 '정부기관 해킹(government hacking)', '합법적 해킹(lawful hacking)', '네트워크 수사기법(Network Investigatory Techniques, NITs)' 등의 용어를 혼용하여 사용하고 있다. 관련 논문으로는, 허황, "최근 개정된 독일 형사소송법 제100조b의 온라인 수색(Online-Durchsuchung)과 제100조a의 소스통신감청(Quellen-Telekommunikationsüberwachung)에 관한 연구", 형사법의 신동향 통권 제58호, 2018; 정대용, "디지털 증거 수집을 위한 온라인 수색의 허용가능성에 관한 연구", 디지털포렌식연구 제12권 제1호, 2018; Carlos Liguori, "Exploring Lawful Hacking as a Possible Answer to the "Going Dark" Debate", *Michigan Technology Law Review*, Vol. 26, Issue 2 (2020); Jonathan Mayer, "Government Hacking", *Yale Law Journal*, Vol. 127, No. 3 (2018); Kurt C. Widenhouse, "Playpen, the NIT, and Rule 41(b): Electronic "Searches" for Those Who Do Not Wish to be

제1절 미국

1. 주요 입법

가. 절차법 규정

미국 연방 차원에서 통신 데이터 수집에 대해 규정하고 있는 법률에는 수정헌법 제4조(the Fourth Amendment)[2]와 연방법전 제18장의 저장통신법(Stored Communications Act, 18 U.S.C. §§ 2701-12)이 있다.

저장통신법(Stored Communications Act)은 미국 연방법전 제18장 제2701조 내지 제2712조의 규정을 통칭하는 법으로, 1986년 전기통신 프라이버시 법(Electronic Communications Privacy Act, ECPA)의 한 부분으로 제정되었다.[3] 동 법률은 컴퓨터네트워크 서비스제공자의 고객 및 가입자의 법적 프라이버시 권리에 대하여 규정하고 있다.[4] 저장통신법 제2703조

Found", *Journal of Business & Technology Law*, Vol. 13, Issue 1 (2017) 참조.

2) The right of the people to be secure in their persons, houses, papers, and effects, against unreasonable searches and seizures, shall not be violated, and no Warrants shall issue, but upon probable cause, supported by Oath or affirmation, and particularly describing the place to be searched, and the persons or things to be seized. (불합리한 압수와 수색에 대하여 신체, 주거, 서류, 물건의 안전을 확보할 국민의 권리는 침해되어서는 아니된다. 선서나 확약에 의하여 상당하다고 인정되는 이유가 있어 특별히 수색할 장소와 압수할 물건, 체포·구속할 사람을 특정한 경우를 제외하고는 영장은 발부되어서는 아니된다.)

3) Orin S. Kerr, "A User's Guide to the Stored Communications Act, and a Legislator's Guide to Amending It," *George Washington Law Review*, Vol. 72, No. 6, 2004, p. 1208. 최성진, "수사기관의 전자우편 압수수색의 한계에 관한 연구 - 미국의 판례 및 법제도를 중심으로 - ", 홍익법학 제11권 제2호, 2010, pp. 141-142.

4) U.S. Department of Justice, Computer Crime and Intellectual Property Section (CCIPS), *Searching and Seizing Computers and Obtaining Electronic Evidence*

는 법집행기관들이 네트워크 서비스제공자로부터 저장된 통신 데이터의 공개를 강제할 때 반드시 따라야 하는 형사절차를 규정하고 있다. 또한, 제2702조에서는 정부와 비정부단체에 대한 네트워크 서비스제공자의 자발적인 데이터 공개에 관한 사항들을 다루고 있다.[5]

연방형사소송규칙(Federal Rules of Criminal Procedure, FRCP) 제41조는 압수수색에 있어서 영장주의를 규정하고 있는 수정헌법 제4조를 구체화하고 있다. 특히, 압수수색영장의 신청 및 발부와 집행 방법 등에 대해서 규정하고 있다.

이하에서는 미국 수사기관이 통신데이터를 수집할 수 있는 법적 근거를 살펴보고자 한다.

1) 제출명령

제2703조에서는 정부기관이 제공자에게 특정 정보의 공개를 강제하는 데 사용할 수 있는 다섯 가지 방법을 제시하고 있다. 이 다섯 가지 방법은 1) 제출명령(subpoena), 2) 가입자에 대한 사전통지 후 제출명령, 3) § 2703(d)에 따른 법원 명령(court order), 4) 가입자에 대한 사전통지 후 § 2703(d)에 따른 법원 명령; 그리고 5) 수색영장(search warrant)이 그것이다.[6] 제출명령(subpoena)은 가장 법적 요건이 약하며 발부절차가 간소한 증거 수집 절차로[7], 정부기관은 제출명령을 통해 기본 가입자정보 및 세션정보의 공개를 강제할 수 있다.[8] 또한, 정부기관은 제2703조(d)에 따른

---

in Criminal Investigations Manual (2009), p. 115.

5) 일례로, 콘텐츠 정보의 경우 사람의 생명·신체에 급박한 위험이 있다고 생각되는 경우, 아동보호 등을 위한 경우에 공개될 수 있다. 18 U.S.C. § 2702(b)(6), § 2702(b)(8).

6) U.S. Department of Justice, *supra* note 4, p. 127.

7) 최성진, *supra* note 3, pp. 147-148.

법원 명령을 통해서 가입자정보 외에도 계정의 로그나 거래기록을 수집할
수 있다. 정부기관이 법원으로부터 수색영장을 발부받은 경우, 전기통신서
비스의 '전자적 저장공간'의 콘텐츠 중 180일 이내의 콘텐츠 데이터를 포
함하여 가입자정보 및 로그기록 등 가장 광범위한 데이터의 공개를 강제
할 수 있다.9) 수색영장 집행에 있어 특기할만한 점은 미국 연방법 제3105
조에서는 일반적인 영장 집행 시에 법집행관이 영장집행 장소에 반드시
임장할 것을 규정10)하고 있으나, 저장통신법 제2703조(g)에서는 이 법에
따른 영장 집행 시에는 법집행관의 임장이 요구되지 않는다고 명시적으로
규정하고 있다는 점이다.11)

---

8) 정부는 제출명령을 사용하여 연방법전 제18장 제2703조 (c)(2)에 따라 기본 가입자
정보 및 세션정보의 공개를 강제할 수 있으며, 제출명령의 내용은 다음과 같다.
(A) 이름; (B) 주소; (C) 시내 및 장거리 전화 연결 기록, 또는 세션 시간과 지속시
간의 기록; (D) 서비스 기간(시작일자 포함)과 사용한 서비스의 유형; (E) 전화번호
및 기기 번호 또는 모든 임시적으로 할당된 네트워크 주소를 포함한 기타 이용자
번호 또는 신원; 그리고 (F) 그러한 서비스 사용료에 대한 지불수단과 지불원천(모
든 신용카드 또는 은행 계좌 번호를 포함)
9) 18 U.S.C. § 2703(a).
10) 18 U.S. Code § 3105 - Persons authorized to serve search warrant
A search warrant may in all cases be served by any of the officers mentioned
in its direction or by an officer authorized by law to serve such warrant, but by
no other person, except in aid of the officer on his requiring it, he being present
and acting in its execution.
11) 18 U.S.C. § 2703 (g) Presence of Officer Not Required. –
Notwithstanding section 3105 of this title, the presence of an officer shall not
be required for service or execution of a search warrant issued in accordance
with this chapter requiring disclosure by a provider of electronic communications
service or remote computing service of the contents of communications or
records or other information pertaining to a subscriber to or customer of such
service.

2) 저장된 컴퓨터 데이터의 압수수색

저장된 컴퓨터 데이터의 압수수색에 대하여 규정하고 있는 사이버범죄 협약 제19조는 미국 수정헌법 제4조와 연방법전 제18장 제2703조 및 연방 형사소송규칙(Federal Rules of Criminal Procedure) 제41조에 의해서 이행 되고 있다. 해당 조문의 내용을 각각 살펴보면 다음과 같다.

수정헌법 제4조에서는 "신체, 가택, 서류 및 재산에 대하여 불합리한 수 색 및 압수를 당하지 않을 국민의 권리는 이를 침해할 수 없다. 또한, 영장 은 상당한 이유에 의한 것이어야 하고, 선서 또는 확약에 의하여 뒷받침되 어야 하며, 특히 수색할 장소, 체포 대상 또는 압수할 물건을 기재하지 아 니하고는 이를 발부할 수 없다"고 규정하고 있으며, 수사기관의 영장 없는 압수수색 권한을 제한하고 있다.

연방법전 제18장 제2703조에서는 정부가 제공자에게 저장된 유선 또는 전자통신의 내용, 그리고 계정 기록과 기본 가입자정보 및 세션정보와 같 은 다른 정보의 공개를 강제하기 위해 밟아야 하는 절차를 설명하고 있다.

제2703조에 따라 수색영장(search warrant)을 발부받은 수사관은 "서비 스의 가입자 또는 고객과 관련된 모든 기록 또는 기타 정보"를 수집할 수 있고, "180일 이하의 기간 동안 전자통신시스템에서 전자적 저장상태에 있었던 유선 혹은 전자통신의 내용"을 수집할 수 있다.[12)]

저장통신법 제2703조에 의하여 수사기관이 취득할 수 있는 정보는 콘텐 츠 정보, 로그기록 등 가입자와 관련된 비내용 정보, 그리고 제2703조 (c)(2)[13)]에 구체적으로 명시된 가입자정보 및 세션정보 등 세 가지로 나누

---

12) 18 U.S.C. § 2703(a).
13) 제2703조(c)(2)에서는 기본 가입자정보 및 세션정보의 범주를 다음과 같이 제시하 고 있다.
    (A) 이름; (B) 주소; (C) 지역 내 전화와 장거리 전화 연결 기록, 또는 세션 시각과 지속시간 기록; (D) 서비스 사용기간의 길이(시작일자 포함)와 이용한 서비스의 종

어 볼 수 있다. 또한, 제2703조에서는 "정부기관(government entity)[14]"이
제공자에게 저장된 전자통신의 내용, 그리고 계정 기록과 기본 가입자정
보 및 세션정보와 같은 각각의 정보 공개를 강제하기 위해 따라야 하는
절차를 규정하고 있다.[15]

3) 온라인 수색

2016년 개정된 연방형사소송규칙 제41조 (b)항 (6)호에서는 범죄와 관
련된 관할 내에서 영장 발부권한이 있는 법관은 전자저장매체를 수색하기
위해 또는 전자정보를 압수·복제하기 위하여 원격 접속(remote access)을
허용하는 영장의 경우, 두 가지 상황에서 재판관할 외에 위치하는 전자저
장매체나 전자정보에도 그러한 영장을 발부할 수 있다고 규정하고 있다.
이러한 두 가지 상황에는 ① 저장매체 또는 정보의 위치가 기술적 수단에
의해 숨겨져 있는 경우와 ② 보호대상 컴퓨터에 불법 접근하는 범죄와 같
이 연방법률 제18장 제1030조 (a)항 (5)호[16]를 위반한 범죄의 수사에서,

류; (E) 전화번호 및 기타 기기번호 또는 임시적으로 배정된 모든 네트워크 주소를
포함한 기타 가입자번호 또는 신원; 그리고 (F) 그러한 서비스에 대한 이용료 지불
수단 및 지불원천.

14) 18 U.S.C § 2711

(4) the term "governmental entity" means a department or agency of the United
States or any State or political subdivision thereof.

15) U.S. Department of Justice, *supra* note 4, p. 127.

16) 18 U.S. Code § 1030 - Fraud and related activity in connection with computers

(a) Whoever —

(5)

(A) knowingly causes the transmission of a program, information, code, or
command, and as a result of such conduct, intentionally causes damage
without authorization, to a protected computer;

(B) intentionally accesses a protected computer without authorization, and as a
result of such conduct, recklessly causes damage; or

그러한 저장매체가 정당한 권한 없이 손상되었으며 동시에 5개 또는 그 이상의 재판관할 내에 위치한, 이른바 '보호대상 컴퓨터'에 해당하는 경우가 포함된다.[17]

실무상 이러한 유형의 영장을 NIT(Network Investigatory Techniques) 영장이라고 부른다.[18] NIT 영장은 하나의 영장으로 다수의 서버를 수색할 수 있도록 하는 것을 내용으로 한다. 또한, NIT 영장의 경우 영장의 효력 범위를 영장을 발부하는 법원의 관할 외, 더 나아가 해외까지 확장시키는 것을 전제로 하고 있다.[19]

미국 내에서 Playpen 등 아동성착취물 사이트와 같은 다크웹(dark web) 수사와 관련하여 수사기관은 범죄자의 IP 주소를 알아내기 위해 감시 소프트웨어를 사용하여 피의자의 웹사이트에 접근하는 것이 영장 담당 판사

   (C) intentionally accesses a protected computer without authorization, and as a result of such conduct, causes damage and loss.

17) (6) a magistrate judge with authority in any district where activities related to a crime may have occurred has authority to issue a warrant to use remote access to search electronic storage media and to seize or copy electronically stored information located within or outside that district if:

   (A) the district where the media or information is located has been concealed through technological means; or

   (B) in an investigation of a violation of 18 U.S.C. § 1030(a)(5), the media are protected computers that have been damaged without authorization and are located in five or more districts.

18) Magistrate Judges Executive Board of United States Courts for the Ninth Circuit, "Carpe Data: A Guide for Ninth Circuit Magistrate Judges When Reviewing Government Applications to Obtain Electronic Information", 2017, p. 26. <https://www.ca9.uscourts.gov/district/guides/MJEB_guide.pdf> (2022. 5. 30. 최종 방문).

19) Diana Benton, "Seeking Warrants for Unknown Locations: The Mismatch Between Digital Pegs and Territorial Holes", *Emory Law Journal*, Vol. 68, No. 1 (2018), p. 220.

가 원칙적으로 관할 내에서만 영장을 발부할 수 있도록 한 연방형사소송 규칙 제41조 (b)항을 위반하는 것이 아닌지 문제가 되어 왔고 하급심 법원에서도 견해가 나뉘었는데, 입법으로 이 부분을 해결한 것이다.[20]

나. CLOUD Act

미국 의회는 2018년 3월 "합법적인 해외 데이터 활용의 명확화를 위한 법률(Clarifying Lawful Overseas Use of Data Act, 이하 CLOUD Act)"을 통과시켰다. 동 법률에서는 미국의 통신서비스제공자들이 보유 또는 관리하고 있는 통신내용, 트래픽 데이터, 가입자 정보 등에 대해서 정부기관이 실제 데이터가 저장된 위치에 관계없이 제공 요청을 할 수 있도록 명시함으로써 역외 데이터에의 접근에 대한 법률적 근거를 마련하고 있다.[21] 또한, CLOUD Act에서는 기존 국제형사사법공조 절차에 대한 대안으로 해외 정부기관이 미국과 행정협정(executive agreement)을 체결할 경우, 양국이 이에 근거하여 자유롭게 광범위한 데이터를 상호 공유할 수 있도록 규정하고 있다.

1) 입법취지

CLOUD Act 제102조에 따르면, 동 법의 역외적용 규정 신설의 목적 중 하나는 법집행기관의 수사에 대한 장벽을 없애는 것이다. CLOUD Act의

---

20) Kurt C. Widenhouse, *supra* note 1, pp. 147-148.
21) CLOUD Act 이전에도 오린 해치(Orrin Hatch) 상원 의원이 주도한 의회는 저장통신법을 개정하여 해외에 저장된 데이터에 접근할 수 있는 법적 근거의 마련을 시도한 적이 있다. 2015년 "해외에 저장된 데이터에 대한 법집행기관의 접근에 관한 법률(Law Enforcement Access to Data Stored Abroad Act, LEADS Act)"과 2017년 "국제 통신 프라이버시 법(International Communications Privacy Act, ICPA)"은 모두 저장통신법을 개정하기 위한 법안이었으나 의회에서 통과되지는 못했다.

전문에서도 테러리즘을 포함한 심각한 범죄에 대응하기 위해서는 통신서비스제공자가 보유하고 있는 데이터에 적시에 접근하는 것이 필요하며, 그간 이러한 데이터가 해외에 저장된 경우에는 데이터에 대한 접근이 어려웠다는 점을 언급하고 있다.

또한, 외국 정부에서도 미국의 통신서비스제공자가 보유한 데이터에 대한 접근 요청이 증가하고 있고 통신내용과 같이 미국 법률이 해당 데이터의 공개를 금지하는 경우 서비스제공자의 입장에서는 법적 의무가 충돌할 수 있는 문제가 발생하였다. CLOUD Act 전문에서는 이러한 문제를 해결하기 위하여 미국과 외국 정부가 프라이버시 및 기본권 보호에 대한 상호 존중을 바탕으로 국제 협정을 체결하는 것이 하나의 대안으로 작용할 것이라는 점을 언급하고 있다.

2) CLOUD Act의 주요 내용

가) 역외적용의 명시적 근거 마련

CLOUD Act 제정 이전에는 정부가 서비스제공자에게 미국 밖에 저장된 데이터의 제출을 요구할 수 있는 법적 근거가 있는지 명확하지 않았다. 그로 인해 Microsoft 사건에서와같이 미국에 본사를 둔 기업이 미국 밖에 저장하고 있는 데이터에 대한 접근 가능성 여부 등이 쟁점이 되었고 미국 의회는 CLOUD Act를 통해 저장통신법 제2713조를 신설하여 이를 입법적으로 해결하였다. 즉 제2713조에 "서비스제공자는 해당 통신, 기록 또는 기타 정보가 미국 내 또는 미국 밖에 저장되어 있는지 여부와 관계없이 해당 제공자가 보유, 보관 또는 통제하고 있는 유선 또는 전자통신의 내용 및 기타 기록 또는 고객 또는 가입자의 정보를 보존, 백업(backup), 또는 공개할 법적 의무를 준수하여야 한다"22)고 규정함으로써, 저장통신법이

---

22) § 2713. Required preservation and disclosure of communications and records

역외적으로 적용된다는 점을 분명히 하였다. 이는 위에서 살펴본 유럽평의회의 사이버범죄협약 제18조 해설서(guidance note)에서 자국 영토 내에 서비스제공자가 법적으로 또는 물리적으로 소재하지 않는 경우에도 제18조를 적용할 수 있다고 해석하고 있는 것과 같은 취지라고 볼 수 있다.[23]

나) 서비스제공자의 영장 이의 신청 제도 신설

CLOUD Act는 저장통신법의 제2703조를 개정하여 서비스제공자가 저장통신법 영장에 대해서 사전에 법원을 상대로 이를 무효로 하거나 변경해줄 것을 청구할 수 있는 메커니즘을 제공하고 있다.[24] 이러한 메커니즘은 예양(comity)을 근거로 이루어지는데 이러한 예양에 대한 분석(comity analysis)은 커먼로(common law)에 그 기원을 두고 있으며, 국내법과 외국법 간의 충돌이 발생한 경우 법원으로 하여금 미국과 해외 정부의 관련 이해관계를 검토하도록 하는 절차이다.[25]

미 법무부에 따르면, "영장발부신청은 그 승인을 위해 독립적인 판사에게 제출되어야 한다. 판사는 정부가 선서 진술서에 의해 1) 특정 범죄가 행해졌거나 행해지고 있다는 "상당한 이유(probable cause)"의 존재 및 2)

"A provider of electronic communication service or remote computing service shall comply with the obligations of this chapter to preserve, backup, or disclose the contents of a wire or electronic communication and any record or other information pertaining to a customer or subscriber within such provider's possession, custody, or control, regardless of whether such communication, record, or other information is located within or outside of the United States."

23) Cybercrime Convention Committee (T-CY), T-CY Guidance Note #10 - Production orders for subscriber information(Article 18 Budapest Convention), T-CY(2015)16, 1 March 2017, p. 6.
24) CLOUD Act, H.R. 1625, 115th Cong. div. V, § 103(b) (2018) (18 U.S.C. § 2703(h)).
25) Jennifer Daskal, "Microsoft Ireland, the CLOUD Act, and International Lawmaking 2.0", Stanford Law Review Online, Vol. 71, 2018, p. 11.

이메일 계정과 같은 압수장소가 특정 범죄의 증거를 포함하고 있음을 입증하였다고 판단되지 않는 한, 영장을 승인해서는 안 된다. 나아가, 영장은 세부적으로 압수수색의 대상이 되는 데이터를 특정하여야 하고 해당 증거가 있는지 확인하기 위한 목적의 신청은 허용되지 않는다.[26]" CLOUD Act는 체계적이고 대량의 비차별적인 개인정보 수집을 허용하지 않고, 동 법은 특정 법집행을 위한 수사와 관련된 대상 요청만을 규율하며, 절차적 안전장치(procedural safeguards)를 두고 있다.

저장통신법 영장이 아닌 일반 수색영장의 경우, 영장집행의 대상자 즉, 피압수자는 영장이 무엇을 압수수색하기 위함인지 대부분 알기가 어렵고, 영장은 일반적으로 영장에 기재된 항목을 압수하는 법집행관에 의해 집행된다. 그러나 저장통신법 영장의 경우, 통상 법집행기관이 이메일이나 온라인으로 영장을 제시하면 서비스제공자가 영장에 기재된 범위의 데이터를 제공해주는 형태로 집행된다. 제출명령(subpoena)의 경우 집행되기 전에 이에 대해 이의를 제기할 수 있는 법적 절차가 정립되어 있지만, 영장의 경우에는 그러한 절차가 마련되어 있지 않았기 때문에 전통적으로, 서비스제공자들이 영장에 이의를 제기하는 유일한 방법은 영장의 집행을 거부하고 소송을 제기하는 것이었다.

이러한 문제를 해결하기 위해 CLOUD Act는 전자통신서비스 제공자가 가입자 또는 고객의 통신내용을 공개하라는 요구를 받은 경우, "가입자 또는 고객이 미국인이 아니며 미국 내에 거주하지 않고 그러한 공개로 인해 서비스제공자가 자격 있는 외국 정부(qualifying foreign government)의 법률을 위반할 중대한 위험을 발생시킬 것이라고 합리적으로 믿는 경우"에는 영장을 변경 또는 무효화(quash)해 줄 것을 법원에 청구할 수 있도록 법적 근거를 마련하였다.[27] 또한, 그러한 청구는 정보 공개 요구를 받은

---

26) *Ibid.*, p. 8.
27) 18 U.S.C. § 2703(h)(2)(A).

날로부터 14일 이내에 이루어져야 한다.

이러한 청구를 받은 법원은 영장을 집행한 정부기관에 이에 대응할 기회를 주어야 한다. 법원은 "정보의 공개로 인해 서비스제공자가 자격 있는 외국 정부의 법을 위반할 소지가 있는 경우, 모든 정황을 종합해 보았을 때 사법정의에 따라 그러한 영장이 변경되거나 무효화 되어야 한다고 판단되는 경우,[28] 그리고 고객 또는 가입자가 미국인이 아니고 미국 내에 거주하지 않는 경우"에는 영장을 변경하거나 무효화 할 수 있다.[29]

즉 CLOUD Act는 미국 정부에 의해 발부된 영장의 집행이 외국의 법률을 위반할 소지가 있는 경우, 그리고 대상자가 미국인이 아닌 경우에는 서비스제공자가 영장에 대한 이의 신청을 할 수 있는 장치를 두어 서비스제공자가 우려하는 외국 법률과의 충돌 문제를 사전에 예방하고자 하였다.

다) 외국 정부와의 행정협정 체결을 통한 정보제공절차 마련

CLOUD Act는 저장통신법에 제2523조를 신설하여 초국경적 정보 제공 요청을 위한 미국과 외국 정부 간의 행정협정(executive agreement)에 대한 규정을 마련하고 있다.[30] 제2523조는 미국의 전자통신서비스 제공자가 저

---

28) 특히 이 경우를 판단할 때 제2703조 (h)항 (3)호에서는 '예양 분석(comity analysis)'이라는 표제 하에 법원이 고려해야 사항을 규정하고 있는데, 여기에는 "통신내용 공개를 요구하는 수사기관의 이익을 포함한 미국의 이익, 공개를 금지하는 외국 정부의 이익, 서비스제공자에게 부과된 일관성 없는 법적 의무로 인하여 서비스제공자 또는 그 임직원에게 부과되는 제재의 가능성, 범위 및 성격, 가입자 등의 위치와 국적, 가입자 등이 미국에 대하여 가지는 연관성의 성격과 정도, 또는 제3512조에 따라 외국 수사기관이 통신내용 공개를 요청할 때에 가입자 등이 그 외국에 대하여 가지는 연결점의 성격과 정도, 서비스제공자가 미국에 대하여 가지는 연관성의 성격과 정도, 공개 대상 정보가 수사절차에서 가지는 중요성, 다른 수단을 통해 공개 대상 정보에 시기적절하고 효과적으로 접근할 가능성, 제3512조에 따라 외국 수사기관이 통신내용 공개를 요청할 때에 그 외국 수사기관의 이익"이 포함된다. 18 U.S.C. § 2703(h)(3).

29) 18 U.S.C. § 2703(h)(2)(B).

장통신법을 위반하지 않고 행정협정에 따라 외국 정부의 정보 제공요청에
응할 수 있도록 법적 근거를 제공하고 있다.

제2523조는 특정 외국 정부의 국내법 및 그 실행이 데이터 수집과 관련
하여 프라이버시 및 자유권을 실체적·절차적으로 강력하게 보장하는 등
법률에서 정한 요건을 충족하는 경우, 미국 법무장관에게 해당 정부와 행
정협정을 체결할 수 있는 권한을 부여하고 있다.[31]

만약 외국 정부가 이러한 요건을 충족시킨다면, 미국과 외국 정부 사이
에 체결된 행정협정은 상호 정보 공유를 허용하고, 이에 따라 미국과 다른
외국 국가들이 해외에 저장된 데이터에 접근하는 것을 허용하게 된다.

그러나 제2523조에서는 외국 정부가 접근할 수 있는 데이터의 범위에
대한 제한 규정을 두고 있다. 예를 들어, 제2523조에서는 외국 정부가 "의
도적으로 미국인이나 미국 내에 거주하는 사람을 대상으로 하는 것"을 금
지하고 있다. 또한, 외국 정부는 미국인이나 미국 내에 거주하는 사람과

---

30) CLOUD Act § 105(a) (18 U.S.C. § 2523 신설).
31) 특히, 제2523조는 법무장관이 특정 외국 정부와의 행정협정 체결 여부를 판단 할
때 고려해야 할 사항 6가지를 다음과 같이 제시하고 있다.
  ·외국 정부가 유럽평의회의 사이버범죄협약 당사국이거나 사이버범죄협약상의 규
  정이 국내법과 일치하는 경우와 같이 외국정부가 사이버범죄 및 전자증거에 관한
  적절한 실체법과 절차법을 가진 경우;
  ·법치와 차별금지원칙에 대한 존중을 나타내는 경우;
  ·적용가능한 국제인권법상 의무 및 약속을 준수하거나, 자의적이고 불법적인 프라
  이버시 침해로부터 보호, 공정한 재판을 받을 권리, 표현의 자유, 집회시위의 자
  유, 자의적인 체포 및 구금 금지, 고문 및 잔인한, 비인도적 대우 또는 처벌 금지
  등을 포함한 국제 보편적 인권의 존중을 나타내는 경우;
  ·외국 정부기관이 데이터를 수집, 보유, 활용, 공유하는 절차 및 그러한 활동의 효
  과적 통제를 포함한 분명한 법적 권한 및 절차를 갖춘 경우;
  ·데이터의 수집 및 활용과 관련하여 책임성 및 적절한 투명성을 제공하는 충분한
  메커니즘을 갖춘 경우;
  ·세계적인 정보의 자유로운 이동과 인터넷의 공개되고 분산되고 상호연결된 특성
  을 촉진하고 보호하겠다는 의지를 나타내는 경우

관련된 정보를 획득하기 위한 목적으로 미국 밖에 위치한 비(非) 미국인을 대상으로 명령을 발부해서는 안 되며, 외국 정부에 의해 발부된 명령은 테러리즘을 포함한 중범죄의 예방, 탐지, 수사, 기소와 관련한 정보를 획득할 목적이 있어야 하고 특정 개인, 계정, 주소 등 개인을 식별할 수 있는 표지를 명확히 특정하여야 한다. 외국 정부에 의해 발부된 명령은 표현의 자유를 침해하기 위해 이용되어서는 안 된다.

또한, CLOUD Act는 통신에 대한 불법 감청 또는 공개를 금지하는 저장통신법 제2511조를 개정하여 제2511조 (2)항 (j)호를 신설하였다. 제2511조 (2)항에서는 불법감청에 대한 각종 예외규정을 나열하고 있는데, CLOUD Act는 (j)호에 전자통신서비스 제공자가 제2523조에 따라 미국과 행정협정을 체결한 외국 정부의 명령에 따라 유선 또는 전자 통신의 내용을 감청하거나 공개하는 것은 동 법에 따라 '위법하지 않다(not be unlawful)'고 명시적으로 규정[32]하고 있다.

CLOUD Act에 의해 승인된 행정협정은 기존의 국제 데이터 공유 방법을 보완하는 것이지 완전히 대체하는 것이 아니다.[33] 따라서 공조 요청은 여전히 기존의 국제형사사법공조 조약(Mutual Legal Assistance Treaty, 이하 "MLAT") 등의 절차를 통해 가능할 것이다.

미국 정부와 CLOUD Act 협정을 체결한 국가는 "중대한 범죄"가 있는 경우, 그리고 해당 요청이 미국인이나 미국 내 거주자를 대상으로 하지 않

---

32) (j) It shall not be unlawful under this chapter for a provider of electronic communication service to the public or remote computing service to intercept or disclose the contents of a wire or electronic communication in response to an order from a foreign government that is subject to an executive agreement that the Attorney General has determined and certified to Congress satisfies section 2523.

33) Stephen P. Mulligan, "Cross-Border Data Sharing Under the CLOUD Act," Congressional Research Service Report, 2018, p. 23.

는 한, 그리고 위에서 언급한 CLOUD Act에서 규정하고 있는 특정 요건을
충족할 경우 미국 서비스제공자로부터 직접 데이터를 요청할 수 있다. 미
국과 MLAT이 체결되어 있지만, CLOUD Act 협정이 체결되어 있지 않은
국가의 경우 또는 CLOUD Act의 범위를 벗어나는 데이터 요청의 경우에
외국 정부는 기존의 MLAT 프로세스를 활용할 수 있다.[34]

3) 의의와 한계

미국에 본사를 둔 IT 기업들이 세계 전자통신의 대다수를 자사의 서버
에 보유하고 있기 때문에 각국의 법집행기관이 미국의 통신서비스제공자
에게 요청하는 데이터는 상당하고 데이터 제공 요청 건수도 해마다 증가
하고 있다.[35] 그러나 위에서 지적한 바와 같이, 국가간 공식적인 협력절차
인 MLA 절차는 절차가 너무 복잡하고 장시간이 소요되는 등 비효율적으
로 운영되고 있다.

CLOUD Act의 행정협정 관련 규정은 그동안 제기되어 온 MLAT 프로세
스의 비효율성 문제를 해결할 수 있는 입법적 대안으로 작용할 것으로 기대
된다. 또한, CLOUD Act의 통과에 따라 미국에 본사를 둔 구글, 페이스북,
트위터, 마이크로소프트 등 서비스제공자가 보유한 데이터를 제공받기 위해
더 많은 정부가 미국과 행정협정을 체결하려고 시도할 것으로 예상된다.[36]

---

34) Ibid.
35) Tiffany Lin and Mailyn Fidler. "Cross-Border Data Access Reform: A Primer on
    the Proposed U.S.-U.K. Agreement", A Berklett Cybersecurity publication,
    Berkman Klein Center for Internet & Society (2017), p. 4.
36) 영국의 경우 이미 2016년부터 미국 정부와 협정 체결에 대한 논의를 진행해 왔으
    며, 2019년 10월 최초로 미국과 CLOUD Act에 따른 행정협정을 체결하였다.
    Jennifer Daskal, supra note 25, p. 14; Press Release, U.S. Department of Justice,
    U.S. and UK Sign Landmark Cross-Border Data Access Agreement to Combat
    Criminals and Terrorists Online (Oct. 3, 2019),

최근 유럽연합(European Union, EU)에서는 2018년 5월 25일 "일반 데이터 보호규정"(General Data Protection Regulation, GDPR)이 발효되었다.[37] 이로 인해서 데이터 전송 및 처리에 관한 EU의 GDPR 규정과 CLOUD Act 규정이 상충될 가능성이 있다.[38]

GDPR 제48조[39]는 제3국 당국의 판결 또는 결정이 EU법 또는 회원국 국내법에 따라 집행가능한 조건을 규정하고 있다.[40] 제48조의 표제 "EU 법으로 허가되지 않는 이전 또는 공개"는 개인정보에 대한 허용되지 않은 접근을 법률로 제한하여 개인정보를 보호하고자 하는 입법자의 의도를 반영하고 있다.

유럽 집행위원회는 "제48조에서는 해외 법원의 명령이 GDPR 하의 개인정보의 이전을 합법화하지 않는다는 점을 분명히 하고 있다"고 언급한 바 있다.[41] 해외 당국으로부터의 요청 그 자체만으로는 이전을 위한 법적 근거가 될 수 없으며, 해당 명령은 '만약 그것이 요청하는 제3국과 EU 또

---

https://www.justice.gov/opa/pr/us-and-uk-sign-landmark-cross-border-data-access-agreement-combat-criminals-and-terrorists.

37) Regulation (EU) 2016/679 of the European Parliament and of the Council of 27 April 2016 on the protection of natural persons with regard to the processing of personal data and on the free movement of such data, and repealing Directive 95/46/EC (General Data Protection Regulation), OJ L 119, 4.5.2016, p. 1-88.

38) Jennifer Daskal, *supra* note 25, p. 12.

39) GDPR 제48조 (EU 법으로 허가되지 않는 이전 또는 공개)
컨트롤러 또는 프로세서에게 개인정보를 이전하거나 공개하도록 요구하는 제3국의 법원 또는 법정의 판결 및 행정당국의 결정은, 본 장에 따른 이전의 다른 근거에 저촉하지 않고, 요청하는 제3국과 EU 또는 회원국 사이의 유효한 사법공조조약 등 국제협정에 근거하는 경우에만 어떠한 방식으로도 인정되거나 집행될 수 있다.

40) 박노형 외 8인, EU 개인정보보호법-GDPR을 중심으로-, 박영사, 2017, pp. 285-286 참조.

41) European Commission's *Amicus Curiae* brief in USA v. Microsoft corporation p. 14. <https://www.supremecourt.gov/DocketPDF/17/17-2/23655/2017121312313 7791_17-2%20ac%20European%20Commission%20for%20filing.pdf>.

는 회원국 사이의 유효한 사법공조조약 등 국제협정에 근거하는 경우에
만' 인정될 수 있다.

또한, CLOUD Act는 GDPR의 영향을 받는 EU 회원국의 국내법과도 상
충될 소지가 있다. 마이크로소프트 외에도 구글, 아마존, 페이스북 등 대부
분의 미국 IT 기업들은 아일랜드에 데이터 센터를 두고 있다. CLOUD Act
에 따르면 미국이 서비스제공자에게 아일랜드 소재 데이터 센터에 있는
데이터를 요구하더라도 아일랜드 정부가 이러한 사실을 알기 어렵고 통제
도 사실상 불가능하다. 아일랜드는 마이크로소프트 사건에서 법원에 제출
한 법정조언자 의견서(*amicus curiae* brief)에서 미국 정부는 해당 데이터
를 미국과 아일랜드 간에 체결된 국제형사사법공조 조약을 통해서 획득하
는 것이 가장 적절하며, 그렇게 하지 않는 경우, 사건에서 문제된 영장은
아일랜드의 주권을 침해하는 것이라고 주장한 바 있다.[42] 따라서 아일랜
드나 싱가포르와 같이 미국 기업들의 데이터 센터가 모여 있는 국가들의
입장에서는 CLOUD Act가 해당 국가의 주권을 침해하는 일방적인 입법으
로 간주될 수 있다.

2. 관련 판례

가. Gorshkov 사건

1) 사실관계

미국 내 기업들의 컴퓨터시스템에 대한 일련의 러시아발 해킹 사건을

---

42) Brief *amicus curiae* of Ireland in support of neither party, Microsoft Ireland, No.
    17-2, 2017.

수사하는 과정에서 Alexey Ivanov가 용의자로 특정되었다.[43] 미국 법무부는 외교채널을 통해 러시아 당국에 Ivanov를 구금하여 해킹 공격에 대해 심문해줄 것을 요청하였으나 러시아로부터 아무런 회신을 받지 못하였다.[44] 2000년 6월경 FBI는 잠입수사를 위하여 허위의 컴퓨터 보안 회사인 'Invita'를 시애틀에 설립하였다. FBI는 Ivanov에게 접촉하여 일자리를 제안하면서 시애틀에 면접을 보러 올 것을 제안하였다.[45]

2000년 11월 10일 Ivanov는 그의 사업 동료인 피고인 Vasiliy Gorshkov와 함께 시애틀에 도착하였고 시애틀에 위치한 Invita 사무실에서 FBI 요원과 만났다. 회의 도중 Gorshkov는 FBI의 요청으로 FBI IBM Thinkpad 컴퓨터를 사용하여 컴퓨터 해킹 및 컴퓨터 보안 기술을 시연하고 러시아에 있는 컴퓨터시스템 "tech.net.ru"에 접속하였다. 회의 및 시연이 끝나고 Gorshkov와 Ivanov는 모두 체포되었다.[46]

체포 이후 FBI는 Gorshkov에게 알리거나 그의 동의를 받지 않고, 피고인이 IBM 컴퓨터를 사용할 때 입력했던 모든 키 입력(key strokes) 내용을 기록하였다. FBI는 정보를 추적하고 저장하기 위해서 "스니퍼(sniffer)" 프로그램[47]을 이용하였다. FBI는 이를 통해서 피고인이 러시아 컴퓨터에 접

---

43) United States v. Gorshkov, No. CR00-550C, 2001 WL 1024026, at *1 (W.D. Wash. May 23, 2001).

44) 또한, 당시 미국과 러시아 사이에는 범죄인인도조약이 체결되어 있지 않았다. Susan W. Brenner, *Cybercrime: Criminal Threats from Cyberspace*, Praeger, 2010, p. 137; Jihyun Park, "International trend against cybercrime and controversy over the F.B.I.'s practice of Extra-territorial Seizure of Digital Evidence", 국제법학회 논총 제49권 제3호, 2004, p. 227.

45) Susan W. Brenner, *supra* note 44, p. 137.

46) United States v. Gorshkov, No. CR00-550C, 2001 WL 1024026, at *1 (W.D. Wash. May 23, 2001).

47) 스니퍼는 네트워크 트래픽을 감시하고 분석하는 관리용 프로그램으로서 일반적으로 트래픽에 따른 병목현상을 해결하는 데 이용된다. 그러나 악의적인 용도로 네트워크 환경의 트래픽을 분석하여 사용자 ID나 패스워드, 이메일 정보를 수집하는

속할 때 이용했던 컴퓨터 사용자 이름과 패스워드 정보를 획득했다.[48]

FBI는 이 정보를 이용하여 러시아에 위치한 대상 컴퓨터에 로그온하였다. 피고인의 공범이 러시아 컴퓨터 내의 파일을 삭제할 가능성이 있었기 때문에, FBI는 대상 컴퓨터에 저장된 파일을 다운로드하기로 결정하였다.[49]

FBI는 2000년 11월 21일까지 데이터를 열람하지 않은 상태로 다운로드한 다음, 해당 데이터를 CD 디스크에 복사하였다. 수색영장은 2000년 12월 1일 발부되었는데 데이터의 다운로드와 영장 발부 사이의 지연은 FBI 본부와 법무부의 승인 및 허가를 받는 절차의 지연으로 인한 것이었다.[50]

이 사건에서 Gorshkov는 2000년 12월 1일 발부된 압수영장 및 선서진술서에 따라 연방요원에 의해 압수된 모든 컴퓨터데이터와 그로부터 파생된 모든 정보 또는 "tech.net.ru" 및 "freebsd.tech net.ru"로 알려진 러시아에 위치한 두 대의 컴퓨터로부터 압수된 모든 컴퓨터데이터에 대하여 증거배제 신청을 하였다.

2) 법원의 판단

워싱턴 DC 연방지방법원은 FBI가 피고인의 패스워드를 획득함에 있어서 수정헌법 제4조를 위반하였는지 여부, FBI가 러시아 컴퓨터에 접속하고 데이터를 다운로드하는 과정에서 수정헌법 제4조를 위반하였는지 여부를 중점적으로 검토하였다.[51]

공격에 이용된다. 한국정보통신기술협회, 정보통신용어사전 (http://word.tta.or.kr/main.do) 참조.

48) United States v. Gorshkov, No. CR00-550C, 2001 WL 1024026, at *1 (W.D. Wash. May 23, 2001).

49) *Ibid.*

50) *Ibid.*

51) United States v. Gorshkov, No. CR00-550C, 2001 WL 1024026, at *1-5 (W.D. Wash. May 23, 2001).

첫 번째 쟁점은 FBI가 "스니퍼 프로그램"을 이용하여 피고인의 사용자 이름과 패스워드를 획득함에 있어서 수정헌법 제4조를 위반했는지 여부이다.

Rakas v. Illinois 사건52)에서 연방대법원은 "수정헌법 제4조상의 보호를 주장하기 위해서는 침해된 장소에 대한 재산권을 가지고 있는지 여부가 아니라 침해된 장소에 대해 합법적인 프라이버시에 대한 기대가 있었는지 여부에 따라 결정된다53)"고 판시하였다. 지방법원은 피고인이 프라이버시에 대한 기대가 있었다는 점을 입증하기 위해서는 프라이버시에 대한 실질적이고 주관적인 기대가 있어야 하고, 사회가 그러한 기대를 합리적이라고 인정하여야 한다고 보았다.54)

법원은 이러한 2단계 심사기준에 따라 피고인은 미국 회사 소유의 민간 컴퓨터 네트워크에서 프라이버시에 대한 실질적인 기대를 갖지 않는다고 보았다55). 그것은 그의 컴퓨터가 아니었으며, 피고인이 잠입수사 장소인 Invita에서 네트워크로 연결된 컴퓨터 앞에 앉았을 당시, 해당 시스템 관리자가 그의 활동을 모니터링할 수 있고 할 수도 있다는 점을 알고 있었다. 실제로 당시 FBI 요원이 지켜보고 있는 상태에서 피고인은 Invita 컴퓨터를 사용하여 네트워크에 연결된 "freebsd.tech net.ru"라는 컴퓨터에 로그온하였다. 따라서 법원은 피고인에게 Invita 컴퓨터에서의 행동에 대한 프라이버시에 대한 기대가 없었다고 판단하였다.56) 왜냐하면 해당 컴퓨터는 피고인의 컴퓨터가 아니었고 그가 컴퓨터를 이용한 목적은 오로지 Invita 직원들에게 자신의 해킹 감각을 시연하기 위함이었기 때문이다. 따라서 법원은 이 사건의 정황상 FBI는 피고인의 패스워드를 획득함에 있어 수정

---

52) Rakas v. Illinois, 349 U.S. 128 (1978).
53) Rakas v. Illinois, 349 U.S at 143.
54) United States v. Gorshkov, No. CR00-550C, 2001 WL 1024026, at *2 (W.D. Wash. May 23, 2001).
55) *Ibid.*
56) *Ibid.*

헌법 제4조를 위반하지 않았다고 판단하였다.[57)

두 번째 쟁점은 FBI가 패스워드를 이용해서 러시아 컴퓨터에 접속하여 데이터를 내려받은 행위가 수정헌법 제4조를 위반하였는지 여부이다. 지방법원은 수정헌법 제4조가 러시아 컴퓨터에 접속하여 데이터를 내려받은 행위에 적용될 수 없다고 판단하였다.[58) 또한, 법원은 비록 러시아 컴퓨터에 접속하여 데이터를 내려받은 행위가 수정헌법 제4조에 따른 압수수색에 해당된다고 할지라도, FBI의 행위는 긴급 상황(exigent circumstances)에서 합리적이었고 따라서 헌법을 위반한 것이 아니라고 판단했다.[59)

우선 법원은 러시아 컴퓨터에 접속하여 다운로드를 받기 위해 패스워드를 사용한 것은 수정헌법 제4조의 위반을 구성하지 않는다고 보았다.[60) 즉, 법원은 수정헌법 제4조는 러시아에 있는 컴퓨터에 대한 요원의 역외접속과 러시아 컴퓨터에 저장되어 있는 데이터를 복사하는 행위에 적용되지 않는다고 판단하였다.

첫째, 법원은 러시아 컴퓨터는 미국 영토 밖에 위치한 외국인의 재산이므로 수정헌법 제4조에 의해 보호되지 않는다고 보았다.[61) United States v. Verdugo-Urquidez[62) 판결에 따르면, 수정헌법 제4조는 미국 영토 밖에 있는 비거주자인 외국인의 재산의 압수 또는 수색에 적용되지 않는다. 이 사건에서 요원이 접속한 컴퓨터는 러시아에 있었고, 해당 컴퓨터에 저장되어 복사된 데이터 역시 러시아에 있었다. 법원은 복사된 데이터가 미국으로 전송되기 전까지는 해당 데이터는 미국 영토 밖에 있었고 수정헌법

---

57) *Ibid.*
58) *Ibid.*
59) *Ibid.*
60) United States v. Gorshkov, No. CR00-550C, 2001 WL 1024026, at *3 (W.D. Wash. May 23, 2001).
61) *Ibid.*
62) United States v. Verdugo-Urquidez, 494 U.S. 259 (1990).

제4조의 보호 대상이 되지 않는다고 판단하였다.63)

피고인은 Verdugo와 이 사건을 구분하면서 Verdugo 사건에서의 피고인
은 체포된 이후에 미국에 비자발적으로 들어왔기 때문에 미국과의 상당한
접촉(significant contacts)이 있었다고 인정되지 않았지만, 이 사건에서 피
고인은 미국에 자발적으로 입국하였다고 주장하였다.64) 그러나 법원은 범
행을 목적으로 미국에 한 번 입국했다는 것만으로는 수정헌법 제4조의 목
적상 피고인을 미국의 국내 사회의 일원으로 인정할 만큼 미국과 자발적
인 연관성이 있다고 볼 수 없다고 판시하였다.65)

둘째, 법원은 FBI 요원이 러시아 컴퓨터의 데이터를 복제한 행위는 수
정헌법 제4조 상의 압수에 해당하지 않는다고 보았다.66) 왜냐하면, FBI 요
원의 행위로 인해 피고인 또는 제3자의 데이터에 대한 소유 이익
(possessory interest)이 침해되지 않았고, 데이터는 복제된 이후에도 온전하
고 변경되지 않은(intact and unaltered) 상태로 유지되었기 때문이다.67) 피
고인, 피고인의 공범 또는 피고인이 접근권한을 공유해준 당사자들은 여
전히 데이터에 접근할 수 있었으며, 데이터의 복제는 피고인의 소유권에
어떠한 영향도 미치지 않았기 때문에 데이터 복제 행위는 수정헌법 제4조
상의 압수에 해당하지 않는다고 보았다.68)

만약 수정헌법 제4조가 FBI의 행위에 적용된다고 할지라도, 법원은 그
러한 행위는 모든 정황을 고려했을 때 합리적이었고 따라서 수정헌법 제4
조의 요건을 충족하였다고 판시했다.69) 연방대법원은 2001년 Illinois v.

---

63) United States v. Gorshkov, No. CR00-550C, 2001 WL 1024026, at *3 (W.D.
    Wash. May 23, 2001).
64) *Ibid.*
65) *Ibid.*
66) *Ibid.*
67) *Ibid.*
68) *Ibid.*
69) United States v. Gorshkov, No. CR00-550C, 2001 WL 1024026, at *4 (W.D.

McArthur 사건에서 "경찰이 합리적인 시간 내에 영장을 발부받기 위해 노력하면서, 상당한 이유가 있고 증거의 유실을 방지하기 위해 고안된 일시적인 압수를 적법하지 않다고 판시한 사건은 지금까지 없었다[70)]"고 언급했다.

법원은 McArthur 사건에서의 판단기준[71)]을 원용하면서, 이를 이 사건의 사실관계에 적용하였다.[72)] FBI 요원은 러시아 컴퓨터에 범죄의 증거가 저장되어 있다고 믿을만한 상당한 이유가 있었고, 만약 데이터를 복제하지 않으면, 러시아 당국으로부터 협조를 받기 전에 피고인의 공범이 증거를 인멸하거나 이용불가능하게 만들 수 있다고 우려할만한 근거가 있었다.[73)] 이 사건에서 FBI 요원은 수색 영장 발부 전에 데이터를 내용의 변경이나 열람 없이 복제함에 따른 피고인의 프라이버시 이익과 필요성을 고려하기 위한 합리적인 노력을 다하였고, 피고인의 데이터에 어떠한 제한을 가하지 않았으며 러시아 정부에 대하여 외교 채널을 통해 통지한 다음 수색영장을 발부받았다.[74)] 따라서 법원은 수정헌법 제4조에 따르면, FBI 요원이

Wash. May 23, 2001).

70) Illinois v. McArthur, 121 S Ct. at 946, 950-51 (2001).

71) Illinois v. McArthur, 121 S Ct. at 950-51 (2001).

72) United States v. Gorshkov, No. CR00-550C, 2001 WL 1024026, at *4 (W.D. Wash. May 23, 2001).

73) 체포 당시, FBI는 러시아 영사관에 피고인의 체포사실을 통지하였고, 피고인의 가족이나 동료들도 이 사실을 통보받았을 것이라고 합리적으로 추정할 수 있다. 전자데이터 및 전자증거는 수명이 짧고 다른 컴퓨터로 쉽게 이동이 가능하며, 패스워드의 변경 또는 서버의 전원 플러그를 뽑는 것만으로도 접근을 불가능하게 만들 수 있다. FBI 요원은 러시아에 있는 피고인의 공범이 언제라도 러시아 컴퓨터를 접근 불가능하게 만들 수 있다는 가능성을 우려하였다. United States v. Gorshkov, No. CR00-550C, 2001 WL 1024026, at *4 (W.D. Wash. May 23, 2001).

74) 법원은 피고인이 복제된 컴퓨터 데이터에 대한 어떠한 소유 이익도 박탈당하지 않았기 때문에 다운로드와 영장 발부 사이의 시간 간격은 중요하지 않다고 보았다. United States v. Gorshkov, No. CR00-550C, 2001 WL 1024026, at *4 (W.D. Wash. May 23, 2001).

긴급한 상황에서 행동하였기 때문에 영장 없이 러시아 컴퓨터에 접속하여 데이터를 다운로드 받은 행위는 적법하며 그러한 증거는 배제되어서는 안 된다고 판시하였다.75)

결론적으로 법원은 이 사건과 관련된 모든 증언과 제출된 모든 증거를 종합하여 위와 같은 이유로 피고인의 증거배제신청을 기각하였다.76)

3) 검토

Ivanov는 FBI에 의해 체포된 후, 코네티컷주의 Online Information Bureau, Inc. ("OIB")라는 전자상거래 회사의 컴퓨터시스템을 해킹하고 금전을 요구하며 협박한 혐의로 코네티컷 연방지방법원으로 이송되어 재판을 받았다.77) Ivanov는 자신에 대한 공소제기에 대해서 법원은 물적 관할권 (subject matter jurisdiction)이 없으므로 공소가 기각되어야 한다고 주장하였다.78)

Ivanov는 범행 당시 그는 물리적으로 러시아에 있었고, 미국 법 위반으로 기소될 수 없다고 주장하였으나, 법원은 이러한 피고인의 주장을 배척하였다.79)

피고인과 정부 모두 Ivanov가 기소된 혐의의 범죄에 관여할 당시 물리

---

75) 피고인은 FBI의 행위가 러시아법을 위반한 것이므로 비합리적이며 불법이라고 주장하였으나, 법원은 이 사건에서 FBI의 행위에 대해 러시아법이 적용되지 않으며, 만약 적용된다고 하더라도 FBI 요원은 러시아의 형사소송법을 상당 부분 준수하였다고 판단하였다. United States v. Gorshkov, No. CR00-550C, 2001 WL 1024026, at *4 (W.D. Wash. May 23, 2001).

76) United States v. Gorshkov, No. CR00-550C, 2001 WL 1024026, at *5 (W.D. Wash. May 23, 2001).

77) United States v. Ivanov, 175 F. Supp. 2d 367 (D. Conn. 2001).

78) United States v. Ivanov, 175 F. Supp. 2d at *368 (D. Conn. 2001).

79) United States v. Ivanov, 175 F. Supp. 2d at *368 (D. Conn. 2001).

적으로 러시아에 있었으며, 러시아에서 컴퓨터를 사용했다는 점을 인정하였다.[80] 이러한 이유로 Ivanov는 자신에 대한 기소가 각 법률의 역외적용을 요구하며, 그러한 적용은 허용될 수 없다고 주장하였다.[81] 법원은 러시아에서 행한 Ivanov의 행위의 "의도되고 실질적인 위해의 효과(intended and actual detrimental effects)"가 미국 내에서 발생하였고, Ivanov가 기소된 범죄의 실체법적 규정을 포함하고 있는 각각의 법률들은 의회에 의해서 역외 적용될 것으로 의도되었기 때문에 법원은 이 사건에 대해서 관할권이 있다고 판시하였다.[82]

Ivanov는 컴퓨터 해킹, 컴퓨터 사기 등으로 기소되어 징역 4년을 선고받았고 Gorshkov는 징역 3년을 선고받았다.[83] 2002년 러시아 연방안보청(Federal Security Service, FSB)은 미국 FBI 요원을 러시아법을 위반한 해킹 혐의로 기소하였다.[84] 이러한 기소는 러시아의 주권을 주장하는 방법으로 상징적으로 이루어졌다. 연방안보청은 미국 법무부에 공소장을 송부하였으며 FBI 요원을 러시아로 인도해줄 것을 요청하였으나, 미국은 이에 대하여 대응하지 않았다.[85]

Gorshkov 사건과 Ivanov 사건은 사실관계는 동일하지만 쟁점이 서로 달랐다. Ivanov 사건에서는 미국 법원이 관할권을 가지는지 여부가 쟁점이 되었고, Gorshkov 사건에서는 FBI가 러시아에 있는 서버에 대한 접근권한을 획득하여 미국에서 러시아 서버에 원격으로 접속하고 서버에 저장되어 있는 데이터를 복제한 행위가 수정헌법 제4조를 위반하였는지 여부가 쟁점이 되었다. Ivanov 사건에서는 Ivanov 행위의 실질적인 효과가 미국 내에서

---

80) United States v. Ivanov, 175 F. Supp. 2d at *370 (D. Conn. 2001).
81) United States v. Ivanov, 175 F. Supp. 2d at *370 (D. Conn. 2001).
82) United States v. Ivanov, 175 F. Supp. 2d at *373-374 (D. Conn. 2001).
83) Susan W. Brenner, *supra* note 44, p. 139.
84) Jihyun Park, *supra* note 44, p. 229.
85) Susan W. Brenner, *supra* note 44, p. 139.

발생하였으므로, 미국 법원이 관할권을 가진다고 판단하였고, Gorshkov 사건에서는 러시아에 있는 컴퓨터는 수정헌법 제4조의 보호대상이 아니며, 수색영장을 발부받기 이전에 서버로부터 데이터를 복제한 행위는 소유권에 대한 박탈이 이루어지지 않았으므로 압수에 해당하지 않는다고 판단하였다.

이러한 지방법원의 판결 이후에 학계에서는 러시아에 위치한 컴퓨터에 대한 원격 압수수색은 러시아의 영토주권을 침해하는 것이라고 비판하였다.86) 데이터를 일반적으로 접근가능한 데이터와 접근가능하지 않은 데이터로 구분하여 전자에 대한 집행관할권의 행사는 관습국제법에 따라 허용되나87), 후자에 대해서는 해당 데이터가 위치한 국가의 동의가 없는 이상, 허용될 수 없다고 보는 견해도 있다.88) 또한, 수정헌법 제4조의 해석상 데이터의 복제 역시도 데이터가 저장된 저장매체를 압수하는 것과 실질적으로는 차이가 없으며, 기소를 위한 중요한 증거가치를 가지는 것은 저장매체가 아닌 데이터이기 때문에, 데이터를 복제하는 행위 역시도 "압수"에 해당하는 것으로 보아야 한다고 비판하는 견해도 있다.89) 즉, 이 견해에 따르면 Gorshkov 사건에서 영장 없이 데이터를 복제한 행위에 대해서는 해당 압수가 헌법적으로 합리적이었는지에 대한 쟁점을 분석해야 하고, 합리적이지 않았다면 그러한 행위는 수정헌법 제4조를 위반한 것으로 보아야 한다.

---

86) Jihyun Park, *supra* note 44, pp. 241-245.
87) Nicolai Seitz, Transborder Search: A New Perspective in Law Enforcement?, Yale Journal of Law and Technology, Volume 7, Issue 1, 2005, p. 38.
88) *Ibid.*, p. 48.
89) Orin S. Kerr, "Fourth Amendment Seizures of Computer Data", *Yale Law Journal*, Vol.119, No.4, 2010, pp. 712-713.

나. 마이크로소프트 아일랜드(Microsoft Ireland) 사건

1) 사실관계

마이크로소프트(Microsoft)는 1997년부터 hotmail.com, msn.com, outlook.com 등 웹기반 이메일 서비스를 운영하여왔다.[90] 마이크로소프트는 사용자가 송수신한 이메일 메시지를 데이터 센터에 저장한다.[91] 데이터 센터는 미국 및 해외에 다양한 위치에 존재하며, 특정 사용자의 정보의 저장위치는 "네트워크 지연(network latency)" 현상에 따라 결정된다. 이 현상은 데이터센터와 사용자 간의 거리가 멀수록 서비스 속도가 느려지고 서비스 품질이 떨어지는 네트워크 아키텍처의 원리를 말하며, 이러한 현상으로 인해 가급적 각각의 계정을 가장 근접한 데이터 센터에 할당하게 된다.[92] 따라서 사용자가 가입 단계에서 입력한 "국가 코드"에 따라 마이크로소프트는 해당 계정을 더블린에 위치한 데이터 센터에 할당할 수 있다.[93] 만약

---

90) 2013년부터 현재까지 마이크로소프트는 "Outlook.com"이라는 이름으로 이메일 서비스를 제공하고 있다.
91) 마이크로소프트는 클라우드 서비스 기반으로 웹메일 서비스를 제공하고 있는데 100개국 이상의 고객이 마이크로소프트의 "퍼블릭 클라우드"를 통해 이용가능하다. 2014년 마이크로소프트는 전 세계 데이터 센터의 100만대 이상의 서버 컴퓨터를 관리하고 있으며 이러한 데이터 센터는 40개국 이상에 퍼져있다. 마이크로소프트의 여러 데이터 센터 중 한 곳은 아일랜드 더블린에 위치해있고 마이크로소프트 자회사에 의해 운영되고 있다. In re Warrant to Search a Certain E-Mail Account Controlled and Maintained by Microsoft Corp., 829 F. 3d at *202 (2d Cir. 2016).
92) In re Warrant to Search a Certain E-Mail Account Controlled & Maintained by Microsoft Corp., 15 F. Supp. 3d at *467 (S.D.N.Y. 2014).
93) 마이크로소프트는 고객이 입력한 국가코드에 의해 데이터를 이전하기 전에 별도로 사용자의 신원이나 위치를 검증하는 절차를 밟지 않고 사용자가 제공한 정보 그대로를 수용한다. In re Warrant to Search a Certain E-Mail Account Controlled and Maintained by Microsoft Corp., 829 F. 3d at *203 (2d Cir. 2016).

이렇게 되면, 모든 콘텐츠 정보 및 대부분의 비내용 정보는 미국 내 서버에서 삭제되며, 주소록 정보나 기본적인 사용자의 이름이나 국가와 같은 정보 등 일부 비내용정보는 테스트 및 품질관리 목적상 미국 내 서버에 저장된다.[94]

마이크로소프트는 이러한 이전이 종료되면, 더블린에 저장된 사용자의 데이터에 접근하기 위해서는 더블린 데이터 센터를 통해서만 가능하다고 주장하였다.[95] 그러나 사용자 데이터에 접근하기 위해 마이크로소프트 직원이 아일랜드에 물리적으로 소재할 필요는 없고, 미국 내 사무실에서 접근가능한 데이터베이스 관리 프로그램을 통해서 전 세계 모든 서버에 저장된 계정 정보를 수집할 수 있고 해당 데이터를 미국으로 불러올 수 있다.[96]

2013년 12월 4일 미국 정부의 신청에 따라 뉴욕남부지방법원은 수색영장을 발부하였다. 수색영장은 마이크로소프트에 의해 소유, 유지, 관리 및 운영되고 있는 특정 웹기반 이메일 계정의 정보를 압수수색하도록 허용하는 내용이었다.[97] 치안판사는 해당 이메일 계정이 마약 밀매에 사용되었다고 믿을 만한 상당한 이유(probable cause)가 입증되었다고 판단하여 영

---

94) In re Warrant to Search a Certain E-Mail Account Controlled & Maintained by Microsoft Corp., 15 F. Supp. 3d at *467 (S.D.N.Y. 2014).
95) In re Warrant to Search a Certain E-Mail Account Controlled and Maintained by Microsoft Corp., 829 F. 3d at *203 (2d Cir. 2016).
96) In re Warrant to Search a Certain E-Mail Account Controlled and Maintained by Microsoft Corp., 829 F. 3d at *203 (2d Cir. 2016).
97) 해당 영장에 따라 제출을 요구하는 정보에는 "a. 해당 계정에 저장된 모든 이메일 내용, b. 이름, 주소, 전화번호, 세션정보, 가입일자, 가입시 IP주소, 로그인 IP주소, 결제수단 등 계정 사용자를 식별할 수 있는 모든 기록 또는 정보, c. 주소록, 친구 목록, 사진 및 파일 등 계정 사용자에 의해 저장된 모든 기록 또는 정보, d. 고객지원서비스 이용 기록 등 MSN과 계정과 관련된 모든 사람 간의 통신에 관한 모든 기록"이 포함되어 있었다. In re Warrant to Search a Certain E-Mail Account Controlled & Maintained by Microsoft Corp., 15 F. Supp. 3d at *468 (S.D.N.Y. 2014).

장을 발부하였다. 영장은 Washington 주 Redmond에 본사가 있는 마이크로소프트에 제시되었다.

해당 영장에 대한 대응은 마이크로소프트의 Global Criminal Compliance (GCC) 팀이 담당하였는데, GCC 팀은 데이터베이스 프로그램 또는 데이터 수집 도구를 이용하여 해당 계정에 대한 데이터가 어디에 저장되어 있는지 확인하고 해당 정보가 위치해있는 서버로부터 원격으로 정보를 수집하였다.98)

이 사건에서 마이크로소프트는 미국 내 서버에 저장되어 있는 비내용 정보(non-content information)를 제출하였으나 콘텐츠 정보가 더블린에 저장되어 있어 제출할 수 없다는 이유를 들어 해당 정보에 대한 영장에 대해 각하 신청(motion to quash)을 하였다.

2) 지방법원의 판단

마이크로소프트는 저장통신법과 연방형사소송규칙 제41조에 따라 정부가 영장에 의하여 정보를 요청하였고, 연방법원은 미국 영토 밖에 있는 재산에 대한 압수수색 영장을 발부할 권한이 없다고 주장하였다.99) 따라서 마이크로소프트는 이 사건에서의 영장이 더블린에 저장된 정보의 획득을 요구하는 이상, 그러한 영장은 허가될 수 없으며, 각하되어야 한다고 주장하였다.

뉴욕남부지방법원(United States District Court for the Southern District of New York, 이하 "지방법원")은 법률 문언과 저장통신법의 구조, 입법 연혁, 실무적인 고려사항 등을 차례로 분석하였다.100) 법률의 문언에 대해

---

98) In re Warrant to Search a Certain E-Mail Account Controlled & Maintained by Microsoft Corp., 15 F. Supp. 3d at *468 (S.D.N.Y. 2014).

99) In re Warrant to Search a Certain E-Mail Account Controlled & Maintained by Microsoft Corp., 15 F. Supp. 3d at *470 (S.D.N.Y. 2014).

서는 연방법률 제2703조 (a)호에서 "정부기관은 연방형사소송규칙에 규정
된 절차를 이용하여 관할 법원에 의해 발부된 영장에 따라 전기통신서비
스 제공자에 대하여 유선 또는 전기통신 내용의 공개를 요구할 수 있다"
고 규정하고 있으나 문언상 해당 영장의 영토적 적용범위가 제한되는지
모호하다고 판단하였다.101)

　법률의 구조에 대해서는 저장통신법은 수정헌법 제4조 상의 법률에 의
한 프라이버시 보호를 규정하고 있고 수사기관과 사용자의 개인정보를 보
유한 서비스제공자 간의 관계를 규율한다고 보았다.102) 또한, 저장통신법
은 서비스제공자가 정보를 공개할 수 있는 범위를 제한하는 동시에 정부
가 그러한 정보를 획득할 수 있는 수단을 규정하고 있다고 보았다.

　특히 저장통신법은 정부로 하여금 전기통신서비스 제공자에게 이메일
내용을 공개할 수 있도록 요구할 수 있는 근거를 제공한다. 지방법원은 제
2703조 (a)호에서 "영장(warrant)"이라는 용어를 사용하고 있고 영장 절차
를 이용할 것을 규정하고 있음에도 이러한 법원의 명령은 전통적인 영장
과는 다르며, 수색영장(search warrant)과 제출명령(subpoena)이 혼합된
(hybrid) 형태라고 보았다.103) 즉, 발부 단계에서는 수사기관이 상당한 이
유를 입증하여 판사에 의해 발부되지만, 집행 단계에서는 제출명령과 같
이 정보를 보유한 ISP에게 제시되며 정부 요원이 직접 ISP의 영역 내에
들어가 서버를 수색하고 이메일 계정을 압수하지 않는다는 것이다.

---

100) In re Warrant to Search a Certain E-Mail Account Controlled & Maintained by Microsoft Corp., 15 F. Supp. 3d 466 (S.D.N.Y. 2014).
101) In re Warrant to Search a Certain E-Mail Account Controlled & Maintained by Microsoft Corp., 15 F. Supp. 3d at *470-471 (S.D.N.Y. 2014).
102) Orin S. Kerr, *supra* note 3, p. 1212. ; In re Warrant to Search a Certain E-Mail Account Controlled & Maintained by Microsoft Corp., 15 F. Supp. 3d at *471 (S.D.N.Y. 2014)에서 재인용.
103) In re Warrant to Search a Certain E-Mail Account Controlled & Maintained by Microsoft Corp., 15 F. Supp. 3d at *471 (S.D.N.Y. 2014).

또한, 지방법원은 저장통신법의 이러한 독특한 구조가 저장통신법에 대해서 역외주의 원칙이 문제되지 않는다는 정부의 주장을 뒷받침한다고 보았다. 왜냐하면, 제출명령은 수신자로 하여금 해당 정보의 위치에 관계없이 그가 보유하거나 관리하는 정보를 제출하도록 요구하는 것이기 때문이다.104) 이러한 접근방식은 디지털 정보의 맥락에서 "수색은 데이터가 하드드라이브에 복제되거나 컴퓨터에 의해 처리된 때가 아니라, 데이터가 스크린에 현출된 경우와 같이 사람이 해당 정보를 인지할 수 있을 때 이루어진다"고 보는 입장과도 일치한다.105)

입법 연혁을 살펴보더라도, 1986년 상원 보고서에서는 역외주의에 대해 구체적으로 언급하고 있지는 않지만, 정보가 제3자에 의해 원격으로 저장될 수 있다는 사실을 반영하고 있으며, 2001년 애국법(Uniting and Strengthening America by Providing Appropriate Tools Required to Intercept and Obstruct Terrorism Act of 2001, USA PATRIOT Act) 제108조에서는 제2703조를 개정하는 내용을 포함하고 있는데, 법원은 당시 하원 위원회의 보고서를 참조하였다.106) 당시 개정 전 연방형사소송규칙 제41조는 영장은 압수대상 재산이 위치한 관할 구역에서 발부될 것을 요구하고 있었다. 그러나 애국법 제108조에 따라 수사에 대한 관할권이 있는 법원이, ISP가 위치한 지역을 관할하는 법원의 개입 없이도, 직접 해당 ISP에 영장을 발부할 수 있도록 제2703조가 개정되었다. 또한, 법원은 하원 위원회의 보고서에서 "재산이 위치한 장소(where the property is located)"를 서버의 위치가 아닌 ISP의 위치와 동일한 것으로 간주하였다는 점을 주목하였다.107)

---

104) In re Warrant to Search a Certain E-Mail Account Controlled & Maintained by Microsoft Corp., 15 F. Supp. 3d at *472 (S.D.N.Y. 2014).
105) Orin S. Kerr, "Searches and Seizures in a Digital World", *Harvard Law Review*, Vol.119 (2005), p. 551.
106) In re Warrant to Search a Certain E-Mail Account Controlled & Maintained by Microsoft Corp., 15 F. Supp. 3d at *472-473 (S.D.N.Y. 2014).

따라서 지방법원은 의회가 미국 내에 있는 ISP는 제2703조 (a)호에 따라 발부된 영장에 응하여 정보가 저장된 위치와 관계없이 자신의 지배하에 있는 정보를 제출할 의무가 있다는 점을 예정한 것이라고 보았다.

이외에도 지방법원은 실무적인 고려사항으로 만약 저장통신법 영장에 전통적인 영장의 영토적 제한이 동일하게 적용된다고 한다면, 정부의 부담이 상당할 것이고 법집행 노력이 심각하게 훼손될 것이라고 보았다.108) 우선, 서비스제공자는 이메일 계정이 생성될 당시 고객에 의해 제공된 정보를 검증할 의무가 없다. 또한, 저장통신법 영장이 전통적인 수색영장과 같이 취급된다면, 그것은 국제사법공조조약에 의해서만 집행될 수 있다. 마지막으로, MLAT 절차가 장시간이 소요되고 공조 거절사유 등으로 인해 불확실성이 있는 것과 같이 만약 그러한 조약이 체결되어 있지 않은 경우에는 공조절차를 이용할 수도 없다.109)

역외적용 추정 금지의 원칙은 법률에 역외적용에 대한 명백한 근거가 없는 경우, 법률은 역외적용되지 않으며, 이러한 원칙은 "미국의 법은 국내의 문제를 규율하며, 세계의 문제를 규율하지 않는다(does not rule the world)110)"는 추정을 반영하는 것이다. 그러나 이 사건에서 지방법원은 역외적용 추정 금지 원칙은 문제되지 않는다고 판단하였다. 왜냐하면, 저장통신법 영장은 해외에서 발생한 행위를 범죄화하는 것이 아니고, 미국의 법집행관을 외국으로 파견하는 것도 아니며 데이터가 저장된 위치에 서비스제공자의 직원이 물리적으로 존재할 것을 요구하지도 않기 때문이라고

---

107) In re Warrant to Search a Certain E-Mail Account Controlled & Maintained by Microsoft Corp., 15 F. Supp. 3d at *474 (S.D.N.Y. 2014).
108) In re Warrant to Search a Certain E-Mail Account Controlled & Maintained by Microsoft Corp., 15 F. Supp. 3d at *474 (S.D.N.Y. 2014).
109) In re Warrant to Search a Certain E-Mail Account Controlled & Maintained by Microsoft Corp., 15 F. Supp. 3d at *475 (S.D.N.Y. 2014).
110) Microsoft Corp. v. AT & T Corp., 550 U.S. 437, 454, 127 S.Ct. 1746, 167 L.Ed.2d 737 (2007).

설시하였다.111) 즉, 지방법원은 압수의 장소를 데이터의 저장(storage) 위
치인 아일랜드가 아니라 정부가 해당 내용을 검토(review)할 장소, 즉 미국
이라고 보았고, 따라서 역외적용이 문제될 여지가 없다고 판단한 것이다.

결론적으로 지방법원은 해외 서버에 저장된 정보에 적용되는 경우에도
저장통신법 영장은 역외적용 추정 금지의 원칙을 위반하는 것이 아니라고
보았고, 마이크로소프트의 각하 신청을 기각하였다.

3) 항소법원의 판단

마이크로소프트는 1심 법원에서 콘텐츠 정보에 한해 해당 영장에 대하
여 각하신청을 하였고 해당 신청은 지방법원에 의해 기각되었으며, 지방
법원은 영장에 대한 불이행을 이유로 마이크로소프트에게 민사적 법원모
욕(civil contempt in court)112)에 따른 제재를 부과하였다.

이에 대해 마이크로소프트는 항소하였고 제2연방항소법원에서 이 사건
에 대하여 판단하였다.113) 마이크로소프트와 정부는 저장통신법 영장의
특징과 범위 및 영장에 따른 마이크로소프트의 의무의 범위에 대하여 의

---

111) In re Warrant to Search a Certain E-Mail Account Controlled & Maintained by
   Microsoft Corp., 15 F. Supp. 3d at *475-476 (S.D.N.Y. 2014).
112) 미국에서 법원모욕의 종류는 모욕행위에 대한 제재의 목적과 절차를 기준으로 하
   여 형사모욕(criminal contempt)과 민사모욕(civil contempt)으로 구분된다. 민사
   모욕은 미완성의(incomplete) 모욕행위에 대한 제재를 의미하며, 명령에 따를 때
   까지 제재가 부과되고 명령에 복종하면 바로 모욕행위가 종료되고 제재는 중단된
   다. 민사모욕의 제재는 처벌하기 위함이 목적이 아니라 법원의 명령을 관철하기
   위해 부과되며, 민사절차에 따르기 때문에 형사절차에 보장되는 수정헌법상의 권
   리는 보장되지 않는다. 반면, 형사모욕은 법원의 권위를 실추시킨, 이미 완성된
   (complete) 행위를 처벌하기 위해 부과된다. 하민경 등, "각국 법원모욕의 제재
   방식에 관한 연구", 사법정책연구원 연구총서 2015-15, 2015, pp. 59-61.
113) In re Warrant to Search a Certain E-Mail Account Controlled and Maintained
   by Microsoft Corp., 829 F. 3d 197 (2d Cir. 2016).

건을 달리 했다.

마이크로소프트는 의회가 저장통신법에서 "영장(warrant)"이라는 용어를 사용했다는 점을 강조하였다.114) 영장은 전통적으로 영토적으로 그 범위가 제한되기 때문에 미국의 법집행관은 법원에 의해 발부된 영장으로 미국 내에 있는 물건을 압수할 수 있고 그러한 권한은 일반적으로 더 확장되지 않는다는 것이다.

반대로 정부는 이 분쟁을 단순히 "강제 공개(compelled disclosure)"에 대한 사안으로 이해하였다.115) 즉 정부는 제출명령과 유사하게, 저장통신법 영장은 수신자로 하여금 그러한 문서의 위치에 관계없이 그것이 수신자의 관리 또는 지배하에 있는 한, 기록이나 물건, 또는 기타 자료를 정부에게 제공해야 한다고 주장하였다. 정부는 적절하게 제시된 제출명령은 문서의 위치에 관계없이 제출에 대한 광범위한 의무를 부과한다고 판시한 기존의 법원의 판단을 원용하였다.116)

영장은 1986년 제정된 전기통신프라이버시법(Electronic Communications Privacy Act, ECPA) 제2편(Title II)인 저장통신법에 따라 발부되었다. 동법은 서비스제공자에 의해 저장된 콘텐츠 파일과 서비스제공자가 보유한 가입자에 대한 기록의 프라이버시를 보호하기 위한 법으로, 수정헌법 제4조에 의해 제공되던 것과 동일한 프라이버시 보호를 전자기록에까지 확장시키기 위해 제정되었다.

항소법원은 30년 전 1986년 저장통신법이 통과될 당시의 기술적 상황이 오늘날의 인터넷 현실과는 많이 달랐다는 점을 지적하였다.117) 오늘날 네

---

114) In re Warrant to Search a Certain E-Mail Account Controlled and Maintained by Microsoft Corp., 829 F. 3d at *201 (2d Cir. 2016).

115) In re Warrant to Search a Certain E-Mail Account Controlled and Maintained by Microsoft Corp., 829 F. 3d at *201 (2d Cir. 2016).

116) Marc Rich & Co., A.G. v. United States, 707 F.2d 663 (2d Cir. 1983).

117) In re Warrant to Search a Certain E-Mail Account Controlled and Maintained

트워크 통신의 표준인 TCP/IP 프로토콜은 1980년경 국방부에 의해서 사용되기 시작했고 월드 와이드 웹(WWW)은 1990년까지는 만들어지지 않았으며, 1986년 법이 제정되고 나서 몇 년이 지난 후에야 전 세계로 연결된 인터넷이 일반인들에게 상용화되었다.118)

지방법원에서는 저장통신법 영장이 영장보다는 제출명령과 더 유사하다는 정부의 주장을 받아들였다.119) 마이크로소프트는 저장통신법 영장이 제출명령보다는 전통적인 영장과 더 유사하다고 주장하였다.120) 마이크로소프트는 미국 국경 밖에 저장된 자료에 대해서는 그것이 전자적으로 미국에서 접근할 수 있고 미국 내에서 검토될 수 있다고 하더라도 그와 관계없이 저장통신법에 의해 발부된 영장이 영향을 미칠 수 없다고 보았다. 또한, 정부가 주장하는 바와 같이 영장을 집행하는 것은 저장통신법의 불법적인 역외적용일 뿐만 아니라, 마이크로소프트 고객에 대한 불법적인 프라이버시 침해를 구성한다고 주장하였다.121)

그러나 이 사건에서 이메일 계정의 소유자의 국적에 대해서는 기록에 드러나 있지 않다. 저장통신법은 법률의 전체적인 적용범위와 영장 조항의 적용범위에 대해서 침묵하고 있다.122) 따라서 항소법원은 연방대법원의 Morrison 판결123)에서 발전된 "역외적용 추정 금지 원칙"의 심사기준

---

by Microsoft Corp., 829 F. 3d at *205-206 (2d Cir. 2016).
118) In re Warrant to Search a Certain E-Mail Account Controlled and Maintained by Microsoft Corp., 829 F. 3d at *206 (2d Cir. 2016).
119) In re Warrant to Search a Certain E-Mail Account Controlled and Maintained by Microsoft Corp., 829 F. 3d at *209 (2d Cir. 2016).
120) *Ibid.*
121) *Ibid.*
122) *Ibid.*
123) 연방대법원은 미국 증권거래법(Securities Exchange Act)의 역외적용과 관련된 Morrison 사건에서 역외적용 추정 금지의 원칙을 처음 명시적으로 언급하였다. 이 사건에서는 증권사기 행위를 규정하고 있는 증권거래법 제10조b항의 역외적용 여부가 문제되었는데, 연방대법원은 증권거래법 규정상 역외적용이 분명하게

에 따라 의회가 저장통신법의 영장 조항을 제정하면서 해당 규정의 역외 적용을 의도하였는지 먼저 검토한 후, 그렇지 않다면, 해당 영장의 집행이 법률의 불법적인 역외적용에 해당되는지 검토하였다.124)

이 쟁점을 분석하기 위해서 항소법원은 역외적용 추정 금지의 원칙 (Presumption against Extraterritoriality)의 위반 여부를 검토하였다. "역외적 용 추정 금지의 원칙"이란, 역외적용에 대한 입법기관의 의사가 법률에 명 시적이고 분명하게 나타나 있지 않은 한, 해당 국내법은 역외적용 되어서 는 안 된다는 원칙이다.125) 연방대법원은 Morrison 사건에서 특정 법률의 역외 적용 여부를 분석하기 위한 2단계의 기준을 발전시켜왔다.126) 법원

나타나지 않고, 법률의 주된 초점은 기망행위가 발생한 장소가 아니라 미국 내에 서 증권의 구매와 판매된 장소에 있다고 보았다. 따라서 연방대법원은 미국 증권 거래소에 상장된 증권에 대한 청구 또는 미국 내에서 발생한 거래와 관련된 청구 만이 허용된다는 취지의 판결을 내렸다. Morrison v. National Australia Bank Ltd., 561 U.S. 247 (2010); 백범석, 김유리, "[판례평석] 미연방대법원 Kiobel 판 결의 국제인권법적 검토", 국제법학회논총 제58권 제3호, 2013, pp. 256-257; William S. Dodge, "The Presumption Against Extraterritoriality in Two Steps", *AJIL Unbound*, Vol. 110, 2016, p. 45.

124) In re Warrant to Search a Certain E-Mail Account Controlled and Maintained by Microsoft Corp., 829 F. 3d at *209 (2d Cir. 2016).

125) Morrison v. National Australia Bank Ltd., 561 U.S. 247 (2010). 이러한 역외적 용 추정 금지의 원칙은 외국의 법률과의 충돌을 피하기 위한 수단 그 이상이며, 행정부가 의도하지 않은 외교 정책적 결과를 가져올 수 있는 방식으로 사법부가 미국 국내법을 해석하여 미국의 중대한 대외관계에 대한 영향을 야기하는 것을 사전에 방지하는 역할을 한다. 백범석, 김유리, *supra* note 123, p. 270.

126) Morrison v. National Australia Bank Ltd., 561 U.S. 247 (2010). 이후 연방대법 원은 2016년 RJR Nabisco, Inc. v. European Community 판결에서 Morrison 판 결에서의 접근방식을 채택하여 2단계 심사기준을 공식화하고 발전시켰다. RJR Nabisco, Inc. v. European Community, 579 U.S. ___, 136 S. Ct. 2090 (2016). RJR Nabisco 사건에서는 부패 및 조직범죄 처벌법(Racketeer Influenced and Corrupt Organizations Act (RICO))의 실체법적 규정 및 민사적 손해배상 소송 규 정의 적용범위가 문제되었다. 이 사건에서 연방대법원은 실체법적 규정에 대해서

은 우선 역외적용 추정 금지의 원칙이 반증될(rebuttable) 수 있는지 여부
즉, 해당 법률의 문언상 동 법률이 역외 적용된다는 점을 명시적으로 나타
내고 있는지(clear indication of extraterritoriality) 여부를 판단하여야 한
다.127) 그 다음으로 법원은 사건이 법률의 국내적 적용과 관련되는지 여부
를 판단해야 하며 이를 판단하기 위해서 법원은 해당 법률의 주된 입법취
지(focus)가 무엇인지 그러한 입법취지와 관련 있는 행위가 어디에서 일어
났는지를 파악해야 한다.128)

법원은 우선 의회가 법률의 역외적용을 의도했는지를 먼저 살펴보았다.
저장통신법의 영장 조항이 역외적용을 의도하였는지에 대해서는 법원은
저장통신법이 역외적용을 명시적으로 나타내지 않고 있다고 보았다.129)

또한, 의회가 "영장"이라는 용어를 사용한 것은 해당 법률 조항이 영토
적으로 제한된다는 것을 의미한다고 보았다.130) 즉 "영장"을 전통적인 법
적 의미에 따라 해석할 때, 영장은 전통적으로 미국 영토 내에서 적용되는
프라이버시 개념과 관련이 있고 수정헌법 제4조에 따라 영장에 의한 압수
수색은 미국 내에서 이루어져야 한다고 보았다.131)

는 역외적용이 인정된다고 보았으나, 손해배상 소송은 기업이나 재산에 대한 국내
적 손해에 대해서만 청구할 수 있으며, 해외에서의 손해에 대한 청구는 허용하지
않는다고 판단하였다. William S. Dodge, *supra* note 123, p. 46. RJR Nabisco
판결에 대한 상세한 분석은 박선욱, "미국 독점금지법의 역외적용 기준: 해외에서
의 부품 가격 담합행위에 대한 미국 연방대법원의 RJR Nabisco 판결 분석을 중
심으로", 국제거래와 법 제30호, 2020, pp. 239-246 참조.
127) William S. Dodge, *supra* note 123, p. 45.
128) *Ibid.*, p. 46.
129) 또한, 이 점에 대해서 정부 역시 구두 변론 시, 저장통신법에 역외적용에 대한 규
정이 없다는 점에 대해서 인정하였다. In re Warrant to Search a Certain E-Mail
Account Controlled and Maintained by Microsoft Corp., 829 F. 3d at *210-211
(2d Cir. 2016).
130) In re Warrant to Search a Certain E-Mail Account Controlled and Maintained
by Microsoft Corp., 829 F. 3d at *212 (2d Cir. 2016).

　항소법원은 저장통신법 영장과 제출명령을 동일하게 취급해야 한다는 지방법원과 정부의 입장을 받아들이지 않았다. 영장과 제출명령은 서로 다른 법적 수단이며, 영장이 저장통신에 대해 더 높은 수준의 보호를 요구하는 반면, 제출명령은 더 낮은 수준의 보호를 요구하기 때문에 영장과 제출명령은 구분되어야 한다고 보았다.132) 또한, 법원은 저장통신법 영장이 전통적인 영장과 제출명령의 혼합된 형태라고 보는 주장도 배척하였다. 정부가 압수수색 영장을 집행함에 있어서 민간 당사자에게 협조할 것을 강제하는 경우, 민간 당사자는 정부의 기관이 되며, 수정헌법 제4조는 그러한 민간 당사자의 행위에 적용된다고 보았다.133) 결론적으로 법원은 의회가 저장통신법 영장 조항의 역외적용을 의도하지 않는다고 판시하였다.

　법원은 2단계 심사기준인 저장통신법의 주된 입법취지(focus)가 무엇인지를 검토하였다. 법원은 이를 확인하기 위하여, 법률의 문언상 의미, 법률의 구조, 절차적 측면 및 입법 연혁을 살펴보았다.134) 제2703조는 영장이 연방형사소송규칙 제41조상의 절차에 따라 발부될 것을 요구하고 있는데, 연방형사소송규칙은 불법적인 압수수색으로부터 프라이버시를 보호하는 헌법상 요구를 반영하고 있다.135) 또한, 제2703조가 "전기통신 프라이버시법(ECPA)"이라는 표제 하에 규정되어 있기 때문에 법률의 주요 관심사는 '프라이버시'라는 것을 알 수 있다.136) 또한, 법률을 제정할 당시, 의회는

---

131) In re Warrant to Search a Certain E-Mail Account Controlled and Maintained by Microsoft Corp., 829 F. 3d at *212 (2d Cir. 2016).
132) In re Warrant to Search a Certain E-Mail Account Controlled and Maintained by Microsoft Corp., 829 F. 3d at *214 (2d Cir. 2016).
133) In re Warrant to Search a Certain E-Mail Account Controlled and Maintained by Microsoft Corp., 829 F. 3d at *214 (2d Cir. 2016).
134) In re Warrant to Search a Certain E-Mail Account Controlled and Maintained by Microsoft Corp., 829 F. 3d at *217 (2d Cir. 2016).
135) In re Warrant to Search a Certain E-Mail Account Controlled and Maintained by Microsoft Corp., 829 F. 3d at *217 (2d Cir. 2016).

기술의 발전이 미국인이 기록 및 통신에 대해 전통적으로 향유해오던 프라이버시 이익을 약화시킬 수 있다는 점을 우려하였다.[137) 따라서 의회는 저장통신법의 제정을 통해 저장된 전기통신을 법적으로 보호하고 수정헌법 제4조의 보호를 전기통신에 확장시키고자 하였다.[138) 법원은 이러한 점을 모두 고려하여 저장통신법 영장 조항의 주된 입법취지는 저장통신에 대한 사용자의 프라이버시 이익을 보호하는데 있다고 보았다.[139)

법률의 주된 입법취지가 사용자의 프라이버시 보호라는 점을 확인한 후, 법원은 영장의 집행이 법률의 불법적인 역외적용에 해당하는지를 판단하였다.[140)

이 사건에서 정부가 제출을 요구한 정보는 마이크로소프트 고객의 전기통신의 내용이며 이 정보는 더블린에 저장되어 있다. 고객의 국적이나 소재지에 대해서 기록은 침묵하고 있다. 고객의 프라이버시에 대한 법률의 주된 취지에 따라 고객의 소재지나 국적이 역외적용 분석에 있어서 중요한 사실이라고 주장할 수는 있으나, 법원은 고객의 프라이버시에 대한 침해는 고객의 통신내용에 접근하는 장소, 즉 마이크로소프트가 정부의 대리인으로 통신내용을 압수하는 장소에서 발생한다고 보았다.[141) 즉, 법원은 영장의 대상이 되는 통신내용이 더블린 데이터 센터에 저장되어 있고 더블린 데이터센터에서 압수가 이루어지기 때문에, 고객의 위치나 마이크로소프트 본사의 위치에 관계없이, 저장통신법의 입법취지에 해당되는 행위는 미국 밖에서 발생한다고 보았다.[142)

---

136) *Ibid.*
137) In re Warrant to Search a Certain E-Mail Account Controlled and Maintained by Microsoft Corp., 829 F. 3d at *219 (2d Cir. 2016).
138) *Ibid.*
139) In re Warrant to Search a Certain E-Mail Account Controlled and Maintained by Microsoft Corp., 829 F. 3d at *220 (2d Cir. 2016).
140) *Ibid.*
141) *Ibid.*

정부는 저장통신법 영장이 해외에 저장된 데이터에 적용되지 않는다고 보는 것은 정부에 대한 상당한 부담으로 작용할 것이고 법집행 노력을 심각하게 훼손할 우려가 있다고 주장하였으나, 법원은 그러한 실무적인 고려사항은 해당 법률의 문언, 입법 연혁, "영장"이라는 용어의 사용 등으로 미루어봤을 때, 역외추정 금지를 반증할만한 강력한 근거가 되지 않는다고 판단하였다.143) 결론적으로 법원은 영장의 집행이 마이크로소프트에게 아일랜드에 저장되어 있는 고객의 통신내용을 압수할 것을 명령하는 한, 그러한 영장의 집행은 불법적인 역외적용에 해당된다고 판시하였다.144)

4) 연방대법원의 판단

법무부는 항소법원의 결정에 불복하여 상고하였고, 이 사건이 연방대법원에 계류 중일 당시 저장통신법을 개정하는 내용의 법안을 제출하였다.145) 2018년 법무부가 제안한 역외 적용 조항이 포함된 CLOUD Act가 의회에 상정되었고, 이후 동 법안이 국회를 통과하였고 최종적으로 대통령이 동 법안에 서명하였다.146)

이에 법무부는 CLOUD Act를 근거로 새로운 영장을 발부받아 마이크로소프트에 집행하였고, 미국 정부와 마이크로소프트 양 당사자는 새로운 영장이 기존의 영장을 대체하였다는 점에 동의하였다.147) 마이크로소프트

---

142) In re Warrant to Search a Certain E-Mail Account Controlled and Maintained by Microsoft Corp., 829 F. 3d at *220 (2d Cir. 2016).

143) In re Warrant to Search a Certain E-Mail Account Controlled and Maintained by Microsoft Corp., 829 F. 3d at *221 (2d Cir. 2016).

144) In re Warrant to Search a Certain E-Mail Account Controlled and Maintained by Microsoft Corp., 829 F. 3d at *222 (2d Cir. 2016).

145) Stephen P. Mulligan, "Cross-Border Data Sharing Under the CLOUD Act," Congressional Research Service Report, 2018, p. 7.

146) *Ibid.*

는 새로 발부된 영장에 따라 관련 데이터를 정부에 제공하였다. 결국, 연방대법원에서는 동 사건이 더는 소의 이익이 없다(moot)고 판단하여 하급심 법원의 결정을 파기하고 기각 결정을 하였다.[148]

5) 검토

지방법원은 법률의 구조와 입법 연혁, 실무적 고려사항 등을 분석하여 저장통신법 영장은 영장과 제출명령이 혼합된 독특한 영장이며, 전통적인 영장과는 다르게 취급되어야 한다는 것을 주된 논거로 삼았다. 따라서 저장통신법 영장은 그 발부 절차는 일반 수색 영장과 동일하지만, 집행 단계에서는 제출명령과 같이 서비스제공자로 하여금 해당 정보의 저장위치와 관계없이 자신이 보유하고 있는 정보를 제출하도록 요구하는 것이므로 역외적용 추정 금지의 원칙이 문제 될 여지가 없다고 판단한 것이다.

항소법원은 저장통신법 영장과 제출명령을 동일하게 취급해야 한다는 지방법원의 입장을 배척하고, 영장과 제출명령은 프라이버시 보호 수준에 따라 구분되는 것이라고 보았다. 또한, 저장통신법의 주된 입법취지는 프라이버시를 보호하는 것에 있고, 프라이버시를 침해하는 행위는 더블린에서 발생하였기 때문에 저장통신법 영장의 집행은 법률의 불법적인 역외적용에 해당한다고 보았다.

결국, 항소법원과 마이크로소프트는 저장통신법 영장을 전통적인 영장과 유사한 것으로 보아 영장의 효력이 국내에만 미친다고 해석하였고, 지방법원과 정부는 저장통신법 영장을 제출명령과 유사한 것으로 보아 영장의 집행 대상이 미국 내에 있다면 데이터가 해외에 저장되어 있더라도 데이터의 제출을 요구할 수 있다고 보았다. 전자의 입장에 따르면 역외적용

---

147) *Ibid.*, p. 8.
148) United States v. Microsoft Corp., 584 U.S. ___, 138 S. Ct. 1186 (2018).

추정 금지의 원칙을 위반하였는지를 판단할 필요가 있고 후자의 입장에 따르면 역외적용은 문제되지 않는 것이다.

항소법원 판결에서 Gerard E. Lynch 재판관은 개별의견에서 이메일 계정 소유자의 국적 또는 소재지가 어디인지도 중요한 쟁점이 될 수 있으며, 비록 이 사건에서 이메일 계정 소유자에 대한 정보가 기록에 나타나 있지 않지만 프라이버시의 침해는 프라이버시가 침해된 자가 소재하는 장소에서 발생했다고 주장하는 것도 설득력이 있을 것이라고 보았다.[149] '프라이버시'라는 개념에는 분명한 영토적 장소개념이 포함되지 않는 추상적인 개념이며, 해당 통신내용의 정보주체가 미국인인지 아일랜드인인지에 따라 결론은 달라졌을 수도 있다고 보았다.[150] 이외에도 개별의견에서 Lynch 재판관은 정부가 제기한 정책적 고려사항 역시 중요하며, 이에 대해 의회가 관심을 갖고 중대한 초국가적 범죄의 수사와 같은 법집행 필요성과 다른 주권국가의 이익을 신중하게 비교 형량하여, 데이터 제공요청에 대한 근거 조항을 시대에 맞게 현대화하고 해당 규정의 적용범위를 보다 명확히 하는 법률 개정이 필요하다고 제언하였다.[151]

다. 구글 펜실베이니아 사건

1) 사실관계

2016년 8월 2일 미국 정부는 사기 범죄를 수사하던 중 해당 사건 용의

---

149) In re Warrant to Search a Certain E-Mail Account Controlled and Maintained by Microsoft Corp., 829 F. 3d at *229 (2d Cir. 2016).

150) In re Warrant to Search a Certain E-Mail Account Controlled and Maintained by Microsoft Corp., 829 F. 3d at *230 (2d Cir. 2016).

151) In re Warrant to Search a Certain E-Mail Account Controlled and Maintained by Microsoft Corp., 829 F. 3d at *232-233 (2d Cir. 2016).

자가 사용한 것으로 추정되는 3건의 구글 계정을 발견하였다. 사기 범죄는 미국 내에서 발생하였고 범죄 피해자 역시 미국 내에 거주하고 있었다.[152) 미국 정부는 3건의 구글 계정이 용의자와 관련이 있다고 믿을만한 상당한 이유가 있음을 입증하여 수색영장을 신청하였고, 미국 거주자 명의의 3건의 구글 계정에 대한 수색영장이 발부되었다.[153) 이러한 수색영장은 FBI 요원에 의해 구글 캘리포니아 본사로 접수되었다.

또 다른 사건에서 미국 정부는 미국 내에 거주 중이며 산업기밀 유출 범죄 용의자가 사용하는 것으로 추정되는 1건의 구글 계정에 대하여 수색 영장을 신청하였고, 2016년 8월 19일 수색영장이 발부되었다.[154) 정부는 수색영장 신청서에서 산업기밀 유출 범죄가 미국 내에서 발생하였고 피해 기업 역시 미국에 소재하고 있다는 점을 적시하였다.[155)

구글은 모든 사용자 데이터를 제출하도록 명령한 2건의 영장에 대해서 일부 미국 내에 저장된 데이터는 제공하였지만, 그 외의 데이터에 대해서는 마이크로소프트 사건에서의 항소법원의 판례를 원용하며, 제출을 거부하였다.[156) 이에 미국 정부는 2016년 10월 28일 구글이 수색영장에 따라 데이터를 제공할 것을 강제하도록 하는 청구(motion to compel)를 제기하였다.[157)

---

152) In re Search Warrant No. 16‑960‑M‑01 to Google, 232 F.Supp.3d at *710 (E.D.Pa. 2017).
153) In re Search Warrant No. 16‑960‑M‑01 to Google, 232 F.Supp.3d at *709-710 (E.D.Pa. 2017).
154) In re Search Warrant No. 16‑960‑M‑01 to Google, 232 F.Supp.3d at *710 (E.D.Pa. 2017).
155) In re Search Warrant No. 16‑960‑M‑01 to Google, 232 F.Supp.3d at *710 (E.D.Pa. 2017).
156) In re Search Warrant No. 16‑960‑M‑01 to Google, 232 F.Supp.3d at *709 (E.D.Pa. 2017).
157) In re Search Warrant No. 16‑960‑M‑01 to Google, 232 F.Supp.3d at *710 (E.D.Pa. 2017).

구글은 미국에 본사를 둔 기업으로 다양한 온라인 서비스와 통신서비스를 제공하고 있다. 구글은 사용자 데이터를 다양한 위치에 보관하는데, 일부 파일은 조각으로 파편화되어 각각의 조각 파일이 서로 다른 위치에 동시에 보관될 수 있다.158) 구글은 최첨단 지능형 네트워크를 운영하고 있으며, 이러한 네트워크는 자동적으로 성능, 신뢰성 및 효율성을 최적화하기 위해 데이터를 계속해서 이동시킨다.159)

2) 법원의 판단

이 사건에서도 마이크로소프트 사건과 마찬가지로 구글에 대하여 해외 서버에 저장된 통신 및 기타 가입자정보를 제출하도록 한 저장통신법 영장의 집행이 법률의 역외 적용에 해당하는지가 쟁점이 되었고, 법원은 역외적용 추정 금지의 원칙을 검토하였다.160)

2단계 심사기준 중 첫 번째 단계에서 법원은 저장통신법상 제2703조가 역외 적용된다는 명시적 표현이 없다는 점에 대해서는 양 당사자가 모두 인정하고 있어 논쟁의 여지가 없다고 보았다.161) 따라서 법원은 이 사건이 저장통신법의 국내 적용과 관련이 있는지, 즉 법률의 초점과 관련된 행위가 어디에서 발생하였는지를 판단하는 것이 이 사건의 쟁점이라고 판단하였다.

법원은 영장에 따른 구글에 의한 데이터의 공개는 해외에 저장된 피의

---

158) In re Search Warrant No. 16 - 960 - M - 01 to Google, 232 F.Supp.3d at *712 (E.D.Pa. 2017).

159) In re Search Warrant No. 16 - 960 - M - 01 to Google, 232 F.Supp.3d at *710 (E.D.Pa. 2017).

160) In re Search Warrant No. 16 - 960 - M - 01 to Google, 232 F.Supp.3d at *717 (E.D.Pa. 2017).

161) In re Search Warrant No. 16 - 960 - M - 01 to Google, 232 F.Supp.3d at *717 (E.D.Pa. 2017).

자의 데이터에 대한 "수색"도 아니며, "압수"에도 해당되지 않는다고 보았다.162) 법원은 해외 서버에서 캘리포니아에 있는 구글 데이터 센터까지 데이터를 이동시키는 것은 "압수"에 해당하지 않는다고 보았는데, 왜냐하면 이 경우 계정 소유자의 데이터에 대한 소유 이익에 대한 유의미한 침해가 발생하지 않기 때문이다.163) 법원은 구글은 정기적으로 사용자 데이터를 하나의 데이터 센터로부터 다른 데이터 센터로 이동시키는데 이 경우 사용자는 이를 인지하지 못할 뿐 아니라, 그러한 이동은 사용자의 접근 또는 데이터에 대한 소유 이익을 침해하지 않는다고 판시하였다.164) 또한, 만약 이러한 이동이 계정 소유자의 정보 통제권을 침해한다고 하더라도 그러한 침해는 아주 사소한 것이며, 일시적인 것에 불과하다고 보았다.165)

또한, 법원은 실질적인 프라이버시의 침해는 미국 내에서 데이터가 공개될 때 발생한다고 판단하였다.166) 저장통신법의 주된 입법취지와 관련된 행위, 즉 프라이버시의 침해는 미국 내에서 발생하였고 구글에 의해 공개되는 데이터의 수색은 FBI가 펜실베이니아에서 데이터의 사본을 검토할 때 이루어지는 것이라고 보았다.167)

결론적으로 법원은 구글에 대하여 해외에 저장된 데이터를 제공하도록 요구하는 저장통신법 영장은 허용가능한 저장통신법의 국내 적용에 해당하며, 불법적인 역외 적용에 해당하지 않는다고 판시하였다.168)

---

162) In re Search Warrant No. 16‑960‑M‑01 to Google, 232 F.Supp.3d at *719 (E.D.Pa. 2017).

163) In re Search Warrant No. 16‑960‑M‑01 to Google, 232 F.Supp.3d at *720 (E.D.Pa. 2017).

164) *Ibid.*

165) *Ibid.*

166) In re Search Warrant No. 16‑960‑M‑01 to Google, 232 F.Supp.3d at *721 (E.D.Pa. 2017).

167) In re Search Warrant No. 16‑960‑M‑01 to Google, 232 F.Supp.3d at *722 (E.D.Pa. 2017).

구글은 이러한 판결에 불복하여 저장통신법 영장을 완전히 이행하라는 펜실베이니아 지방법원의 명령에 대한 재심리(review)를 요청하였다.169) 구글은 저장통신법의 주된 입법취지는 전기통신의 프라이버시를 보호하는 것이라고 주장하였다.170) 정부는 저장통신법 영장은 전통적인 수색영장이 아닌 절차의 한 형태(form of process)라고 주장하였다.171) 정부는 특정 장소(place)에서 집행되는 전통적인 영장과 달리 저장통신법 영장은 서비스제공자라는 개인(person) 또는 법인을 대상으로 하며, 따라서 집행 법원이 서비스제공자에 대한 인적 관할권을 가지는 한 영장은 데이터의 위치와 관계없이 제공자가 보유 또는 관리하는 데이터에 대해 집행가능하다고 주장하였다.172)

법원은 제2703조의 주된 입법취지는 서비스제공자가 전자통신 및 기타 가입자정보를 정부에 공개(disclosure)하는 것이라고 보았다.173) 또한, 미국 내 기업 고용자가 미국에 있는 사무실을 벗어나지 않고도 관련 정보를 검토하고 이를 정부에 제출할 수 있기 때문에 영장을 집행하는 모든 절차가 국내에서 이루어지며, 저장된 통신에 접근하는 법적 위치는 "데이터 센터의 물리적 위치가 아니라 서비스제공자가 전자적으로 해당 데이터에 접근할 수 있는 위치"라고 이해하는 것이 더 바람직하다고 보았다.174) 결론적

---

168) In re Search Warrant No. 16‑960‑M‑01 to Google, 232 F.Supp.3d at *722, 725 (E.D.Pa. 2017).

169) In re Search Warrant No. 16‑960‑M‑01 to Google, 275 F.Supp.3d 605 (E.D.Pa. 2017).

170) In re Search Warrant No. 16‑960‑M‑01 to Google, 275 F.Supp.3d at *613 (E.D.Pa. 2017).

171) In re Search Warrant No. 16‑960‑M‑01 to Google, 275 F.Supp.3d at *613-614 (E.D.Pa. 2017).

172) In re Search Warrant No. 16‑960‑M‑01 to Google, 275 F.Supp.3d at *614 (E.D.Pa. 2017).

173) In re Search Warrant No. 16‑960‑M‑01 to Google, 275 F.Supp.3d at *616 (E.D.Pa. 2017).

으로 법원은 구글에 대하여 미국 외에 저장된 데이터를 제공하도록 요구하는 저장통신법 영장의 집행이 적법하다고 판시하였다.[175]

3) 검토

이 사건에서 펜실베이니아 지방법원은 마이크로소프트 사건에서의 항소법원과 반대되는 결론을 내렸다.[176] 구글 사건은 사실관계에 있어서 마이크로소프트와 차이가 있다. 우선 구글의 데이터 저장 방식은 제3장에서 살펴본 데이터 조각 모델에 해당하며, 데이터가 조각으로 나누어져 각각 다른 위치에 저장될 수 있다. 또한, 마이크로소프트 사건에서는 계정 소유자의 국적이나 소재지에 대한 정보가 없었으나, 이 사건에서는 피해자와 계정의 소유자인 수사대상자 모두 국내에 소재하고 있었다. 구글 사건과 마이크로소프트 사건 모두 역외적용 추정금지 원칙을 분석하면서, 의회는 저장통신법이 역외적용될 것을 의도하지 않았다고 보았고, 저장통신법 영장 규정의 주된 입법취지는 이용자의 프라이버시를 보호하는 것이라고 판

---

174) In re Search Warrant No. 16‐960‐M‐01 to Google, 275 F.Supp.3d at
  *617-619 (E.D.Pa. 2017).
175) In re Search Warrant No. 16‐960‐M‐01 to Google, 275 F.Supp.3d at *619
  (E.D.Pa. 2017).
176) 이와 동지의 판결로는, In re Search of Info. Associated with [Redacted]@Gmail.
  com that Is Stored at Premises Controlled by Google, Inc., No. 16-mj-757,
  2017 WL 2480752 (D.D.C. June 2, 2017); In re Search of Content that Is
  Stored at Premises Controlled by Google, No. 16-mc-80263, 2017 WL 1398279
  (N.D. Cal. Apr. 19, 2017); In re Search of Premises Located at [Redacted]
  @Yahoo.com, No. 17-mj-1238 (M.D. Fla. Apr. 7, 2017); In re Info. Associated
  with One Yahoo Email Address that Is Stored at Premises Controlled by
  Yahoo, No. 17-M-1234, 2017 WL 706307 (E.D. Wis. Feb. 21, 2017); In re
  Search Warrant No. 16-960-M-01 to Google, 232 F. Supp. 3d 708 (E.D. Pa.
  2017) 참조.

단하였다.177) 그러나 그러한 행위가 발생한 장소가 어디인가에 대해서는
구글 사건에서는 우선 저장통신법 영장을 통해 데이터 제출을 요구하는
것은 소유권의 박탈을 의미하는 '압수'에 해당하지 않을 뿐 아니라, 수색
이 이루어진 장소는 실질적인(actual) 프라이버시 침해가 발생한 장소인 미
국이라고 보았다. 펜실베이니아 지방법원은 프라이버시 침해를 잠재적인
침해와 실질적인 침해로 나누어, 데이터가 저장된 위치에서 잠재적인 침
해가 발생할 수 있다고 하더라도 수색은 실질적인 침해가 발생한 장소에
서 이루어진다고 판단하였다.

이와 유사한 다른 사건에서 캘리포니아 지방법원은 펜실베이니아 지방
법원과 같이 구글에 대하여 해외에 저장된 데이터를 제공하도록 명령한
저장통신법 영장의 집행이 적법하다고 판시하였다.178) 이후 캘리포니아
지방법원은 영장에 대한 불이행을 이유로 구글에 대하여 민사적 법원모욕
(civil contempt in court)에 따른 제재를 부과하였다.179) 이에 구글은 제9연
방항소법원에 항고하였으나, 마이크로소프트 사건에 대한 대법원의 판결
이 있을 때까지 심리를 유예해 줄 것을 요청하였다.180) CLOUD Act 통과
에 따라 마이크로소프트 사건의 대법원 판결이 소의 이익이 없어 각하되

---

177) 구글 사건의 재심리를 담당한 Juan R. Sanchez 재판관은 저장통신법의 주된 입법
    취지는 프라이버시 보호가 아니라 정부에 대한 데이터 공개라고 보았으며, 영장
    이 집행되는 장소는 데이터가 저장되어 있는 서버의 위치가 아닌, 데이터에 접근
    할 수 있는 자의 위치로 판단하여야 한다고 보아 원심의 논증방식과는 차이가 있
    으나, 해당 저장통신법 영장의 집행이 적법하다는 결론에 있어서는 차이가 없다.
178) In re Search of Content that Is Stored at Premises Controlled by Google, No.
    16-mc-80263, 2017 WL 1398279 (N.D. Cal. Apr. 19, 2017).
179) In the Matter of Search of Content Stored at Premises Controlled by Google
    Inc., 2017 WL 4700056 (N.D. Cal. Oct. 19, 2017).
180) Google Puts Its SCA Warrant Appeal on Hold as High Court Prepares to Hear
    Microsoft Case, January 10 2018, Lexology.
    https://www.lexology.com/library/detail.aspx?g=0ba04148-774f-4d8e-aa0c-2d8a5
    3f732d7 참조.

자, 구글은 항소를 기각하고, CLOUD Act 통과에 따라 사안을 변경해 줄
것을 청구하였고 제9연방항소법원은 이를 인용하였다.[181]

제2절 영국

1. 주요 입법

가. 제출명령 및 원격지 압수수색

영국에서는 1984년 경찰 및 범죄증거법(Police and Criminal Evidence
Act 1984, 이하 PACE 법) 제19조에서 일반적인 수사기관의 압수수색 권
한에 대하여 규정하고 있으며, 제20조에서 컴퓨터 데이터에 대한 특칙을
규정하고 있다. 제20조 제1항에 따라 영국의 수사기관은 압수수색 권한의
행사를 위하여 주거와 같은 장소에 들어가는 경우, 컴퓨터에 저장되어 있
거나 그 장소로부터 접근이 가능한 정보에 대하여 수사기관이 반출할 수
있는(can be taken away) 형태 또는 가시적이고 가독한(visible and legible)
형태로 해당 데이터를 제출할 것을 요구할 수 있다.[182] 따라서, PACE 법

---

181) In re Search of Content Stored at Premises Controlled by Google Inc., 2018
   WL 6324764 (9th Circuit, October 18, 2018).
182) Section 20 Extension of powers of seizure to computerised information.
   (1) Every power of seizure which is conferred by an enactment to which this
   section applies on a constable who has entered premises in the exercise of a
   power conferred by an enactment shall be construed as including a power to
   require any information stored in any electronic form contained in a computer
   and accessible from the premises to be produced in a form in which it can be
   taken away and in which it is visible and legible or from which it can readily
   be produced in a visible and legible form.

에 따르면, 해당 컴퓨터에 저장되어 있는 정보뿐만 아니라 해당 컴퓨터에 연결되어 있는 다른 컴퓨터에 저장된 정보도 원격으로 접근이 가능하다면 수집할 수 있다.

나. 온라인 수색

영국의 경우 "2016년 수사권한법(Investigatory Powers Act 2016)"에 따라 해킹 등 기술적 수단을 통하여 비밀리에 컴퓨터에 침입하여 정보를 수색할 수 있는 "장비 감청(Equipment Interference)" 제도를 운용하고 있다. 장비 감청은 대상을 특정한 장비 감청(targeted equipment interference)과 대량 장비 감청(bulk equipment interference)으로 구분되며, 각각 수사권한법 제5편과 제6편 제3장에 규정되어 있다. 제99조에 따라, 장비 감청 영장의 대상은 통신, 장비 데이터[183] 및 기타 정보로 규정되어 있으며, 영장의 집행 대상은 제101조 제1항에 따라 특정 개인이나 단체가 소유, 사용, 점유하고 있는 장비, 수사 목적으로 장비감청이 필요한 경우, 다수의 개인이나 단체가 공동으로 소유, 사용, 점유하고 있는 장비 또는 두 지역 이상에 위치한 장비 등이 포함된다. 특히 제99조 제5항 (a)호[184]에서 장비 감청 영장은 영장의 대상이 되는 데이터를 확보하기 위해 필요한 모든 처분 행위를 허가한다고 규정하고 있는데, 이에 따라 데이터 확보를 위한 기술적인 침입방법, 즉 소프트웨어의 보안취약점을 이용한 해킹 및 감시 소프트

---

183) 장비 데이터에서 '장비'란, 전자파, 음향, 각종 전파 등을 방출하는 모든 장비와 이와 연결되어 있는 모든 장치를 포함하며, 컴퓨터, 모바일 기기, 태블릿 등을 모두 포함하고 있다.

184) (5) A targeted equipment interference warrant also authorises the following conduct (in addition to the conduct described in the warrant) –

(a) any conduct which is necessary to undertake in order to do what is expressly authorised or required by the warrant, including conduct for securing the obtaining of communications, equipment data or other information.

웨어 설치 등이 가능하게 된다.[185)

　장비 감청 영장의 발부 요건은 제102조 내지 제110조에 규정되어 있는데, 우선 필요성과 비례성의 요건이 충족되어야 하며, 법집행기관의 경우 중대범죄[186)의 예방과 수사, 사람의 생명, 신체, 정신적 건강에 대한 보호나 위해방지 등의 목적으로 발부될 수 있다.[187)

　대상을 특정한 장비 감청 영장은 영국 외에서 발생하는 사안에 대해서는 발부될 수 없고, 예외적으로 범죄수사의 대상이 영국 국민이거나, 영국 국민에게 영향을 미치거나 영국 법정에서 증거로 사용될 가능성이 있는 경우에는 발부할 수 있다.[188) 이와 달리, 대량 장비 감청 영장의 경우에는 제176조에 따라 해외에서 영국으로 또는 영국에서 해외로 송수신되는 통신(overseas-related communications) 또는 관련된 장비 데이터, 그리고 이러한 통신에서 이차적인 정보를 획득하기 위한 목적으로 해외에 있는 불특정 다수의 개인 또는 장비를 대상으로 발부될 수 있다. 그러나 이러한 대량 장비 감청에 의해 획득된 정보 중 개인정보나 통신의 내용은 보호자료(protected materials)로 분류되며, 이를 분석하고 선별하기 위해서는 '대상 특정 분석 영장(targeted examination warrant)'을 추가로 발부받아야 한다.[189)

다. 국외 제출명령

　영국은 CLOUD Act 제정 이전부터 이미 미국과 데이터 상호 제공에 관

---

185) Home Office, Code of Practice - Equipment Interference, 2018, pp. 10-13.
186) 여기에서 중대범죄는 제263조 제1항에 따라, 18세 이상의 초범이 최소 3년 이상
　　의 징역을 받을 수 있는 범죄 또는 폭력을 수반하는 행위 중 상당한 금전적 이득
　　과 연결되는 범죄, 다수의 참가자가 공통의 목적을 위해 폭력행위에 참여하는 행
　　위로 정의되어 있다.
187) Home Office, Code of Practice - Equipment Interference, 2018, p. 24.
188) *Ibid.*, p. 17.
189) *Ibid.*, p. 40.

한 논의를 시작한 국가로, 위에서 언급한 미국 CLOUD Act 제2523조에 따른 행정협정을 체결하는 최초의 국가가 될 것으로 언론이나 학계에서 언급되어 왔다.[190] 영국 의회는 미국과의 행정협정 체결을 염두에 두고 국외 제출명령에 관한 내용을 포함한 "Crime (Overseas Production Order) Act 2019"를 통과시켰고 동 법안은 2019년 2월 12일 영국 왕실의 재가(royal assent)를 받았다.

Crime Act에 따르면 경찰관(constable) 등 법에서 정하는 공무원(appropriate officer)은 형사법원(Crown Court)에 국외 제출 명령(overseas production order, "OPO")을 신청하여 해외에 있는 자로부터 데이터의 저장 위치와 관계없이 '전자 데이터(electronic data)'를 제출하거나 접근 가능하게 하도록 요구할 수 있다. 동법에서는 '전자 데이터'를 '전자적으로 저장된 모든 데이터'로 광범위하게 정의하고 있다. 다만, OPO는 변호사 특권에 의해 보호되는 기록이나 개인의 의료기록과 같은 비밀기록에는 적용되지 않는다.[191]

형사법원 판사는 다음의 여섯 가지 사항을 모두 충족한다고 믿을만한 합리적인 근거가 있는 경우에 OPO를 발부할 수 있다.

1. 제출명령의 대상이 되는 자가 영국 밖에 있는 국가에서 활동하거나 해당 국가에 기반을 두고 있으며, 해당 국가가 영국과 '지정된 국제협력 약정(designated international cooperation arrangement)[192]'을 체결한 당사국인 경우;
2. 수사 또는 형사절차가 기소가능 범죄와 관련된 경우, 또는 제출명령이 테러리스트 수사 목적인 경우;

---

190) Tiffany Lin and Mailyn Fidler. *supra* note 35; Jennifer Daskal, *supra* note 25.
191) 동법에서는 이를 전자데이터와 구분하여 "예외적 전자데이터(excepted electronic data)"라고 정의하고 있다.
192) 동법에서는 '지정된 국제 협력 약정(designated international cooperation arrangement)'을 범죄 수사 또는 기소와 관련된 국제사법공조 규정과 관련이 있으며 국무장관이 법률에 의해 지정한 관련 조약이라고 정의하고 있다.

3. 제출명령의 대상이 되는 자가 전자 데이터의 전체 또는 일부를 보유 또는 관리하는 경우;
4. 전자 데이터의 전체 또는 일부가 수사 또는 형사절차에 상당한 중요성을 가지는 경우;
5. 전자 데이터의 전체 또는 일부가 범죄와 관련된 증거가 될 경우;
6. 전자 데이터의 전체 또는 일부가 제출되는 것이 사법정의에 부합하는 경우

OPO에는 명령에 명시되거나 서술된 전자데이터를 제출하거나 접근가능하게 하여야 하는 대상자 및 전자데이터를 제출해야 하는 기한이 명시되어 있어야 한다. 여기에서의 기한은 영장이 제시된 날로부터 "7일"이며, 특정한 상황에서는 판사가 판단하여 적절하다고 판단되는 경우 7일의 기간보다 단기 또는 장기의 기간을 정하여 명시할 수 있다.

동법의 제출명령을 받은 자는 제출명령에 명시되어 있거나 서술되어 있는 전자데이터를 수사기관이 반출할 수 있는(can be taken away) 형태 또는 가시적이고 가독한(visible and legible) 형태로 해당 데이터를 제출하여야 한다.

2. 미국과의 행정협정 체결

영국은 2019년 10월 3일, 미국과 CLOUD Act에 따른 행정협정을 체결하였다. 미국 법무부는 이러한 행정협정이 "중대범죄(Serious Crime)"에 대응하기 위하여 필요한 것이라고 언급하였다.[193) 협정 제1조 제14항에서는

---

193) Press Release, U.S. Department of Justice, U.S. and UK Sign Landmark Cross-Border Data Access Agreement to Combat Criminals and Terrorists Online (Oct. 3, 2019),

중대범죄를 최소 3년 이하의 징역형으로 규정된 범죄라고 정의하고 있다. 행정협정은 CLOUD Act의 규정에 근거하여 180일의 의회의 심사를 거쳐 발효된다.

우선, 행정협정 제1조 제16항은 협정의 적용범위에 대하여 규정하면서, 동 협정은 "대상자(covered person)"에 의하여 이용되거나 통제되는 데이터에 적용되며, "접수국(Receiving Party)"에 의해 이용되거나 통제되는 데이터에는 적용되지 않는다고 규정하고 있다. 제1조 제12항은 "접수국의 국민(Receiving Party Person)"은 미국 또는 영국의 시민, 영주권자 또는 정부 공무원 또는 영국 내의 법인 또는 기타 개인을 의미한다고 규정하고 있다. 이 두 조항의 규정은 행정협정이 영국 정부로 하여금 미국 시민과 관련된 정보를 직접 또는 간접적으로 수집하지 못하도록 하고 있음을 의미한다.[194) 영국 또는 미국 정부가 자국 내의 통신서비스제공자에게 데이터 제출 명령을 발부할 경우, 협정 제3조 제2항에 따라 관련 국내법이 적용된다. 이는 영국 정부가 영국의 영토 내에 있는 미국 기업에게 정보를 요청할 경우 어떠한 미국 법도 적용되지 않음을 의미한다.

협정 제5조는 영국 법원에 의한 명령의 발부와 사법적 통제에 있어서 "합리적 정당성(reasonable justification)" 요건에 대해 규정하고 있다[195). 제5조 제4항은 명령이 미국이나 제3국의 정부에게 정보를 공개하기 위한 목적으로 발부되어서는 안 된다는 것을 규정하고 있다. 제5조 제11항 내지 제12항은 만약 명령이 부적절하다고 판단될 경우, 서비스제공자가 이의를 제기할 수 있는 절차에 대해 규정하고 있다. 서비스제공자가 영국 정

---

https://www.justice.gov/opa/pr/us-and-uk-sign-landmark-cross-border-data-access-agreement-combat-criminals-and-terrorists.

194) Eddie B. Kim, "U.S.-U.K. Executive Agreement: Case Study of Incidental Collection of Data Under the CLOUD Act", *Washington Journal of Law, Technology & Arts*, Vol. 15, Issue 3, 2020, p. 269.

195) *Ibid.*, p. 269.

부의 명령에 이의를 제기하고 양 당사자가 문제를 해결하지 못할 경우, 미국 정부는 해당 명령의 적절성에 대하여 심사하는 조치를 할 수 있다. 만약 미국 정부가 서비스제공자의 이의 제기에 동의할 경우, 서비스제공자는 영국 정부에게 정보를 제공할 의무가 발생하지 않는다.

협정 제7조에서는 타겟팅 및 최소화(targeting and minimization) 절차에 대해 규정하고 있는데, 제7조는 영국으로 하여금 대상자의 데이터를 수집하는 과정에서 우연히 미국 시민의 데이터를 획득하는 것을 "최소화 할 수 있는 적절한 절차를 채택하고 이행할" 것을 요구하고 있다.

제7조 제3항은 영국 정부로 하여금 "대상자"에 대한 범죄수사 및 기소에 필요하지 않은(not necessary) 데이터를 "분리, 봉인 또는 삭제하고 유포하지 말 것"을 요구하고 있다.[196]

협정은 무엇이 "필요한" 데이터인지에 대해서는 침묵하고 있으며, 이는 영국 정부의 해석에 맡겨져 있다.[197] 제7조 제5항은 그러한 데이터는 만약 "그것이 미국에 대한 중대한 위해 또는 위협과 관련되어 있지 않을 경우" 미국 정부에 전송되어서는 안 된다고 규정하고 있다.

마지막으로, 협정 제8조 제4항에 따르면 영국은 수집한 데이터를 사용함에 있어서 그것이 표현의 자유 문제를 야기하지 않는 이상, 별도의 허가를 받을 필요는 없다. 또한, 미국은 영국 서비스제공자의 서버로부터 데이터를 획득한 경우, 그러한 데이터가 사형을 선고할 수 있는 범죄 수사에 활용될 경우에만 영국 정부의 허가를 받아야 한다.

---

196) Nathan Swire, Applying the CLOUD Act to the U.S.-U.K. Bilateral Data Access Agreement, LAWFARE, October 28, 2019. https://www.lawfareblog.com/applying-cloud-act-us-uk-bilateral-data-access-agreement.

197) Eddie B. Kim, *supra* note 194, p. 270.

제3절 벨기에

1. 주요 입법

가. 가입자 정보 수집

벨기에 형사소송법 제46조의2 제1항은 "범죄를 탐지함에 있어서 검사는 서면결정에 의해 전기통신네트워크 운영자 또는 전자통신 서비스 제공자의 협력을 요구할 수 있으며, 운영자 또는 제공자가 보유하고 있거나 접근할 수 있는 가입자 정보를 제출하도록 요구할 수 있다"고 규정하고 있다.198) 또한, 긴급 상황일 경우, 사법경찰관이 검사의 사전 구두 동의를 얻어 해당 데이터의 제공을 요청할 수 있도록 하고 있다.199)

제2항에서는 전기통신네트워크 운영자 및 전기통신 서비스 제공자는 검사에게 일정 기간 이내에 요청받은 데이터를 제출하도록 규정하고 있다. 또한, 이러한 정보제공 요청을 거부할 경우, 26유로 이상 10,000유로 이하의 벌금형으로 처벌된다고 규정하고 있다. 즉, 벨기에 형사소송법은 서비스제공자에 대하여 사법기관 협력 의무를 부과하고 이를 불이행할 경우 형사처벌하는 규정을 두고 있다.200)

나. 트래픽 데이터 수집

트래픽 데이터나 위치데이터를 수집하기 위한 절차는 형사소송법 제88

---

198) Vanessa Franssen, "The Belgian Internet Investigatory Powers Act − A Model to Pursue at European Level?", *European Data Protection Law Review*, Volume 3, Issue 4, 2017, p. 538.
199) EUROJUST, Cybercrime Judicial Monitor, Issue 1, June 2016, p. 16.
200) *Ibid.*

조의2에서 규정하고 있으며, 이에 따르면 1년 이상의 징역으로 처벌가능한 범죄의 수사를 위해 필요한 경우, 수사 판사가 데이터 제출을 명령할 수 있다. 다만 형사소송법 제90조의3 제2항에서 열거하고 있는 법적 해킹을 명령할 수 있는 중범죄의 현행범인 경우에는 검사가 이를 요청할 수 있다. 범죄의 유형에 따라, 수사판사나 검사는 6개월에서 12개월 내의 데이터를 요청할 수 있다.

이를 위해서는 최고 1년 이상의 징역형에 처해질 수 있는 범죄행위가 발생하였다는 혐의가 인정되어야 하며, 이러한 조치가 실체적 진실 발견을 위해 필요한 것이어야 하며, 비례성과 보충성의 원칙이 충족되어야 한다.

다. 네트워크 수색

벨기에에서는 공개 수사와 비밀 수사를 나누어, 공개 수사의 경우에 컴퓨터시스템에 대한 원격 수색과 비밀 수사의 경우 법적 해킹 및 데이터 감청에 대하여 각각 달리 규정하고 있다.

공개 수사의 경우 컴퓨터시스템에 대한 원격 수색은 형사소송법 제88조의3에서 규정하고 있는데,201) 수사판사는 다른 조치가 적절하지 않고 원

---

201) Article 88*ter* (Computer and Network Search)

§ 1. When an investigating judge orders a search in a computer system or in a part thereof, this search can be extended to a computer system or a part thereof that is located at another place other than the place where the search takes place:

if this extension is necessary to bring the truth to light concerning the criminal offence that is the object of the search; and

if other measures would be disproportional, or if there is a risk that evidence would be lost without this extension.

§ 2. The extension of the search in a computer system may not be expanded beyond the computer systems or parts thereof to which the persons that are entitled to use the computer system that is being searched, have access in

격수색이 실체적 진실발견을 위하여 필요한 경우 해당 명령을 발부할 수 있고, 이러한 수색은 컴퓨터시스템의 사용자의 접근권한 내에서만 부여될 수 있다.

벨기에 형사소송법에는 만약 접근하고자 하는 데이터가 해외에 저장되어 있는 경우 이를 해당 국가에 통지하는 규정을 두고 있는 것이 독특하다.202) 즉, 형사소송법 제88조의3 제3항에서는 데이터가 벨기에 영토 내에 저장되어 있지 않은 것으로 판단되는 경우, 해당 데이터의 복제만 가능하며, 이 경우 수사판사는 검사를 통해 법무부에 즉시 이 사실을 통지하여야 하며, 법무부는 관련된 국가의 권한있는 당국에 이를 통지할 것을 규정하고 있다. 그러나 해당 데이터의 저장위치를 정확히 특정할 수 있는 경우에만 통지규정을 적용할 수 있다는 점에서 실제로 타국에 통지가 이루어질 가능성은 낮다.203)

비밀 수사에 있어서 합법적 해킹과 데이터 감청에 대해서는 형사소송법

---

particular.

§ 3. In relation to the data that have been discovered as a result of the extension of the search in a computer system and that are useful for the same purposes as the seizure, the provisions of article 39bis are applied. The investigating judge informs the person responsible for this computer system, unless his identity or domicile cannot reasonably be discovered.

When it appears that these data are not located on the territory of the Kingdom, they shall only be copied. In that case, the investigating judge shall immediately inform, through the public prosecutor, the Ministry of Justice, which will inform the competent authority of the concerned State, if this can reasonably be established.

§ 4. Article 89bis applies to the extension of a search in a computer system.

202) Anna Maria Osula and Mark Zoetekouw, "The Notification Requirement in Transborder Remote Search and Seizure: Domestic and International Law Perspectives", *Masaryk University Journal of Law and Technology*, Vol. 11, No. 1 (2017), p. 108.

203) *Ibid.*

제90조의3에서 규정하고 있으며, 동조 제2항에서 열거하고 있는 살인, 인신매매, 테러리즘과 같은 중범죄에 한하여 허용된다. 합법적 해킹 명령을 발부하기 위해서는 제90조의3 제2항에서 열거하고 있는 중범죄가 발생하였을 것이라는 확실한 정황이 있어야 하고, 이러한 조치가 실체적 진실 발견을 위해 필요한 것이어야 하며, 해당 조치의 대상이 피의자이거나 피의자와 정기적으로 연락을 하는 자일 것을 요하며, 비례성과 보충성의 원칙을 준수하여야 한다.

2. 관련 판례

가. 야후(Yahoo!) 사건

1) 사실관계

2007년 10월 벨기에 Dendermonde 지방 검사는 도난 신용카드 정보를 이용한 온라인 사기 사건을 수사하면서 용의자가 야후(Yahoo!)의 관리 하에 있는 다수의 이메일 계정을 사용하고 있다는 점을 인지하였다.204) 이에 검사는 2007년 11월 용의자를 특정하기 위해, 미국 법인인 야후에 대하여 해당 이메일 계정과 연결된 가입자정보를 제공할 것을 요청하는 명령을 온라인으로 송부하였다.205) 그러나 야후는 그러한 요청은 서면으로 제출되어야 한다고 답변하였고 2008년 2월 검사는 미국 캘리포니아에 우편으로 명령을 송부하였다.206) 야후는 미국 전기통신프라이버시법(ECPA)에

---

204) EUROJUST, *supra* note 199, p. 13.
205) Vanessa Franssen, *supra* note 198, p. 538.
206) EUROJUST, *supra* note 199, p. 13.

의해 이러한 정보의 공개는 금지되어 있으며, 미국 법무부를 통해 요청해야 한다고 답변하였다.207) 2008년 7월 검사는 야후에 대하여 명령을 이행할 것을 요구하였고 야후는 이에 대해 아무런 대응을 하지 않았다.

2) 법원의 판단

벨기에 검사는 야후를 사법기관에 대한 협력의무 불이행을 이유로 형사소송법 제46조의2에 근거하여 기소하였다.208) 이에 대해 야후는 벨기에 검사가 미국과 벨기에 간의 체결된 국제형사사법공조조약 절차를 따르지 않았으며, 검사가 주장하는 범죄행위는 벨기에에서 발생하지 않았으며, 야후는 형사소송법 제46조의2에서 규정하고 있는 벨기에에 설립된 전기통신서비스 제공자가 아니므로 벨기에 법원은 영토 관할권을 갖지 않는다고 주장하였다.209)

2009년 3월 2일 Dendermonde 1심 법원은 야후가 인터넷을 통해서 또는 가상으로 존재하더라도, 상업적으로, 또한 서비스를 제공함으로써 벨기에 영토 내에 존재한다고 판단하였다.210) 또한, 야후는 벨기에에서 포털사이트, 검색엔진, 무료 이메일 서비스를 제공하고 있기 때문에, 벨기에 형사소송법 제46조의2의 적용을 받는 전기통신 네트워크 운영자 또는 전기통신서비스제공자에 해당한다고 판시하였다.211) 이 사건에서 요청된 데이터는 벨기에 검사에게 전달되어야 하기 때문에, 사법기관에 대한 협력 불이행 범죄는 벨기에에서 발생한 것이라고 보았다.212)

---

207) *Ibid.*
208) Vanessa Franssen, *supra* note 198, p. 538.
209) EUROJUST, *supra* note 199, pp. 16-17.
210) *Ibid.*, p. 17.
211) *Ibid.*, p. 18.
212) *Ibid.*

이에 야후는 Ghent 항소법원에 항소하였고, 항소법원에서는 야후가 전기통신 네트워크 운영자 또는 전기통신 서비스 제공자에 해당하는지 여부가 주된 쟁점이 되었다. 우선 Ghent 항소법원은 문제된 야후 이메일 계정이 생성될 당시 계정 명의자는 벨기에에 있지 않았으며, 야후는 벨기에에 사업장이나 사무소 등이 없었기 때문에 벨기에 영토 내에 존재한다고 보기 어렵다고 판단하였다.213) 또한, 야후가 전기통신 네트워크 운영자 또는 전기통신 서비스 제공자에 해당하는지 여부에 대해서는 야후는 기존의 인프라나 통신 시스템을 이용할 뿐이며, 웹메일 시스템은 어플리케이션이나 소프트웨어로 간주되어야 하기 때문에, 야후는 전기통신 서비스 제공자에 해당되지 않는다고 판시하였다.214) 2010년 6월 30일, Ghent 항소법원은 1심법원의 판결을 파기하고 야후에 대하여 무죄를 선고하였다.215)

이에 검찰은 2010년 7월 12일 상고하였고 파기원에서는 야후가 전기통신 네트워크 운영자와 전기통신 서비스 제공자의 정의에 해당되는지 여부를 검토하였다. 파기원은 "사용자로 하여금 네트워크를 통해 정보를 획득, 수신 또는 배포할 수 있게 하는 서비스를 제공하는 자"는 전기통신 서비스 제공자에 해당된다고 보아, 야후 역시 형사소송법상 전기통신 서비스 제공자에 해당한다고 판단하였다.216) 2011년 1월 18일, 파기원은 Ghent 항소법원의 결정을 파기하고 사건을 브뤼셀 항소법원으로 환송하였다.

브뤼셀 항소법원은 검사가 송부한 명령의 유효성을 검토하면서, 야후에 대하여 이메일과 서면으로 송부한 명령이 유효하지 않다고 판단하였지만, 파기원은 해당 명령이 법적으로 유효하다고 판단하였다.217) 파기원은 사건을 Antwerp 항소법원으로 파기환송하였다. Antwerp 항소법원은 야후가

---

213) *Ibid.*, p. 21.
214) *Ibid.*, p. 22.
215) *Ibid.*, p. 23.
216) *Ibid.*, p. 24.
217) *Ibid.*, pp. 25-26.

벨기에 영토 내에 존재하며, 전기통신 서비스 제공자로 간주될 수 있다고
보았다.218)

야후 사건에 대해서는 2009년부터 2015년까지 각급 법원의 총 7건의 판
결이 내려졌다.219) 최종적으로 2015년 12월 1일, 벨기에 파기원(court of
cassation)에서는 모든 야후의 주장을 배척하고 유죄판결을 확정하였다.220)
특히 파기원은 야후가 관련 벨기에 법의 적용을 받는 전자통신 서비스 제
공자라고 보았으며, .be 도메인을 사용하고 있고 벨기에 현지 언어로 서비
스를 제공하며, 벨기에 사용자를 위한 고객센터를 운영함으로써 벨기에의
경제적 활동에 적극적으로 참여하고 있기 때문에 벨기에 영토 내에 존재
한다고 판단하였다.221)

또한, 벨기에 파기원은 벨기에 경찰관이나 치안판사가 관련 정보를 제
공받기 위해서 외국에 직접 갈 필요가 없고, 해외에서의 어떠한 물리적인
행위도 요구하지 않기 때문에 역외적 집행관할권 행사 문제는 이 사건에
서 문제되지 않는다고 보았다.222)

3) 검토

2015년 파기원의 최종 결정 이후에 벨기에의 입법자들은 2016년 12월

---

218) *Ibid.*, p. 27.
219) Paul de Hert, Cihan Parlar, Johannes Thumfart, "Legal arguments used in courts regarding territoriality and cross-border production orders: From Yahoo Belgium to Microsoft Ireland", *New Journal of European Criminal Law*, Vol. 9, Issue. 3, 2018, p. 18.
220) Court of Cassation of Belgium, 1 December 2015, No.P.13.2082.N.; 비공식 영문 번역문으로는 Case Translation: Belgium - Hof van Cassatie van België, Digital Evidence and Electronic Signature Law Review, Vol. 13, 2016, pp. 156-158 참조.
221) *Ibid.*, p. 157.
222) *Ibid.*

25일 형사소송법 및 형법을 개정하는 새로운 입법안을 채택하였다. 이 법안
에는 인터넷과 관련된 수사권한 및 잠입수사 강화, 음성 데이터베이스 신설
등의 규정이 포함되어 있으며, 2017년 1월 27일 발효하였다. 여기에는 야후
사건에서의 판결 내용과 일치되게 서비스제공자의 협력의무에 대한 적용범
위를 개정하는 내용이 포함되었다.223) 개정 법률에 따르면, 가입자정보에
대한 제출명령을 규정한 제46조의2, 트래픽 데이터와 위치정보에 대한 제출
명령을 규정한 제88조의2 및 콘텐츠 데이터의 감청에 대한 기술지원을 제
공할 의무를 규정한 제90조의4는 벨기에의 영토 내에서 전기통신네트워크
를 통해 신호를 전달하거나 이용자로 하여금 전기통신네트워크를 통해 정
보를 얻고, 수신하거나 유포할 수 있게 해주는 서비스를 제공하는 자(전기
통신서비스 제공자 포함) 및 전기통신네트워크 운영자에게 적용된다.224)

나. 스카이프(Skype) 사건

1) 사실관계

야후 사건에서는 사법당국이 요청한 정보가 가입자정보에만 한정되어

---

223) Vanessa Franssen, *supra* note 198, p. 535.
224) Vanessa Franssen, *supra* note 198, p. 540. 해당 규정의 영문 번역본은 다음과
   같다.
   "To this end, when necessary, he can order, directly or by the intermediary of
   the police service designated by the King, the cooperation of :
   - an operator of an electronic communications network, and
   - any person who provides for or offers, on the Belgian territory, in whatever
     way, a service that consists in transmitting signals through electronic
     communications networks or in authorising users to obtain, receive or spread
     information through an electronic communications network. Providers of an
     electronic communications service are also included."

있었으나, 스카이프(Skype) 사건에서 벨기에 법원은 야후 사건에서의 법원의 입장을 통신내용에까지 확장하여 적용하였다.225) 벨기에 검사는 조직범죄 사건을 수사하면서 두 명의 벨기에 거주자 간의 통신과 관련하여 스카이프를 상대로 트래픽 데이터와 위치 데이터를 제출하고 통신내용을 실시간으로 감청하도록 명령하였다.226) 또한, 이 명령에는 스카이프에게 이러한 통신내용을 획득하도록 기술적 지원을 요청하는 내용도 포함되어 있었다.

스카이프는 가입자정보는 자발적으로 제공하였으나, 모든 통신내용은 암호화되어 있고, 스카이프는 통신내용을 저장하지 않는다고 주장하였다.227) 또한, 스카이프의 본사는 룩셈부르크에 있으므로, 통신내용 감청을 위한 기술 지원 요청은 국제사법공조 절차를 통해 룩셈부르크 정부에 하여야 한다고 주장하였다.228)

2) 법원의 판단

1심과 2심 법원 모두 위와 같은 스카이프의 주장을 배척하였다. 1심 법원에서는 스카이프가 룩셈부르크 회사라고 할지라도, 벨기에에서 서비스를 제공하고 있고 경제활동에 적극적으로 참여하고 있기 때문에, 벨기에 관할권의 대상이 된다고 보았다.229)

또한, 야후 사건에서의 벨기에 파기원의 판결을 참조하여, 1심 법원은

---

225) Court of Appeal Antwerp, 15 November 2017, Case No 2016/CO/1006 ; Court of First instance Antwerp, Division Mechelen 27 October 2016, Registry No 1286, Case No 20.F1.105151-12.

226) Vanessa Franssen, *supra* note 198, p. 539.

227) Paul de Hert, Cihan Parlar and Johannes Thumfart, *supra* note 219, p. 19.

228) *Ibid.*

229) Court of First instance Antwerp, Division Mechelen 27 October 2016, Registry No 1286, Case No 20.F1.105151-12.

벨기에의 수사관이 타국에 가지 않았고, 관련 정보는 벨기에에서 수신한
다는 점을 강조하면서 관련 집행 행위가 역외적인 것이 아니라 국내에서
이루어진 것이라고 보았다.[230] 또한, 법원은 룩셈부르크 법과의 충돌 가능
성이나 룩셈부르크의 주권 침해에 대한 우려 역시 배척하였다.[231] 법원은
스카이프가 룩셈부르크가 아닌 벨기에의 영토 내에서 기술적 협력을 제공
해야 한다는 점을 들어 룩셈부르크 법과의 충돌 가능성은 이 사건과 관련
이 없다고 판시하였다.[232] 항소법원에서도 1심 법원의 입장을 받아들여
원심을 확정하였고 스카이프에게 30,000 유로의 벌금을 부과하였다.[233]

스카이프는 2심 법원의 판결에 상고하였으나 파기원은 이러한 상고 주
장을 모두 기각하고 2심 판결을 확정하였다.[234] 파기원은 스카이프가 벨
기에에서 경제활동에 적극적으로 참여하고 있기 때문에 벨기에 법원은 스
카이프에 대하여 재판관할권이 인정되고, 벨기에 사법기관에게 협력할 의
무의 불이행은 요청된 데이터가 수신되는 장소인 벨기에에서 발생하며,
이는 협력할 의무가 있는 자가 해외에 있는 경우라도 마찬가지로 적용된

---

230) Paul de Hert, Cihan Parlar, Johannes Thumfart, Legal arguments used in courts
    regarding territoriality and cross-border production orders: From Yahoo
    Belgium to Microsoft Ireland, New Journal of European Criminal Law, Vol. 9,
    Issue. 3, 2018, p. 19.
231) Lawful Interception on VoIP services – Skype in Belgium, March 12 2018,
    Lexology.
    https://www.lexology.com/library/detail.aspx?g=cf4cdf3a-f194-4754-a945-db0075
    0edab0 참조.
232) Paul de Hert, Cihan Parlar and Johannes Thumfart, *supra* note 219, p. 20.
233) Vanessa Franssen, *supra* note 198, p. 539.
234) Cedric Ryngaert, *Selfless Intervention: The Exercise of Jurisdiction in the
    Common Interest*, Oxford University Press, 2020, p. 193; Court of Cassation of
    Belgium, February 19, 2019, P.17.1229.N. 벨기에 파기원 판결문의 비공식 영어
    번역본은
    https://www.euromed-justice.eu/en/system/files/skype_-_court_of_cassation_19-0
    2-2019_-_eng.pdf 참조.

다고 판단하였다.[235] 또한, 벨기에에 지사나 사무실을 두는 등 물리적으로 소재하지 않더라도, 벨기에에서 서비스를 제공하면 벨기에 형사소송법의 적용을 받게 되며, 통신감청을 위한 기술지원을 제공할 의무는 벨기에 내에서의 통신에 대한 것이기 때문에 룩셈부르크 법과의 충돌 가능성은 문제되지 않고, 벨기에 거주자를 대상으로 벨기에 영토 내에서 제공하는 서비스는 벨기에 법의 적용을 받는다고 판시하였다.[236] 또한, 검사에게 정보를 제공하는 것과 감청에 대한 기술적 협력을 하는 행위 역시 벨기에에서 이루어지기 때문에 국제사법공조 절차는 불필요하다고 보았다.[237]

3) 검토

이 사건에서는 국내에 사업장이나 사무소가 없는 해외 법인을 대상으로 저장된 데이터에 대한 제출명령뿐만 아니라 통신내용에 대한 실시간 감청에 대한 협력 의무를 부과할 수 있는지 여부가 문제되었다. 야후 사건에서의 파기원의 논리와 유사하게 스카이프 사건에서도 스카이프가 벨기에 내에서 경제활동에 적극적으로 참여하고 있으며 벨기에에서 서비스를 제공하기 때문에 벨기에 국내법상 서비스제공자에 해당하며, 사법기관에 대하여 협력을 불이행한 경우 형사처벌할 수 있다고 보고 있다. 즉, 벨기에 파기원은 벨기에와의 충분한 영토적 관련성(connecting factor)을 인정하기 위하여 결정적인 요소는 서비스제공자의 사무실이나 설립지의 위치가 아니라, 서비스제공자가 서비스를 제공하는 장소라고 본 것이다.[238] 이는 글로벌 서비스

---

235) Court of Cassation of Belgium, February 19, 2019, P.17.1229.N.
236) *Ibid.*
237) *Ibid.*
238) Lawful Interception on VoIP services − Skype in Belgium, March 12 2018, Lexology.
   https://www.lexology.com/library/detail.aspx?g=cf4cdf3a-f194-4754-a945-db0075

를 제공하는 대부분의 기업이 벨기에 법의 적용을 받게 되고, 자국법과 관계없이 벨기에 사법기관의 정보제공 요청에 응해야 함을 의미하기 때문에, 글로벌 기업에게 불리한 자국법의 지나친 확대 해석이라고 볼 수 있다.

제4절 일본

1. 주요 입법

가. 제출명령

일본에서 수사기관은 형사소송법 제99조의2 및 제218조 제1항에 의하여 범죄수사를 위하여 필요한 때에는 영장을 발부받아 기록명령부 압수를 할 수 있다.[239] '기록명령부 압수'란, 수사기관이 정보저장매체에서 직접 범죄 관련 정보를 탐색하여 압수하는 것이 아니라, 피압수자에게 필요한 데이터를 제출할 것을 명령하는 제도이다. 이 조항은 사이버범죄협약의 이행입법을 마련하는 과정에서 협약 제18조에 대응하여 2011년 신설된 것이다.[240]

0edab0 참조.

239) 형사소송법 제99조의2
법원은 필요한 때에는 기록명령부 압수(전자적 기록을 보관하는 자 그 밖의 전자적 기록을 이용할 권한을 갖는 자에게 명하여 필요한 전자적 기록을 기록매체에 기록하게 하거나 인쇄하게 한 다음 해당 기록매체를 압류하는 것을 말한다)를 할 수 있다.
제218조 ① 검사, 검찰사무관 또는 사법경찰직원은, 범죄의 수사에 관하여, 필요한 경우에는, 재판관이 발부한 영장에 따라, 압수, 기록명령부 압수, 수색 또는 검증을 할 수 있다. (후단 생략)
240) 박희영, 최호진, 최성진, "사이버범죄협약 이행입법 연구", 대검찰청 정책연구용

기록의 대상이 되는 정보가 해외에 저장되어 있는 경우, 기록명령부 압수가 가능한지 여부가 문제되는데, 정보를 피압수자가 보관하고 있거나 일본 내에서 합법적으로 접속할 수 있는 경우에는 기록명령부 압수가 가능한 것으로 해석된다.[241]

나. 원격접속

일본 형사소송법 제218조 제2항에서는 "압수할 물건이 전자계산기인 경우, 당해 전자계산기에 전자통신회선으로 접속되어 있는 기록매체로서, 당해 전자계산기에서 작성 또는 수정한 전자적 기록 또는 당해 전자계산기에서 수정 또는 삭제하는 것이 가능한 전자적 기록을 보관하기 위하여 사용되고 있다고 인정하기에 족한 상황에 있는 것으로부터, 그 전자적 기록을 당해 전자계산기 또는 다른 기록매체에 복사하여, 당해 전자계산기 또는 당해 다른 기록매체를 압수할 수 있다"고 규정하고 있다. 이 조항 역시 사이버범죄협약의 이행입법의 일환으로 신설된 규정으로 사이버범죄협약 제19조 제2항을 국내법으로 수용한 것이다.[242] 즉, 수사기관은 제218조 제2항에 따라 압수할 물건이 컴퓨터이며 해당 컴퓨터에 연결되어 있는 서버 등 저장매체가 있는 경우, 원격으로 해당 서버에 접속하여 데이터를 복사하는 이른바 '원격접속'(リモートアクセス) 방식으로 압수할 수 있다.[243]

역과제 보고서, 2015, pp. 204-206.

241) 指宿 信, "サイバースペース二おける証據收…集とデジタル証據の確保―2011年改正案を考える", 法律時報 83卷 7号, 日本評論社 (2011), p. 87.

242) 박병민, 서용성, "디지털 증거 압수수색 개선방안에 관한 연구―법률 개정에 관한 논의를 중심으로―", 사법정책연구원 연구총서 2021-05, 사법정책연구원, 2021, p. 144.

243) 우지이에 히토시(氏家 仁), "일본의 전자적 증거 압수에 관한 2011년 개정법 소개", 형사법의 신동향 통권 제49호, 2015, pp. 419-421.

2. 관련 판례

가. 동경고등재판소 구글 이메일 원격 접속 사건[244)]

1) 사실관계

가나가와 현 경찰 본부의 경찰관들은 피고인의 사문서위조, 공문서위조, 건물 파괴 및 비현주건조물 방화 등의 범죄를 수사하던 중, 2012년 9월 18일, 본건 공소사실 이외의 피의사실로 하는 압수수색 허가장에 근거하여, 피고인 주거지 등을 수색해 노트북 PC를 압수하였다.[245)]

압수수색 허가장에는 '압수해야 할 컴퓨터에 전기통신 회선으로 접속하고 있는 기록 매체로서, 그 전자적 기록을 복사할 범위'와 '메일 서버의 기록 영역' 등이 구체적으로 기재되어 있어, 이른바 원격접속에 의한 복사 처분이 허용되어 있었다.[246)] 그러나 경찰관들은 압수수색 당시, PC의 로그인 패스워드를 알지 못하였기 때문에, 원격접속에 의한 복사 처분을 할 수 없었다.[247)]

경찰관들은 본건 PC를 분석하여, 위조문서를 판매하고 있는 'M'이라는 인터넷 사이트에서 연락처로 사용되고 있는 구글 이메일 주소 계정에 대한 접속 이력을 확인하였다.[248)]

경찰관들은 본건 PC로 인터넷에 접속한 다음 메일 서버에 접근하는 것

---

244) 東京高等裁判所 平成28年 12月 7日 判決, 平成２８年(う)第７２７号 (2016
    년 판결). 판결문 원문은
    https://www.courts.go.jp/app/files/hanrei_jp/761/086761_hanrei.pdf 참조.
245) 東京高等裁判所 平成28年 12月 7日 判決, 平成28年(う)第727호 (2016년 판
    결).
246) *Ibid.*
247) *Ibid.*
248) *Ibid.*

을 기획하고, 메일 서버에 대한 접근도 검증을 위해 필요한 처분으로서 허용된다고 생각하여 상기 별건을 피의사실로 하는 본건 PC의 검증 허가장을 발부받았다.[249]

또한, 경찰관들은 본건 PC를 분석하여 이메일 계정에 로그인하기 위한 패스워드를 파악한 후, 11월 18일, 검증허가장에 근거해 본건 PC의 내용을 복제한 또 다른 PC로 인터넷에 접속하여 해당 이메일 계정에 로그인하고, 송수신 메일을 다운로드하여 저장하는 검증을 실시하였다.[250]

2) 법원의 판단

1심 법원은 압수 PC를 분석한 다음, 다시 검증 허가증을 받아 메일 서버에 접속하여 전자정보를 확보한 수사기관의 행위를 위법하다고 판단하였다. 1심 법원은 일본 형사소송법 제218조 제2항에서 정하고 있는 '복사에 관한 처분'이 전자계산기에 연결된 서버에 기록된 정보를 복사한 후, 복사된 전자계산기를 압류하는 방법을 의미하는 것이지, 본 사건에서와같이 해당 컴퓨터의 압수 종료 후에 실시하는 방법을 상정하고 있지 않다고 판시하였다.[251]

또한, 메일 서버의 메일 송·수신 내역 및 내용은 메일 서버의 관리자 등 이외의 타인에게 열람하는 것을 예정하지 않는 것이며, 수사기관이 그것

---

249) *Ibid.*; 수사기관은 해당 이메일 서비스제공자가 미국법인인 구글임을 인지하고, 당 회사에 서버의 위치에 관하여 문의하였으나, 이를 밝힐 수 없다는 답변을 받았다. 김한균, 윤해성, 박윤석 외 13명, "첨단 과학수사 정책 및 포렌식 기법 종합발전방안 연구(Ⅰ)", 형사정책연구원 연구총서 18-CB-02, 형사정책연구원, 2018, p. 409.

250) 東京高等裁判所 平成28年 12月 7日 判決, 平成28年(う)第727号 (2016년 판결).

251) 横浜地裁 平成28年 3月 17日 判決, 平成28年3月17日 平成24年(わ)第2075号(2016년 판결).

을 열람한 후, 내용을 저장하는 방식으로 검증하는 것은 메일 서버 관리자 등 제3자의 권리·이익을 침해하는 강제처분이나 다름없기 때문에, 이에 대한 사법심사가 전제되어야 하고 강제처분에 필요한 사법심사를 거치지 않고 행해진 행위는 위법하다고 판단하였다.252)

또한, 메일 서버의 소재와 관련하여 접근된 메일 서버는 미국 법인인 구글의 서버이며, 서버가 일본에 존재한다고 인정할만한 증거가 없고 구글이 미국 법인이기 때문에 외국에 존재할 가능성이 충분히 있다는 것을 전제할 수밖에 없다고 보았다.253) 따라서 본건 검증에 대해 서버가 외국에 있을 가능성이 높고, 타국의 주권 침해가 문제될 수 있다는 점 등에 비추어 보면, 경찰로서는, 형사사법공조를 요청하는 것이 바람직하다고 판시하였다.254)

마지막으로 수사기관이 이용한 로그인 정보에 대하여 접근권한을 가진 자가 이를 승인하지 않았다는 점에서 메일 서버에 대한 접근이 정당화될 여지가 없으며, 법률상 문제의 소지가 있다는 점을 지적하였다.255) 결론적으로 1심 법원은 본건 검증에 있어서 경찰관들에게 영장주의를 잠탈하려는 의도가 있었다고까지는 인정되지 않지만, 본건 검증은 형사소송법의 기본적인 틀에 반해 제3자의 권리와 이익을 사법심사를 거치지 않고 침해했기 때문에 위법성이 인정된다고 보았다.256)

2심 법원 역시 1심 법원의 판단을 수용하여 해당 검증 행위가 위법하며, 검증을 통해 취득한 이메일 내용의 증거능력을 부정하였다.257) 2심 법원

---

252) *Ibid.*
253) *Ibid.*
254) *Ibid.*
255) *Ibid.*
256) 東京高等裁判所 平成28年 12月 7日 判決, 平成28年(う)第727号 (2016년 판결).
257) *Ibid.*

은 본건 검증은 본건 PC의 내용을 복제한 PC로부터 인터넷에 접속한 다음 이메일 등을 열람, 저장한 것으로, 검증허가장에 근거해 실시할 수 없는 강제처분을 행한 것이라고 보았다.[258]

또한, 서버가 외국에 있을 가능성이 있었기 때문에, 수사기관으로서는 국제수사 공조 등의 수사 방법을 활용했어야 하며, 본건 PC를 압수한 압수수색 허가장에 의해서 원격접속에 의한 이메일의 복사 처분이 허용되었다는 점 등을 고려하더라도, 본건 검증의 위법성이 중대하다고 판단하였다.[259]

3) 검토

이 사건에서 동경고등재판소는 수사기관이 이미 압수한 PC를 분석하는 과정에서 알게 된 이메일 계정의 로그인 정보를 이용하여 별도의 검증영장을 발부받아 미국 법인인 구글이 관리하는 서버에 접속하여 송수신 이메일 정보를 다운로드한 처분이 위법하다고 판단하였다. 이 사건에서 이메일 내용이 저장되어 있는 서버의 정확한 위치가 어디인지는 확인되지 않는다. 동경고등재판소는 구글이 미국 법인이기 때문에 서버가 해외에 있을 가능성이 크며, 이러한 경우 수사기관은 직접 이메일 계정에 접근하는 것을 삼가고 형사사법공조 절차를 이용해야 한다고 판단하고 있다. 이 사건에서 동경고등재판소는 수사기관이 해외 서버에 저장된 데이터에 일방적으로 접근하는 것은 다른 국가의 주권을 침해할 수 있다는 것을 전제로 하여 형사사법공조 절차를 이용하는 것이 바람직하다고 본 것이다. 또한, 이메일 계정의 명의자로부터 허가를 받지 않았으며, 메일 서버 관리자인 제3자의 권리 또는 이익이 침해될 가능성이 있으므로 위법성이 인정된다고 보았다.

---

258) *Ibid.*
259) *Ibid.*

나. 최고재판소 해외 서버 원격 접속 사건260)

1) 사실관계

경찰은 음란물 전자적 기록 매체 진열 및 공연 외설 사건을 수사하면서 2014년 9월 30일 피고인들이 운영하는 C사무소에서 압수수색 허가장 및 검증허가장을 C의 간부직원들에게 제시하고 이를 집행하였다.261) 이 사건에서는 압수수색 과정에서 경찰의 전자적 기록의 증거 수집 절차의 위법성이 쟁점이 되었다.

수사관들은 C사무소에서 피고인들을 포함한 C의 임직원들로부터 동의를 얻어 이메일 계정 및 패스워드 정보를 확보하였고 각자가 사용하고 있는 PC에서 메일 서버 등에 원격으로 접속하여 메일 서버에 저장되어 있는 이메일 등 데이터를 해당 PC에 복사하였다.262) 그 후 수사관은 C의 대표자인 피고인 B로부터 임의제출 받은 PC를 분석하여 증거를 수집하였다.263) 또한, 수사관들은 원격접속을 통해 메일 서버에 저장되어 있는 데이터를 모니터 화면에 현출시킨 후 검증허가장에 근거하여 이를 사진촬영하는 방법으로 검증을 실시하였다.264)

또한, 수사관들은 C사무소나 피고인 B 등의 수색을 실시하는 과정에서 피고인 등을 포함한 C의 임직원들로부터 동의를 받고 획득한 이메일 계정 정보를 이용하여, C사무소 외부에서 별도 기기로 원격 접속하여 메일 서버에 저장된 데이터를 복사하여 수집하였다.265)

---

260) 大阪高等裁判所 平成30年 9月 11日 判決, 平成29年(う)第635号(2018년 판결). 판결문 원문은
    https://www.courts.go.jp/app/files/hanrei_jp/012/088012_hanrei.pdf 참조.
261) *Ibid.*
262) *Ibid.*
263) *Ibid.*
264) *Ibid.*

2) 항소심 법원의 판단

1심 법원에서는 사진 촬영 부분은 검증 허가장에 의한 검증 절차이며, 나머지 절차는 모두 피고인들을 포함한 C의 임직원 등으로부터 임의의 승낙을 받아 이루어진 것이므로, 해외에 위치할 가능성이 큰 메일 서버에 원격 접속한 점을 포함하여, 전자기록 수집 과정에서 중대한 위법이 있다고 인정되지 않는다고 판단하였다.266)

이에 대해 피고인 측은 증거수집과정에 영장주의 정신에 위배되는 중대한 위법이 있다고 주장하면서 항소하였다.267) 피고인 측은 수사기관의 증거수집 절차가 중대한 프라이버시 침해를 수반하는 불특정·포괄적·망라적 압수이며, 다른 나라의 주권을 침해하고 서버 관리자의 승낙을 얻지 않은 위법한 원격접속이 이루어졌다고 주장하였다.268) 또한, 수사기관이 강제수사인 압수수색 및 검증을 개시한 후, 데이터 취득 단계에서 피고인 등 C관계자의 '승낙'에 근거한 임의제출로 전환한 것은 강제수사로는 실현 불가능한 데이터의 포괄적 취득, 원래는 외국 사법기관과의 수사 공조에 의하여야 하는 해외 서버의 데이터 취득을 실현하려고 했기 때문이었으며, 수사관들에게는 영장주의를 잠탈할 의도가 있었다고 주장하였다.269)

2심 법원은 원심이 압수수색과정에서 행해진 원격접속 또는 PC의 임의 제출에 대해서 C 관계자의 임의적 승낙이 있었다고 인정한 점은 받아들일 수 없으나, 이들 절차에 대해 임의의 승낙이 없었다고 하더라도 각 증거수집 절차에 적어도 영장주의의 정신을 몰각하는 중대한 위법이 있다고까지는 할 수 없다고 판단하였다.270)

---

265) *Ibid.*
266) *Ibid.*
267) *Ibid.*
268) *Ibid.*
269) *Ibid.*

특히 2심 법원은 원격접속 수사의 위법성에 대한 항소인들의 주장에 대하여 비교적 상세한 분석을 하고 있다. 우선, 법원은 일본의 수사기관이 외국 서버에 대하여 원격접속 처분을 하는 것이 다른 나라의 주권을 침해하는지의 여부에 대해서는 국제적으로 통일된 견해가 없으며, 일본이 당사국인 사이버범죄협약 제32조도 어떤 경우에 이러한 처분이 허용되지 않는지를 명시적으로 규정하고 있지 않다고 보았다.271) 또한, 법원은 협약 제32조에 의해 해외 서버에 대한 접근이 허용되지 않는다면, 타국과의 관계에서 문제가 발생할 가능성도 있으므로 이 처분을 하기 위해서는 해당 국가의 동의를 얻거나, 국제사법공조를 요청하는 것이 바람직하다는 주장이 존재한다는 점을 언급하고 있다.272)

법원은 만약 일본의 수사기관이, 국제사법공조 절차에 의해 상대국의 동의 내지 승인을 얻지 않고, 해외 원격접속 처분을 실시할 경우, 서버가 소재하는 상대국의 주권을 침해하는 등 국제법상의 위법을 발생시킨다고 해석할 여지가 있다고 보았다.273)

그러나, 2심 법원에서는 상대국이 일본 수사기관의 행위를 인식한 후, 이러한 행위가 국제법상 위법하다고 평가하지 않는 이상, 애당초 상대국의 주권 침해가 있었다고 말할 수 있는지 의문이 있다고 언급하고 있다.274) 설령 외국의 주권에 대한 침해가 있었다고 해도 실질적으로 일본 형사소송법에 근거하여 수사가 이루어지고 있는 한, 관계자의 권리나 이익이 침해되는 것은 생각할 수 없으며, 본 건에서의 원격 접속은 실질적으로 사법심사를 거친 본건 압수수색 허가장에 근거하여 행해졌다고 평가할 수 있으므로, 피고인들에게 이러한 위법성을 주장할 수 있는 당사자 적격

---

270) *Ibid.*
271) *Ibid.*
272) *Ibid.*
273) *Ibid.*
274) *Ibid.*

이 있는지도 의문이라고 보았다.275)

게다가, 위법 수집 증거로서 증거능력이 부정되는 것은 수사 절차에 중대한 위법이 있어, 이것을 증거로써 허용하는 것이 장래의 위법 수사의 억제라는 관점에서 상당하지 않다고 인정되는 경우에 한정되기 때문에, 주권 침해로 인해 생긴 위법만으로는 즉시 해당 수사절차에 의해서 얻어진 증거의 증거능력을 부정해야 하는 이유가 될 수 없다고 판시하였다.276)

3) 최고재판소의 판단

위와 같은 오사카고등재판소 판결에 대하여 피고인 측은 상고하면서, "일본 국외에 소재하는 서버에 대한 원격접속에 의한 전자적 기록의 취득 행위는 현행 형사소송법으로서는 행할 수 없으며 어디까지나 국제수사공조에 의해야 하지만, 경찰관이 이러한 점을 인식한 후, 국제수사공조를 회피하고, 영장에 의한 통제를 잠탈하려는 의도 하에 절차 및 조치를 실시한 행위는 서버 존치국의 주권을 침해하는 것이며, 중대한 위법이 있으므로, 각 절차에 의해 수집된 증거는 위법 수집 증거로서 배제되어야 한다"고 주장하였다.277)

그러나 최고재판소는 형사소송법 제99조 제2항 및 제218조 제2항의 문언이나 이들 규정이 "사이버 범죄에 관한 조약(2012년 조약 제7호)"을 체결하기 위한 절차법 정비의 일환으로서 제정된 것 등의 입법 경위, 동 조약 제32조의 규정 내용 등에 비추어 볼 때, "형사소송법이 상기 각 규정에 기초한 일본 국내에 있는 기록 매체를 대상으로 하는 원격 접근 등만을 상정하고 있다고는 해석되지 않으며, 전자적 기록을 보관한 기록매체가

---

275) *Ibid.*
276) *Ibid.*
277) 最高裁判所 令和 3 年 2月 1日 判決, 平成30年(あ) 第1381号(2021년 판결).

동 조약의 체약국에 소재하고 동 기록을 공개할 정당한 권한을 가진 자의 합법적이고 임의의 동의가 있는 경우에 국제수사공조에 의하지 않고 동 기록매체에 대한 원격접속 및 동 기록의 복사를 하는 것은 허용된다고 해석해야 한다(밑줄 필자 강조)"고 판시하였다.278)

또한, 최고재판소는 본건 사실관계 하에서는 경찰관이 임의의 승낙에 근거한 수사라는 취지의 명확한 설명을 결여한 것 이외에 Y관계자의 승낙을 강요하는 언동을 했다든가, 경찰관에게 영장주의에 관한 제 규정을 잠탈할 의도가 있었다고도 인정되지 않는다고 보았다.279) 따라서, 최고재판소는 경찰관이 수집한 증거의 증거능력은 모두 긍정할 수 있으며, 이와 같은 취지의 항소법원 판결의 결론은 정당하다고 판시하였다. 280)

미우라 마모루 재판관은 그의 보충의견에서 "전자적 기록을 보관한 기록 매체가 외국에 소재하는 경우에, 이 기록 매체에 원격접속 및 기록의 복사를 하는 것이, 해당 외국의 주권과 관계에서 문제가 생길 수 있지만, 그 기록 매체가 사이버 범죄 협약 당사국에 소재하고 동 기록을 공개할 정당한 권한을 가진 자의 합법적이며 임의적인 동의가 있을 경우, 국제수사공조에 의하지 않고 동 기록매체에 대한 원격접속 및 동 기록의 복사를 하는 것은 허용된다고 해석된다"고 보았다.281) 또한, 미우라 마모루 재판관은 본건에서 각 원격접속의 대상인 기록매체가 일본 밖에 있거나 일본 밖에 있을 개연성을 부정할 수 없으며, 동 조약의 체결국에 소재하는지 여부가 명확하지 않지만, 이러한 경우 "그 절차에 의해 수집한 증거의 증거능력에 대해서는 권한을 가진 자의 임의의 승낙 유무, 기타 해당 절차에 관해 인정되는 제반 사정을 고려해 이를 판단해야 한다(밑줄 필자 강조)"

---

278) *Ibid.*
279) *Ibid.*
280) *Ibid.*
281) *Ibid.*

고 보았다.282)

4) 검토

2021년 최고재판소 및 2018년 오사카 고등재판소의 판결은 2016년 동경고등재판소 판결과는 달리 해외 서버에 대한 원격접속을 통해 수집한 증거의 증거능력을 인정하였다. 동경 고등재판소에서는 서버가 해외에 있을 가능성이 높은 경우 원칙적으로 국제사법공조를 통하여 증거를 수집해야 한다고 판단한 반면, 오사카 고등재판소는 수사기관이 서버 소재지 국가의 동의없이 해외 서버에 접속하여 증거를 수집하는 행위가 당연히 국제법상 주권침해에 해당하는지에 대해서는 의문이라고 하면서, 주권침해로 발생한 위법으로 인해 곧바로 국내 형사소송법 절차에 따라 수집된 증거의 증거능력이 부정되지 않는다고 판시하였다.

또한, 2021년 2월 최고재판소는 원격접속에 대하여 규정하고 있는 형사소송법 제99조 제2항 및 제218조 제2항이 국내 서버만을 대상으로 하는 원격접속을 상정하고 있지 않고, 사이버범죄협약 제32조 (b)항에 따라 서버 등 기록매체가 동 협약의 당사국 내에 소재하고 있고, 접근권한을 가진 자의 적법하고 임의적인 승낙이 있을 경우에는 형사사법공조를 거치지 않고, 직접 해외에 있는 서버에 원격접속하여 데이터를 복사하는 방법으로 증거를 수집하는 것이 허용된다고 판단하였다. 이러한 최고재판소의 판결에 따르면 일정한 경우 일본 형사소송법 제218조 제2항이 국외에 있는 서버에 대한 원격접속에도 적용될 수 있다. 그러나 여전히 해당 서버의 위치를 모르는 경우와 정보주체의 승낙을 얻지 않았거나 승낙을 얻을 수 없는 경우에 해외 서버에 대한 원격접속이 허용되는지에 대해서는 분명하지 않다.

---

282) *Ibid.*

제5절 우리나라

1. 주요 입법

가. 가입자정보 수집

수사기관은 전기통신사업법 제83조 제3항에 따라 법원의 영장 등 사법 통제 없이 전기통신사업자가 보관하고 있는 이용자의 성명, 주민번호, 전화번호, 아이디(ID) 등 통신자료 즉, 가입자 정보를 취득할 수 있다.[283] 또한 전기통신사업법 제83조 제4항에 따라, 통신자료제공 요청은 원칙적으로 요청사유, 이용자와의 관련성, 필요한 자료의 범위를 기재한 서면으로 하여야 한다. 그러나 제83조 제3항은 임의규정이기 때문에, 수사기관의 장의 요청이 있더라도 전기통신사업자는 협력을 강제할 수 없다.

이와 관련하여, 국내 인터넷 포털업체인 네이버(Naver)의 경우, 명예훼손 사건에서 네이버가 수사기관에 통신자료를 제공한 것에 대한 법원의 손해배상 판결[284]에 따라 2012년 10월부터 통신자료 제공을 중단하였

---

283) 제83조(통신비밀의 보호) ③ 전기통신사업자는 법원, 검사 또는 수사관서의 장(군수사기관의 장, 국세청장 및 지방국세청장을 포함한다. 이하 같다), 정보수사기관의 장이 재판, 수사(「조세범 처벌법」 제10조 제1항·제3항·제4항의 범죄 중 전화, 인터넷 등을 이용한 범칙사건의 조사를 포함한다), 형의 집행 또는 국가안전보장에 대한 위해를 방지하기 위한 정보수집을 위하여 다음 각 호의 자료의 열람이나 제출(이하 "통신자료제공"이라 한다)을 요청하면 그 요청에 따를 수 있다.
    1. 이용자의 성명
    2. 이용자의 주민등록번호
    3. 이용자의 주소
    4. 이용자의 전화번호
    5. 이용자의 아이디(컴퓨터시스템이나 통신망의 정당한 이용자임을 알아보기 위한 이용자 식별부호를 말한다)
    6. 이용자의 가입일 또는 해지일

다.[285] 카카오(kakao)의 경우, 정부의 통신자료 요청이 법적 근거는 있지만, 강제적 의무는 아니라는 헌법재판소의 결정[286]을 반영하여 통신자료를 제공하지 않고 있다.[287] 이에 따라 실무상 수사기관에서 네이버나 카카오의 가입자 정보, 즉 통신자료를 수집할 경우, 전기통신사업법에 따른 통신자료 제공요청이 아닌 형사소송법에 따른 압수수색검증영장을 발부받아 압수하고 있다.

나. 트래픽 데이터의 수집

통신비밀보호법 제13조 제1항에 따라, 수사기관은 수사 또는 형의 집행을 위하여 필요한 경우 전기통신사업자에게 '통신사실 확인자료'[288]의 열람이나 제공을 요청할 수 있다. 그러나 통신사실 확인자료 중에서, 발신기

---

284) 대법원 2016. 3. 10. 선고 2012다105482 판결.
285) 네이버 프라이버시 센터, 투명성 보고서 <https://privacy.naver.com/transparency/transparency_report_faq?menu=transparency_faq> (2024. 5. 30. 최종방문).
286) 헌법재판소 2012. 8. 23. 선고 2010헌마439 결정.
287) 카카오 투명성 보고서 <https://privacy.kakao.com/transparency/report> (2024. 5. 30. 최종방문).
288) 통신비밀보호법 제2조
   11. "통신사실확인자료"라 함은 다음 각목의 어느 하나에 해당하는 전기통신사실에 관한 자료를 말한다.
   가. 가입자의 전기통신일시
   나. 전기통신개시·종료시간
   다. 발·착신 통신번호 등 상대방의 가입자번호
   라. 사용도수
   마. 컴퓨터통신 또는 인터넷의 사용자가 전기통신역무를 이용한 사실에 관한 컴퓨터통신 또는 인터넷의 로그기록자료
   바. 정보통신망에 접속된 정보통신기기의 위치를 확인할 수 있는 발신기지국의 위치추적자료
   사. 컴퓨터통신 또는 인터넷의 사용자가 정보통신망에 접속하기 위하여 사용하는 정보통신기기의 위치를 확인할 수 있는 접속지의 추적자료

지국의 실시간 위치추적자료 또는 정보통신기기의 위치를 확인할 수 있는 IP 주소의 실시간 추적자료, 특정 기지국에 대한 통신사실확인자료의 경우에는 보충성의 원칙이 적용된다. 통신비밀보호법 제13조 제2항에서는 "다른 방법으로는 범죄의 실행을 저지하기 어렵거나 범인의 발견·확보 또는 증거의 수집·보전이 어려운 경우"에만 전기통신사업자에게 해당 자료의 열람이나 제출을 요청할 수 있다고 규정하고 있다. 제13조 제2항은 2018년 헌법재판소의 헌법불합치 결정[289])에 따라, 2019년 신설된 조항으로 실시간 위치추적자료 등은 통신내역이나 로그기록 보다 프라이버시의 침해 정도가 높기 때문에, 그 수집에 있어 더욱 엄격한 기준을 요구하고 있는 것이다. 다만, 제13조 제2항 단서에 따라, 통신비밀보호법 제5조 제1항 각호에 규정된 중범죄, 즉 감청대상 범죄와 전기통신을 수단으로 하는 범죄에 대해서는 보충성의 원칙이 적용되지 않는다.

다. 통신내용의 수집

수사기관은 형사소송법 제215조에 따라, 범죄수사에 필요한 때에는 피의자가 죄를 범하였다고 의심할 만한 정황이 있고 해당 사건과 관계가 있다고 인정할 수 있는 것에 한정하여 판사에게 청구하여 발부받은 영장에 의하여 압수, 수색 또는 검증을 할 수 있다.

또한, 2011년 7월 신설된 형사소송법 제106조 제3항은 전자정보의 압수에 대하여 "압수의 목적물이 컴퓨터용디스크, 그 밖에 이와 비슷한 정보저장매체(이하 이 항에서 "정보저장매체등"이라 한다)인 경우에는 기억된 정보의 범위를 정하여 출력하거나 복제하여 제출받아야 한다. 다만, 범위를 정하여 출력 또는 복제하는 방법이 불가능하거나 압수의 목적을 달성하기에 현저히 곤란하다고 인정되는 때에는 정보저장매체등을 압수할 수 있

289) 헌법재판소 2018. 6. 28. 선고 2012헌마191, 550(병합), 2014헌마357(병합) 결정.

다"고 규정하고 있다.

가입자정보나 트래픽 데이터가 아닌 저장된 통신내용에 대해서는 형사소송법 제107조 제1항290)에 따라, 압수수색검증영장의 집행을 통해 수집하여야 한다.

2. 관련 판례

가. 대법원 2017도9747 판결

1) 사실관계291)

국가정보원 수사관은 북한 공작원으로부터 지령을 받은 혐의 등으로 피고인을 수사하던 중, 피고인 명의의 차량 안에서 발견한 이동형 저장장치(USB)에 대한 압수·수색 결과 위 USB에 들어 있던 스테가노그라피 파일(info.docx)을 복호화한 문서에서 '분기마다 사용할 이메일 주소와 암호'를 알게 되었다.292)

수사기관은 위 이메일 계정 내 편지함 등에 저장된 이메일 내용 등을 압수할 물건으로, '한국인터넷진흥원(KISA) 사무실에 설치된 인터넷용 PC'를 압수 장소로 하여 압수·수색·검증영장을 청구하였고, 서울중앙지방법

---

290) 제107조(우체물의 압수) ① 법원은 필요한 때에는 피고사건과 관계가 있다고 인정할 수 있는 것에 한정하여 우체물 또는 「통신비밀보호법」 제2조제3호에 따른 전기통신(이하 "전기통신"이라 한다)에 관한 것으로서 체신관서, 그 밖의 관련 기관 등이 소지 또는 보관하는 물건의 제출을 명하거나 압수를 할 수 있다.
291) 서울고등법원 2017. 6. 13. 선고 2017노23판결.
292) 수사기관이 특정한 외국계 이메일 총 10개 계정에는 XKRRN555@yahoo.cn 등 5개 중국 야후(http://cn.yahoo.com) 이메일 계정과 XKRRN555@sina.com 등 5개 중국 시나닷컴(sina.com) 이메일 계정이 포함되어 있었다.

원은 피고인에게 참여권을 보장할 것을 조건으로 하여 영장을 발부하였다. 국가정보원 수사관 등은 2015. 11. 24. 피고인 및 피고인의 변호인에게 이 사건 영장을 제시하며 참여의사를 물었으나, 참여의사를 밝히지 아니하여, 2015. 11. 26. 한국인터넷진흥원에서 이 사건 압수·수색영장을 제시하고 한국인터넷진흥원의 주임연구원 및 디지털 포렌식 전문가가 입회한 가운데 위 주임연구원으로 하여금 위 이메일 주소 및 비밀번호를 입력하여 위 중국 인터넷 포털업체인 sina.com의 이메일 계정에 접속하였다.

위 주임연구원이 위와 같이 이메일 계정에 접속한 다음 이메일 본문 등을 이미지 파일로 저장하는 방법으로, 선별 압수·수색하여 총 17건 중 15건의 이메일 및 그 첨부파일을 추출하여 이미지화하고 저장하는 방법으로 압수하였다. 각각의 파일에 대한 해시값을 생성한 후 전체 파일을 복사하여 이동형 저장장치(USB) 2개에 각각 저장하고 원본파일과 사본파일 각각에 대한 해시값을 일일이 비교하여 해시값이 동일함을 확인하였다.293)

이와 같이 압수된 이메일 등을 증거로 하여 피고인은 반국가단체 구성원 등과 sina.com 계정의 이메일을 통해 통신연락을 하고, 편의를 제공하였다는 이유로 국가보안법 위반죄로 기소되었다.

2) 항소심의 판단

1심 법원은 대상사건에 관하여 대법원과 같은 취지로 해당 이메일 압수수색과정은 실질적으로 국내에서 발생한 것으로 제3국의 사법관할권을 침해한 것이 아니고, 기타 압수수색절차가 적법하여 이와 같이 압수된 이메

---

293) 해시함수(Hash Function)는 임의의 비트열을 고정된 길이의 비트열로 변환시켜 주는 함수로 해시함수에 의한 결과값을 해시값(Hash value)이라고 한다. 해시값은 '디지털 지문'이라고도 불리며, 형사소송절차에서 해시값은 디지털 증거의 동일성을 입증하는 수단으로 널리 활용되고 있다. 해시값에 대한 보다 상세한 설명은, 김기범, "해시함수의 형사법적 고찰", 형사정책연구, 제29권 제2호, 2018 참조.

일은 증거능력이 있고, 국가보안법위반의 점 역시 유죄가 인정된다고 판시하였으나, 피고인이 이에 불복하여 항소하였다.

항소심 법원은 형사소송법 제120조 제1항에서 '압수·수색영장의 집행에 있어서는 건정(鍵錠)을 열거나 개봉 기타 필요한 처분을 할 수 있다'고 규정하고 있기는 하나, "건정을 열거나 개봉하여 압수·수색하는 장소 내지 대상물이 해외에 존재하여 대한민국의 사법관할권이 미치지 아니하는 해외 이메일서비스제공자의 해외 서버 및 그 해외 서버에 소재하는 저장매체 속 디지털 정보에 대하여까지 압수·수색·검증영장의 효력이 미친다고 보기는 어렵다"고 보았다.294) 또한, 이메일 서비스제공자가 외국 기업이며 서버가 해외에 존재하는 경우 대한민국의 사법관할권이 적용되지 않기 때문에 수사기관이 정보저장매체에 물리적으로 접근할 수 있는 방법이 없고, 따라서 "현재로서는 형사사법공조절차를 거치거나 개별 이메일서비스제공자의 협조를 얻어 디지털 정보를 제공받아야 할 것으로 보이고, 궁극적으로는 관련 법령의 개정이나 관련 외국과의 조약 체결의 방법으로 해결할 문제"라고 보았다.295)

결국, 항소심 법원은 법원으로부터 영장을 발부받아 압수수색을 집행하였다고 하더라도 "이는 대한민국의 사법관할권이 미치지 않는 영역에 대하여 형사소송법에서 규정한 방식과 효력의 범위를 넘어서는 국내 압수·수색영장을 집행한 것이므로, 다른 사정이 없는 한 sina.com 이메일 계정에 대한 압수·수색은 위법하다고 보아야 하고, 이를 통하여 취득된 이메일 내용은 위법하게 수집된 증거로서 그 위법성이 중대하여 증거능력이 없다"고 판시하였다.296)

항소심 법원은 압수의 대상인 데이터가 실제 저장된 위치가 국내가 아

---

294) 서울고등법원 2017. 6. 13. 선고 2017노23판결.
295) 서울고등법원 2017. 6. 13. 선고 2017노23판결.
296) 서울고등법원 2017. 6. 13. 선고 2017노23판결.

닌 해외인 경우에는 수사기관이 계정정보 등 정당한 접근권한을 가지고
있음에도 불구하고, 압수수색영장을 집행하여 데이터를 획득하는 행위 자
체가 위법하다고 보고 있다.[297] 즉, 수사기관이 데이터에 접근하는 장소가
아닌, 압수의 대상이 저장된 위치를 압수수색이 이루어지는 장소라고 판
단하고, 해외에 저장된 데이터에 대해서는 대한민국의 사법관할권이 미치
지 않기 때문에 위법하다고 보는 것이다.

3) 대법원의 판단

대법원은 우선 압수수색의 장소와 관련하여, "수색장소에 있는 정보처
리장치를 이용하여 정보통신망으로 연결된 원격지의 저장매체에 접속하는
것이 위와 같은 형사소송법 제109조 제1항, 제114조 제1항의 규정에 위반
하여 압수·수색영장에서 허용한 집행의 장소적 범위를 확대하는 것이라고
볼 수 없고 수색행위는 정보통신망을 통해 원격지의 저장매체에서 수색장
소에 있는 정보저장장치로 내려받거나 현출된 전자정보에 대하여 위 정보
처리장치를 이용하여 이루어지고, 압수행위는 위 정보 처리장치에 존재하
는 전자정보를 대상으로 그 범위를 정하여 이를 출력 또는 복제하는 방법
으로 이루어지므로, 수색에서 압수에 이르는 일련의 과정이 모두 압수·수
색영장에 기재된 장소에서 행해지는 것"으로, 외국에서의 압수수색이라고
볼 수 없다고 판시하였다.[298]

또한, 해당 압수수색 방법이 인터넷 서비스제공자의 의사에 반하는지
여부에 대하여 "수사기관이 적법하게 취득한 이메일 계정 아이디와 비밀
번호를 입력하는 등 피의자가 접근하는 통상적인 방법에 따라 원격지의

---

297) 이순옥, "디지털 증거의 역외 압수수색 - 대법원 2017. 11. 29. 선고 2017도9747
    판결을 중심으로", 중앙법학 제20집 제1호 (2018), p, 122.
298) 대법원 2017. 11. 29. 선고 2017도9747 판결.

저장매체에 접속하고 그곳에 저장되어 있는 피의자의 이메일 관련 전자정
보를 수색장소의 정보처리장치로 내려받거나 그 화면에 현출시키는 것은
인터넷 서비스제공자가 허용한 전자정보에 대한 접근 및 처분권한과 일반
적 접속 절차에 기초한 것으로서, 특별한 사정이 없는 한 인터넷 서비스제
공자의 의사에 반하는 것이라고 단정할 수 없"다고 보았다.[299]

마지막으로 이러한 방법이 형사소송법상 허용되는지에 대하여 "이메일
계정에 대한 접근권한에 갈음하여 발부받은 압수·수색영장에 따라 원격지
의 저장매체에 적법하게 접속하여 범죄 혐의사실과 관련된 부분에 대하여
압수·수색하는 것은, 압수·수색영장의 집행을 원활하고 적정하게 행하기
위하여 필요한 최소한도의 범위 내에서 이루어지며 그 수단과 목적에 비
추어 사회통념상 타당하다고 인정되는 대물적 강제처분 행위로서 허용되
며, 형사소송법 제120조 제1항에서 정한 압수·수색 영장의 집행에 필요한
처분에 해당한다"고 판시하였다.[300]

제6절 소결

이상에서는 미국, 영국, 벨기에, 일본, 우리나라에서 수사기관의 통신 데
이터 수집에 대하여 규정하고 있는 법률의 내용과 수사기관의 역외 데이
터 접근에 대한 법원의 판례를 각각 살펴보았다. 입법과 관련해서 위에서
살펴본 5개 국가 모두 서비스제공자에게 통신 데이터의 제공을 요청할 수
있는 규정을 마련하고 있고, 협약 비당사국인 우리나라를 제외한 4개 국가
모두 원격 압수수색과 관련된 사이버범죄협약 제19조 규정을 국내적으로

---

299) 대법원 2017. 11. 29. 선고 2017도9747 판결.
300) 대법원 2017. 11. 29. 선고 2017도9747 판결.

이행하고 있다. 해킹 등 기술적 수단을 활용한 온라인 수색의 경우, 미국과 영국, 벨기에는 법적 근거를 마련하고 있으나, 우리나라와 일본은 아직 이를 입법화하지 않은 상태이다. 수사기관의 역외 데이터 수집의 유형별 각국의 법제 유무를 비교하여 표로 나타내면 아래와 같다.

〈표 3〉 역외 데이터 수집 관련 각국의 법제 비교

	미국	영국	벨기에	일본	한국
통신데이터 수집	○	○	○	○	○
해외 데이터 제출명령	○	○	○	×	×
원격 압수수색	○	○	○	○	×
온라인 수색	○	○	○	×	×

특히 해외에 저장된 통신데이터의 제출명령 또는 제공요청과 관련된 입법에 있어서, 미국과 영국은 서비스제공자로 하여금 '데이터의 저장위치에 관계없이' 데이터의 제공을 요청할 수 있도록 명시적 규정을 마련하고 있는 반면, 벨기에는 서비스제공자의 국적과 관계없이 자국 영토 내에서 서비스를 제공하는 경우 자국법이 적용된다고 규정함으로써 해외 서비스제공자에 대해서도 데이터 제공 및 협력의무를 부과하고 있다. 또한, 벨기에는 서비스제공자가 사법기관의 데이터 제출명령에 불이행할 경우 이를 범죄로 규정하고 형사벌을 부과함으로써 이행을 강제하고 있다.

각국의 판례의 태도와 관련하여, 벨기에의 스카이프(Skype)와 야후(Yahoo!) 사건은 미국 마이크로소프트 아일랜드 사건에서는 다루어지지 않은 쟁점을 다루었다. 마이크로소프트 아일랜드 사건에서 마이크로소프트는 미국 법인으로 미국 내에 소재하고 있었으며 저장통신법의 적용을 받는 것이 명확했으나, 야후나 스카이프 사건에서는 야후와 스카이프 모두 벨기에에 물리적으로 소재하지 않았고 각각 미국과 룩셈부르크에 본사를 둔 해외기업이 벨기에 형사소송법의 적용을 받는지 여부가 쟁점이 되었다. 벨기에 법원은 두 회사가 벨기에에서 경제적 활동에 참여하고 있고, 서비스를 제공하고 있다는 점을 들어 관할권을 인정하였다. 또한, 야후 사건 이후 벨기에는 형사소송법을 개정하여 벨기에의 영토 내에서 전기통신네트워크를 통해 신호를 전달하거나 이용자로 하여금 전기통신네트워크를 통해 정보를 얻고, 수신하거나 유포할 수 있게 해주는 서비스를 제공하는 기업에 대해 가입자정보 등 통신데이터 제출 및 감청을 위한 기술협력을 요청할 수 있는 근거를 마련하였다.

마이크로소프트 아일랜드 사건의 항소법원에서 취해진 접근방식과는 반대로 벨기에 법원은 데이터가 실제 위치한 장소가 아니라, 데이터에 접근하거나 데이터를 수신하는 장소에 따라 관할권이 결정된다고 보았다. 즉 벨기에 법원은 관련 서비스제공자가 정보제공을 요청하는 국가의 영토 내에 물리적으로 소재하지 않더라도 데이터를 제공받는 장소를 속지주의에 따른 관할권을 결정짓는 요소로 판단하였다. 이러한 접근방식은 속지주의를 지나치게 확장시킬 가능성이 있는 접근방식이라고 할 수 있다.

마이크로소프트 아일랜드 사건에서 쟁점은 속지주의가 데이터가 위치하는 곳에 따라 결정되는지 아니면 서비스제공자의 위치와 데이터에 접근하는 위치에 따라 결정되는지에 관한 것이었다. 그러나 야후 사건과 스카이프 사건에서는 데이터와 서비스제공자의 위치가 모두 해외였음에도 불구하고, 벨기에 파기원은 요청한 데이터를 요청 국가의 영토 내에서 수신하였기 때문에 제출명령이 국내에서 집행되었다고 보았다. 이러한 접근방식에 따르면 데이터의 위치나 서비스제공자의 위치 등과는 관계없이 모든 제출명령이 국내적으로 집행되었다고 판단할 수 있다. 따라서 이 접근방식에 따르게 되면 해당 제출명령이 적법한 근거에 따라 이루어졌는지에 대한 쟁점만이 남게 된다.

그러나 서비스제공자의 위치와 관계없이 데이터에 접근하는 위치를 근거로 영토적 관할권의 성립을 결정한 벨기에 법원의 접근방식에는 문제가 있다. 이러한 국내 관할권의 무제한적 확장으로 인해 타국의 주권을 침해할 우려가 있고 타국의 법률과의 충돌 가능성도 배제할 수 없다. 또한, 이러한 접근방식은 국가가 타국의 이해관계는 고려하지 않고 모든 데이터에 대한 접근을 정당화시킬 우려가 있다.

즉, 자국민의 데이터에 대한 접근을 규제하고 있는 다른 국가의 주권을 침해할 수 있고 타국 국민의 프라이버시나 기본권을 침해할 소지도 있다. 또한, 미국이나 대부분의 유럽 국가들에서 법으로 규정하고 있는 대항입법(blocking legislation)을 위반할 소지도 있다.

우리나라 2017도9747 사건에서 대법원 판결과 항소심 판결의 가장 큰 차이점은 수색행위가 이루어지는 장소를 서버의 위치, 즉 해외로 볼 것인지 아니면 실제 수사기관이 데이터에 접근하여 이를 열람, 복제하는 PC의 위치, 즉 국내로 볼 것인지 여부이다. 항소심 법원은 이메일이 저장된 시나닷컴의 서버를 수색장소를 보고, 우리나라 사법관할권이 미치지 않는 역외 압수수색이므로 위법하다고 판단한 반면, 대법원은 실질적으로 수색행위가 이루어진 한국인터넷진흥원 내 PC를 수색장소로 보고 이러한 압수수색은 국내에서 이루어진 것이므로 역외 압수수색의 문제는 발생하지 않는 것으로 보았다.[301]

즉, 수색장소를 데이터의 소재지인 외국으로 볼 경우에는 대한민국 법원이 발부한 영장의 효력이 외국까지 미치는지 여부, 즉 사법관할권의 문제가 발생하는 반면 수색장소를 데이터를 다운로드 받은 컴퓨터로 보는 경우 이러한 문제가 발생하지 않기 때문에 대법원은 이러한 점을 고려한 것으로 보인다.[302] 우리나라 대법원 판결과 유사한 사례로 수사기관이 마

---

301) 이순옥, "디지털 증거의 역외 압수·수색: 대법원 2017. 11. 29. 선고 2017도9747 판결을 중심으로", 중앙법학, 제20집 제1호(통권 제67호), 2018, p. 124.

약밀매범죄 수사 과정에서 통신감청을 통해 획득한 피고인의 페이스북 계정 ID와 비밀번호를 이용하여 해당 페이스북 계정에 접속하여 데이터를 수집한 사안에서, 덴마크 대법원은 해당 범죄에 대하여 덴마크 법원이 재판관할권을 행사할 수 있는 한, 수사기관의 위와 같은 원격 수색이 역외적인 집행관할권의 행사라고 보기 어렵다고 판시하였다.303) 이 사건에서 덴마크 대법원은 증거수집이 덴마크의 형사소송법에 근거하여 이루어졌고 피고인이 덴마크인으로 속인주의에 따라 덴마크 법률이 적용되며, 그러한 증거수집은 외국 정부의 개입 없이도 이루어질 수 있기 때문에 허용된다고 보았다.304) 또한, 덴마크 대법원은 피고인이 2010년 2월부터 2011년 2월까지 해외에 거주하였고, 해당 페이스북 데이터가 해외 서버에 저장되어 있다고 하더라도 달리 볼 수 없다고 판시하였다.305)

위에서 살펴본 일본의 사례에서 2016년 동경 고등재판소는 해외에 소재하는 서버에서 이메일 등을 다운로드하는 것은 타국의 주권 영역의 침해이므로 이는 국제형사사법공조를 통하여 해결해야 하는 문제라는 점을 지적하였으며, 또한 그와 같은 행위가 서버 관리자인 제3자의 이익을 침해할 수 있다는 점이 고려되어야 한다고 보았다. 동경 고등재판소는 해외 서버에 존재하는 전자정보를 압수하는 경우, 압수·수색에 있어 제3자의 이익과 서버가 존재하는 타국의 주권을 중요하게 고려하고 있다. 반면, 2018년 오사카 고등재판소와 2021년 최고재판소는 해외 서버에 대한 원격접속 처분의 경우, 주권 침해의 가능성을 인정하면서도 이러한 국제법 위반으로 인해 증거수집 절차의 위법성이 인정되는 것은 아니며, 국내법에 따라 적

---

302) *Ibid.*
303) U 2012.2614 H, Danish Supreme Court(Højesteret), 10 May 2012. 해당 판례의 영문번역본은 "Case translation: Denmark", *Digital Evidence and Electronic Signature Law Review*, Vol. 10 (2013), pp. 162-165 참조.
304) *Ibid.*, p. 164.
305) *Ibid.*

법하게 수집된 증거의 증거능력이 부정되지 않는다고 판시하였다. 특히, 2021년 최고재판소 판결에서는 해외 서버에 대한 원격접속 처분이 허용되기 위한 요건으로 원격접속의 대상이 되는 서버가 사이버범죄협약 당사국 내에 위치할 것과 권한있는 자의 적법하고 임의의 승낙이 있을 것을 제시하였다. 최고재판소 판결의 사안에서는 피압수자의 임의적인 승낙을 얻고 원격접속을 하였으나, 동경 고등재판소의 판결에서는 경찰관이 정보주체의 임의적인 승낙을 얻지 않았고, PC를 분석하는 과정에서 알게 된 구글 이메일 계정의 ID와 패스워드를 이용하여 데이터를 수집한 사안으로 양 판결은 사실관계에 있어서 차이가 있다.

제6장

역외 디지털증거 수집의 유형화

그동안 국제사회에서는 국가 주권의 충돌을 방지하고 그러한 주권을 온전히 보호하기 위해 여러 국제법 원칙들을 발전시켜 왔다. 그중의 하나가 외부의 침입으로부터 국가의 영토를 보호하는 영토주권 존중의 원칙이다. 이는 근대 국제법의 발달과 함께 영토 할당(apportionment of territories)에 따른 정치적 단위로서의 국가가 출현하게 되면서 국제법에서 배타적인 영토주권의 개념이 등장하게 되었기 때문이다.[1]

영토의 제약을 뛰어넘는 사이버공간에 있어서 국가들이 영토주권을 행사할 수 있는가의 문제와 관련하여, 국가들은 이미 실행을 통해 사이버공간에 대해서도 영토주권의 개념을 적용하고 있다는 사실을 확인할 수 있다. 특히 사이버안보에 관한 국제규범을 연구하는 UN 정부 전문가그룹(Group of Governmental Experts, GGE)의 제3차 보고서와 제4차 보고서에 따르면, 국가 주권 및 주권에서 파생되는 원칙들은 국가의 사이버 활동에도 적용되며, 국가는 자신의 영역 내에 있는 사이버 기반시설에 대해 관할권을 행사할 수 있다.[2]

---

1) Russell Buchan, "The International Legal Regulation of State-Sponsored Cyber Espionage", in Anna-Maria Osula and Henry Rõigas (Eds.), *International Cyber Norms-Legal, Policy & Industry Perspectives*, NATO CCD COE Publications, 2016, p. 69.

2) United Nations, General Assembly, Group of Governmental Experts on Developments in the Field of Information and Telecommunications in the Context of International Security, UN Doc. A/68/98 (2013), paras. 19-20; United Nations, General Assembly, Group of Governmental Experts on Developments in the Field of Information and Telecommunications in the Context of International Security, UN Doc. A/70/174 (2015), paras. 26-28; 박노형, 정명현, "국제사이버법의 발전 – 제5차 UNGGE활동을 중심으로", 국제법학회논총 제63권 제1호(2018), pp. 48-49.

관할권 행사에 관한 원칙은 주권국가와 그 대상 간의 영토적 관련성을 요구하고 있다. 그러나 제3장에서 언급한 바와 같이 정보통신기술의 발달은 사이버공간에 기존의 관할권 행사원칙을 적용하기 어렵게 만들고 있다. 특히 클라우드 컴퓨팅 서비스가 보편화되면서 실제 데이터가 저장되어 있는 위치를 알 수 없게 되는 위치의 상실(loss of location) 문제가 발생하고 있다.

수사기관이 일방적으로 해외, 특히 클라우드에 저장된 데이터를 수집하고자 할 때, 이러한 역외 데이터 수집이 집행관할권의 영토적 한계를 벗어난 집행관할권의 역외적 행사에 해당하는지가 문제될 수 있다. 원칙적으로는 형사사법공조 절차를 통해 해외에 저장된 증거를 수집하여야 하지만, 위에서 살펴본 바와 같이 형사사법공조 절차가 복잡하고 장시간이 소요된다는 점에서 한계가 있다.

역외 데이터 수집에 대한 국제법적 규율이 부재한 상황에서 국가마다 입법적으로 또는 실무적으로 일방적인 해결방식에 의존하고 있는데, 법적 안정성을 제고하고 개인의 자유와 인권을 보장하기 위해서는 궁극적으로 집행관할권 행사의 범위와 관련된 국제법적 한계를 명확하게 설정하는 것이 필요하다. 이러한 국제법적 해결방안을 모색하기 위한 선결과제로서, 국제기구와 국가의 실행을 바탕으로 논의의 방향을 올바르게 설정하는 것이 중요하다.

이하에서는 제4장 및 제5장에서 살펴본 국제적 논의와 국가들의 실행을 바탕으로 수사기관이 역외 전자증거를 수집하는 다양한 스펙트럼의 행위를 유형별로 분석하고, 이러한 유형을 기반으로 국제법적 대안 마련을 위한 논의의 방향을 설정함에 있어서 고려해야 할 요소를 제시하고자 한다. 또한, 위와 같은 분석을 토대로 국내 입법 및 수사 실무에 있어서 바람직한 정책 방향을 제안하고자 한다.

제1절 역외 디지털증거 수집의 유형화

동의 없이 타국 영토 내에서 집행관할권을 행사하는 것은 국내문제 불간섭의 원칙을 위반하기 때문에, 국제법에서 한 국가의 일방적인 집행관할권의 역외적 행사는 타국의 영토주권에 대한 침해로 간주된다.[3]

외국에 수사기관을 파견하여 범죄인을 강제로 납치하거나 체포하는 행위 또는 수사기관이 외국에 있는 물건이나 서류를 수집하는 행위는 해당 국가의 동의가 없다면 집행관할권 행사의 영토적 한계를 벗어난 행위로 위법하다. 그러나 수사기관이 외국 서버에 접속하여 해당 서버에 저장되어 있는 데이터를 수집하는 행위를 수사기관이 물리적으로 국경을 초월하여 해당 국가에 진입한 다음(physical entry) 어떠한 물건을 수집하는 행위와 동일한 것으로 보아, 국제법상 위법하다고 해석할 수 있는지 의문이다.[4]

수사기관이 해외에 저장된 데이터를 수집하는 행위의 태양은 다양하게 나타날 수 있다. 사이버범죄협약위원회(T-CY)는 2012년 발표한 보고서에서 수사기관의 역외 데이터 수집방식을 다섯 가지로 유형화하고 있으며, 2017년 NATO 사이버방어협력센터(Cooperative Cyber Defence Centre of Excellence, CCDCOE) 국제전문가그룹이 출간한 "사이버 오퍼레이션에 적용 가능한 국제법에 관한 탈린 매뉴얼 2.0"(Tallinn Manual 2.0 on the International Law Applicable to Cyber Operations, 이하 "탈린 매뉴얼"이라 함)[5]에서도 집행관할권과 관련하여 데이터 수집방식을 유형화하고 그러한

---

3) Maziar Jamnejad and Michael Wood, "The Principle of Non-Intervention", *Leiden Journal of International Law*, Vol. 22, Issue 2 (2009), p. 372.
4) 이관희, 이상진, "역외 데이터 수색의 허용성과 보완조건에 관한 연구", 디지털포렌식연구 제14권 제2호, 2020, p. 172.
5) Michael N. Schmitt (ed.), *Tallinn Manual 2.0 on the International Law Applicable to Cyber Operations*, Cambridge University Press (2017).

방식이 집행관할권의 영토적 한계를 벗어나는 것인지를 검토하고 있다.

1. 기존의 유형화 방식

가. T-CY 보고서에서의 유형화

2012년 사이버범죄협약위원회(T-CY)에서는 "초국경 접근 및 관할권"에 대한 보고서를 발표하였는데, 여기에서 T-CY는 사이버범죄협약 당사국의 실행을 바탕으로 수사기관의 데이터에 대한 초국경적 접근을 아래와 같이 다섯 가지로 유형화하고 있다.6)

첫째, 압수수색 현장에서의 원격 접근(Transborder access during search of premises)으로, 이는 수색영장을 집행하는 과정에서 피압수자로부터 정당한 방법에 의해 계정정보를 획득하여 압수 현장에 있는 컴퓨터에 연결된 해외 서버에 접근하여 데이터를 수집하는 방법을 의미한다.7) 둘째, 합법적으로 획득한 계정정보를 이용한 방법(Transborder access through lawfully obtained password)으로, 수사기관이 정당한 방법에 의해 계정정보를 획득하여 역외 컴퓨터데이터에 접근하는 경우를 말한다.8) 셋째, 특수한 소프트웨어 혹은 기술적 수단을 이용하는 방법(Transborder access through special software or technical means)으로, 키로거(key loggers)나 해킹과 같은 기술을 이용하여 해외에 있는 컴퓨터시스템에 원격으로 접근하는 것을 의미한다.9) 대부분의 당사국에서는 이러한 조치가 법적으로 허용되지 않거나 아

---

6) Cybercrime Convention Committee(T-CY), "Transborder access and jurisdiction: What are the options?", Report of the Transborder Group, T-CY(2012)3, December 2012.

7) *Ibid.*, p. 29.

8) *Ibid.*, p. 30.

주 제한된 상황에서만 허용된다.10) 넷째, 동의에 의한 방법(Transborder access with consent)으로, 이는 사이버범죄협약 제32조 (b)항에 따라 수사기관이 권한있는 자의 적법하고 자발적 동의에 의해서 역외 데이터를 수집하는 방법을 의미한다.11) 마지막으로, 데이터를 보관하고 있는 서비스제공자로부터 직접 정보를 제공받는 방법(Information provided by a service provider)이다.12)

나. 탈린 매뉴얼에서의 유형화

2017년 NATO CCDCOE 전문가그룹이 출간한 탈린 매뉴얼에서는 수사기관이 해외에 저장된 데이터를 수집하고자 할 때, 그러한 증거수집이 집행관할권의 역외적 행사에 해당하는지가 문제되는 다양한 사례를 검토하였다. 탈린 매뉴얼은 규칙 제11조에서 국가는 ① '국제법에 따른 구체적인 권한 배분', 또는 ② '외국 정부의 유효한 동의'에 기초하여서만 역외 집행관할권을 행사할 수 있다고 규정하고 있다.13)

우선 '공개적으로 이용 가능한(publicly available)' 데이터가 해외 서버에 저장되어 있는 경우, 그 데이터에 대한 접근은 집행관할권의 역외적 행사에 해당하지 않는다고 보았다.14) 전문가그룹은 이 경우 특정 국가 영토

---

9) *Ibid.*, p. 30.
10) *Ibid.*, p. 30.
11) *Ibid.*, pp. 30-31.
12) *Ibid.*, p. 31.
13) Rule 11. Extraterritorial enforcement jurisdiction
   A State may only exercise extraterritorial enforcement jurisdiction in relation to persons, objects, and cyber activities on the basis of:
   (a) a specific allocation of authority under international law; or
   (b) valid consent by a foreign government to exercise jurisdiction on its territory.; Michael N. Schmitt(ed.), *supra* note 5, pp. 66-67.
14) *Ibid.*, p. 69.

내에서 해당 데이터에 접근하는 것이 가능하기 때문에, 공개 데이터를 수집하는 행위는 집행관할권을 해당 국가 영토 내에서 행사하는 것이라고 보았다.[15]

둘째, 탈린 매뉴얼은 폐쇄된 온라인 포럼이나 채팅 채널, 사설 인터넷 호스팅 서비스, '다크웹(dark web)'에 저장된 데이터와 같이 '누구에게나 공개되어 있지는 않으나 인터넷을 통해 접근가능한 데이터'도 특정 국가에서 접근 가능하다면 집행관할권의 역외적 행사에 해당하지 않는다고 해석하고 있다.[16] 예를 들어 탈린 매뉴얼에서는 폐쇄된 온라인 포럼에 수사기관이 가상의 신상정보를 이용하여 회원으로 가입한 뒤, 해당 포럼에 로그인하여 데이터를 수집하는 경우에도, 여전히 국가 영토 내에서 해당 데이터에 접근이 가능하기 때문에 이러한 방식의 데이터 수집 역시 집행관할권의 역외적 행사로 볼 수 없다고 판단하고 있다.[17]

셋째, 해외에 있는 개인용 컴퓨터에 저장된 데이터와 같이 인터넷에 접속되어 있다 하더라도 다른 사람의 접근이용이 전혀 전제되어 있지 않은 경우 즉, 인터넷에서 접근할 수 없는 데이터의 경우이다.[18] 만약 수사기관이 해킹 등 기술적 수단을 통해 이러한 데이터에 접근한다면 이러한 수사기관의 행위는 집행관할권의 역외적 행사에 해당되며, 수사기관의 행위가 국제법적으로 정당화되기 위해서는 데이터가 소재한 국가의 동의 또는 국제법적 근거가 필요하다.[19]

마지막으로, 전문가그룹은 수사기관이 형사사법공조 절차를 통하지 않고 해외 서비스제공자에게 직접 데이터 제공 요청을 하는 행위가 집행관할권의 역외적 행사에 해당하는지에 대해서 검토하였다.[20] 일부 전문가들

---

15) *Ibid.*, p. 69.
16) *Ibid.*, p. 69.
17) *Ibid.*, p. 70.
18) *Ibid.*, p. 70.
19) *Ibid.*, p. 70.

은 서비스제공자가 보유한 데이터는 공개적으로 이용가능하지 않기 때문에 해당 데이터를 수집하기 위해서는 외국의 동의 또는 국제법적 근거를 요한다는 입장을 취하였고, 일부 전문가들은 단순히 서비스제공자에게 직접 요청하는 것은 해당 서비스제공자가 그러한 요청에 따를 법적 의무를 부담하지 않기 때문에 타 국가의 영토주권을 침해하는 수준에까지 이르지 않는다는 입장을 취하였다.[21]

또한, 탈린 매뉴얼에서는 국가가 국적만을 근거로 하여 자국민이나 자국 기업이 보관 또는 관리하고 있는 데이터에 대해서 역외적 집행관할권을 행사할 수 있는 법적 권한을 가진다고 볼 수 없으나, 개인이나 기업이 해당 국가 내에 소재할 경우에는 집행관할권을 행사할 수 있다는 입장을 취하고 있다.[22]

다. 검토

탈린 매뉴얼에서는 '데이터'에 초점을 맞추어 데이터의 특성, 즉 데이터의 접근가능성을 기준으로 행위를 구분하고 있는 반면, T-CY의 보고서에서는 국가가 데이터를 수집하는 '방법'을 기준으로 행위 태양을 유형화하고 있다. 탈린 매뉴얼과 T-CY의 분류 방식을 비교하기 위하여 이를 표로 나타내면 아래와 같다.

---

20) *Ibid.*, p. 70.
21) *Ibid.*, p. 70.
22) *Ibid.*, p. 70.

〈표 4〉 T-CY와 탈린매뉴얼의 유형화 비교

구분기준	T-CY 데이터 수집방법	탈린매뉴얼 데이터의 특성
유형	①압수수색 현장에서의 원격 접근 ②합법적으로 획득한 계정정보를 이용하여 수집 ③특수한 소프트웨어 혹은 기술적 수단 이용 ④동의에 의한 수집 ⑤서비스제공자로부터 직접 데이터 수집	①공개적으로 이용 가능한(publicly available) 데이터 ②공개적으로 이용가능하지는 않으나 인터넷을 통해 접근할 수 있는 데이터 ③인터넷에서 접근할 수 없는 데이터 ④서비스제공자로부터 직접 데이터 수집

탈린 매뉴얼은 동 매뉴얼의 목적은 현존하는 법을 재선언(restate)하는 것이라고 밝히고 있으나,23) 역외 데이터 접근에 대한 법은 제5장에서 살펴본 국가의 입법과 판례의 태도를 보더라도 현존하는 법이 아닌 아직 정립되지 않은 법이다.24) 즉, 이는 lex lata라기 보다는 lex ferenda에 가깝다.

또한, 탈린 매뉴얼은 사이버 환경에서는 집행관할권의 행사가 영토적인지 역외적인지를 구분하는 것이 어렵다고 언급하면서도,25) 데이터가 접근 가능한지(meant to be accessible) 여부에 따라 집행관할권의 행사가 영토적인지 역외적인지를 판단하고 있다.26) 탈린 매뉴얼이 채택하고 있는 접근가능성 판단기준에 따르면, 누구를 기준으로 접근가능성을 판단하는지가 불분명하다.27) 접근가능성을 데이터에 접근하는 국가 또는 수사기관의

---

23) *Ibid.*, pp. 2-3.
24) Kristen E. Eichensehr, "Data Extraterritoriality", *Texas Law Review*, Vol. 95, 2017, p. 149.
25) Michael N. Schmitt(ed.), *supra* note 5, p. 69.
26) Kristen E. Eichensehr, "Data Extraterritoriality", *Texas Law Review*, Vol. 95, 2017, p. 148.
27) *Ibid.*, p. 153.

입장에서 판단할 것인지, 데이터를 보관하고 있는 기업이나 계정의 소유자인 정보주체의 입장에서 판단할 것인지도 분명하지 않고 접근가능성이 기술적인 가능성을 의미하는 것인지 법적인 측면에서의 가능성을 의미하는 것인지도 명확하지 않다.

또한, 누구나 접근가능한 공개된 데이터를 수집하는 행위와 폐쇄된 온라인 포럼 등에 저장된 데이터를 수집하는 행위에 대하여 양자 모두 단순히 해당 국가에서 접근가능하다는 점을 근거로 같은 법적 평가를 내리는 것은 쉽게 설득되지 않는다. 오히려 두 번째 유형은 잠입 수사 또는 위장 수사(undercover operation)와 같이 가상의 신상정보와 가입절차가 필요하다는 점에서 접근을 위해 추가적인 기술적 수단을 요하는 세 번째 유형과 유사하다고도 볼 수 있다.

2. 새로운 유형화 방식 제안

위에서 살펴본 기존의 유형화 방식은 데이터의 수집방식 또는 데이터 자체의 특성을 기준으로 데이터 수집을 유형화하고 있어 모든 방법을 포섭하기에는 어려움이 있고 각각의 유형에 대한 국제법적 평가도 모호하다는 문제가 있다. 여기에서는 제4장과 제5장에서 살펴본 국제기구 및 국가의 실행 분석을 토대로 증거수집의 방식을 세분화하여 새로운 유형화 방식을 제안하고자 한다.

우선 수사기관이 해외에 저장된 전자증거를 수집하는 방식을 크게 두 가지로 구분해보면, 첫째, 법집행기관이 직접 서버에 접속하여 데이터를 내려받는 직접수집방식, 둘째, 법집행기관이 데이터를 관리하는 서비스제공자에게 데이터 제출 또는 제공을 요청하여 수집하는 간접수집방식으로 나눠볼 수 있다.[28]

또한, 직접수집방식은 수사과정에서 적법하게 취득한 접근권한을 이용하여 데이터에 접근하는 방식과 해킹이나 네트워크 수사기법과 같은 기술적인 방법을 이용하여 접근하는 방식으로 나눠볼 수 있다. 간접수집방식은 법인의 국적을 기준으로 서비스제공자가 자국 기업인 경우와 외국 기업인 경우로 구분할 수 있다.

사이버범죄협약과 관련하여 직접수집방식은 접근권한을 가진 자의 적법하고 자발적인 동의에 의한 초국경 접근을 규정하고 있는 협약 제32조 (b)항 및 원격 압수수색에 대하여 규정하고 있는 협약 제19조 제2항과 관련이 있으며, 간접수집방식은 권한있는 자에 대한 컴퓨터데이터 제출명령 및 서비스제공자에 대한 가입자정보 제출명령을 규정하고 있는 협약 제18조와 관련이 있다.

앞에서 살펴본 우리나라 대법원 판결과 일본 동경 고등재판소의 판결과 같이 접근권한을 가진 계정 명의자의 동의 없이 압수수색 과정에서 알게 된 로그인 정보를 통해 접근하는 경우에는 협약 제32조 (b)항의 적용범위를 벗어나게 된다. 또한, 사이버범죄협약 제19조 제2항은 연결된 컴퓨터가 자국 영토 내(in its territory)에 있는 경우만을 상정하고 있어 역외에 위치한 서버에 대한 원격 압수수색은 제19조 제2항의 적용범위를 벗어나게 된다. 협약 제18조의 경우에 가입자정보에 대한 제출명령만을 규정하고 있어 트래픽 데이터나 통신내용에 대해서는 해외 서비스제공자에게 제출을 요구할 수 있는 법적 근거가 없고 이는 서비스제공자의 자발적인 공개 또는 국제사법공조 절차에 의존하고 있다.

---

28) Ahmed Ghappour, "Searching Places Unknown: Law Enforcement Jurisdiction on the Dark Web", *Stanford Law Review*, Vol.69 (2017), pp. 1101-1102.

가. 직접수집방식

직접수집방식은 크게 데이터가 누구나 접근가능한 경우와 그렇지 않은 경우로 구분할 수 있다. 또한, 후자의 경우 접근권한을 어떻게 획득하는지에 따라 다시 정보주체의 동의에 의한 경우, 압수수색 또는 통신감청 과정에서 지득하게 된 경우, 압수대상 컴퓨터와 연결된 서버에 접근하는 경우, 기술적 수단에 의한 경우로 구분할 수 있다.

직접수집방식에 있어서 첫째 유형은 탈린 매뉴얼에서도 제시하고 있는 온라인에 공개된 정보로 '누구나 접근가능한 데이터'를 수집하는 경우이다.[29] 예를 들어, 페이스북에 공개된 계정정보나 '모두 공개'로 설정한 게시물 등을 수집하는 것이다. 이러한 방식을 규정하고 있는 사례로는 사이버범죄협약 제32조 (a)항을 들 수 있다.

두 번째 유형은 정보주체의 적법하고 자발적인 동의에 의하여 수사기관이 계정의 접근권한을 획득하여 데이터를 수집하는 경우이다. 여기에는 사이버범죄협약 제32조 (b)항과 2021년 일본 최고재판소 판례가 해당된다. 2021년 일본 최고재판소는 서버가 사이버범죄협약 당사국 내에 소재하며, 정보주체의 적법하고 임의적인 승낙이 있으면, 접근권한을 통해 해외에 저장된 데이터를 수집하는 것이 국내법에 따라 허용된다고 판시하였다.

세 번째 유형은 수사기관이 통신감청 과정에서 또는 압수한 컴퓨터나 저장매체의 디지털 포렌식 분석 등을 통해 계정 ID 및 패스워드를 지득하게 된 경우이다. 여기에는 2016년 일본의 동경 고등재판소 판례, 2012년 덴마크 대법원의 판례 및 우리나라 대법원 2017도9747 판례가 해당된다.

---

29) 이러한 공개된 데이터를 수집 및 분석하여 수사에 활용하는 기법을 실무상 '공개출처정보 수집'(Open Source Intelligence, OSINT)이라고 한다. Michael Bazzell, *Open Source Intelligence Techniques: Resources for Searching and Analyzing Online Information*, CreateSpace Independent Publishing Platform, 2018.

덴마크 대법원과 우리나라 모두 이러한 방식의 증거수집은 국내 형사소송법상 허용되며, 계정의 접근권한을 이용하여 수집한 전자증거의 증거능력을 인정하였다. 그러나 일본 동경 고등재판소에서는 이 경우에는 국제사법공조 절차를 밟아야 하며, 국제사법공조 절차를 밟지 않고 압수대상 컴퓨터를 분석하여 지득한 계정정보를 통해 수집한 디지털증거의 증거능력을 인정하지 않았다.

네 번째 유형은 압수수색 현장에서 스마트폰, 노트북 등 전자기기가 클라우드 서버와 연결이 되어 있는 경우로, 압수수색 현장에 있는 컴퓨터와 연결된 또 다른 저장매체에 접근하여 데이터를 수집하는 경우이다. 통상 안드로이드(Android) 운영체제 기반 스마트폰의 경우 구글 이메일이나 구글 드라이브와 연동이 되어 있고, 아이폰(iPhone)의 경우 애플에서 제공하는 아이튠즈(iTunes), 아이클라우드(iCloud) 등과 연동되어 있다. 따라서 해당 기기를 압수하게 되면, 이 기기에 연동된 클라우드 서버에 접근하여 데이터를 수집하는 것이 가능하다.

마지막 유형은 제5장에서 미국, 영국, 벨기에의 국내법에서 규정하고 있는 온라인 수색이다. 미국 Gorshkov 사건 역시 이 유형에 해당한다. 온라인 수색은 해킹, 악성코드 등의 기술적인 수단을 이용하여 용의자의 저장매체에 원격으로 접속하여 데이터를 수집하는 행위를 의미하며, 이는 서버가 국내에 있는 경우와 해외에 있는 경우 모두 적용될 수 있다.

나. 간접수집방식

간접수집방식은 크게 정보주체에게 직접 정보를 제출할 것을 명령하는 경우와 서비스제공자에게 정보를 제출할 것을 명령하는 경우로 나누어 볼 수 있으며, 후자는 서비스제공자의 국적 및 데이터의 저장위치에 따라 네 가지 경우의 수로 구분할 수 있다.

첫째, 정보주체에게 정보를 제출하라고 명령하는 경우는 사이버범죄협약 제18조 제1항 a가 이에 해당하며, 이 경우에는 모든 데이터에 대하여 제출을 명령할 수 있다.

둘째, 서비스제공자에게 정보를 제출하라고 명령하는 경우 중 가입자정보의 경우에는 사이버범죄협약 제18조 제1항 b에서 규정하고 있으며, 이는 서비스제공자가 국내 기업인지 외국 기업인지, 데이터가 국내에 저장되어 있는지 해외에 저장되어 있는지에 따라 세분화해볼 수 있다.

서비스제공자가 국내 기업이면서 데이터가 국내에 저장되어 있는 경우에는 자국법을 적용하여 압수수색 또는 제출명령을 통해 데이터를 수집할 수 있으므로 집행관할권의 문제는 발생하지 않는다.

서비스제공자가 국내 기업이지만 데이터는 해외에 저장되어 있는 경우는 위에서 살펴본 미국의 구글 펜실베이니아 사건과 마이크로소프트 아일랜드 사건이 여기에 해당한다. 미국의 경우에는 저장통신법에 "데이터의 저장 위치에 관계없이"라는 문언을 추가함으로써 이러한 문제를 입법적으로 해결하였다.

서비스제공자가 외국 기업이며 데이터는 국내에 저장되어 있는 경우는 두 가지로 나누어 살펴볼 수 있다. 만약 국내 자회사 또는 법인에 해당 데이터에 대한 접근권한이 있는 경우에는 국내법을 적용할 수 있으므로 집행관할권의 문제는 발생하지 않는다. 제3장에서 검토한 클라우드 모델 중에서 마이크로소프트 독일과 같은 데이터 신탁모델이 여기에 해당한다. 외국 기업이 국내에 서비스를 제공하고 있으나, 국내에 법인이나 자회사를 두고 있지 않거나 국내 법인에 접근권한이 없는 경우에는 형사사법공조 절차를 통하여 데이터를 수집하여야 한다.

마지막으로 서비스제공자가 외국 기업이며 데이터가 해외에 저장되어 있는 경우는 벨기에 야후 사건과 스카이프 사건이 여기에 해당한다. 벨기에 법원은 야후나 스카이프가 외국 기업이며, 자국 내 법인이 없음에도 불구하고, 해당 기업이 자국 내에서 경제적 활동에 참여하고 있고 서비스를 제공하고 있으므로 벨기에 형사소송법에서 규정하고 있는 수사기관에 대한 협력의무를 준수하여야 한다고 해석하였다. 또한, 이러한 협력의무 불이행을 이유로 벌금을 부과하였다.

3. 소결

이상에서는 제4장 및 제5장에서 검토한 국가와 국제기구의 실행을 토대로 역외 데이터 수집의 유형을 크게 직접수집과 간접수집으로 나누고 두 가지 방식을 각각 다섯 가지의 세부 유형으로 나누어 살펴보았다. 전술한 바와 같이 역외 데이터 수집의 새로운 유형화 방식을 표로 나타내면 다음과 같다.

〈표 5〉 데이터 수집 방식의 유형화 및 관련 사례

분류	유형화	구체적 사례
직접수집	[유형 1-①]온라인에 공개된 정보로 누구나 접근가능한 데이터	-사이버범죄협약 제32조 (a)항
	[유형 1-②]접근권한을 통한 수집(1) -정보주체의 적법하고 자발적인 동의에 의한 경우	-사이버범죄협약 제32조 (b)항 -일본 최고재판소 판결(2021년)
	[유형 1-③]접근권한을 통한 수집(2) -통신감청 과정에서 또는 압수수색 과정에서 계정정보를 알게 된 경우	-덴마크 대법원 판결(2012년) -우리나라 대법원 2017도9747 판결 -일본 동경 고등재판소 판결(2016년)
	[유형 1-④]접근권한을 통한 수집(3) -압수수색 현장에서 컴퓨터와 연결된 서버에 접속하여 수집	-사이버범죄협약 제19조 제2항(역외 데이터의 경우 적용 안 됨)
	[유형 1-⑤]해킹 등 기술적 수단을 통한 수집	미국, 영국, 벨기에의 온라인 수색 규정 -미국 Gorshkov 사건(2001년)

간접 수집	[유형 2-①]정보주체 또는 ISP에 대하 여 데이터 제출 명령	-사이버범죄협약 제18조 제1항 a (모 든 데이터) -사이버범죄협약 제18조 제1항 b (가 입자정보에 한정)
	[유형 2-②]서비스제공자(ISP)가 자국 기업이면서 데이터가 국내에 저장되 어 있는 경우	-집행관할권 문제 발생하지 않음
	[유형 2-③]ISP가 자국 기업이지만 데 이터는 해외에 저장되어 있는 경우	-미국 구글 펜실베이니아 사건(2017년), 마이크로소프트 아일랜드 사건(2018년) -미국 CLOUD Act, 영국 Crime Act 2019
	[유형 2-④]ISP가 외국 기업이며 데이 터는 국내에 저장되어 있는 경우	-만약 국내 자회사 또는 법인에 접근 권한이 있는 경우 국내법 적용 가능 -데이터 신탁 모델 (Microsoft Germany 의 사례)
	[유형 2-⑤]ISP가 외국 기업이며 데이 터가 해외에 저장되어 있는 경우	-벨기에 야후 사건(2015년), 스카이프 사건(2019년) EU e-evidence proposal

　직접수집방식의 다섯 가지 유형 모두 각 국가의 형사소송법 등 국내법
에 근거하여 이루어지고 있으며, 데이터 자체가 누구에게나 공개되어 있
거나 수사기관이 접근권한을 획득하여 직접 계정에 접속하여 데이터를 수
집하는 경우에 해당한다. 이와 관련된 일본 및 우리나라 판례 역시 접근권
한을 통하여 데이터를 수집하였을 경우, 수집방식과 절차가 형사소송법상
허용되는 처분에 해당되는지와 수집된 증거에 대하여 형사소송법상 증거
능력이 인정되는지 여부를 쟁점으로 판단하고 있다.

　간접수집방식은 정보주체 또는 서비스제공자로부터 자발적으로 또는
압수수색과 같은 강제수사에 기하여 데이터를 제출받아 수집하는 방식으
로, [유형 2-③]의 경우에는 자국 기업이 데이터를 해외에 저장한 경우, 국
내 법원에서 발부한 영장에 기하여 제출을 강제할 수 있는가의 문제이며,

특히 미국에서 다수의 판례를 통해 논란이 있어 왔고 미국은 법률에 명시적인 근거를 신설하여 이를 입법적으로 해결한 경우에 해당된다. [유형 2-④] 및 [유형 2-⑤]의 경우에는 서비스제공자가 외국 기업인 경우로 대부분 국제사법공조 절차를 이용하거나 별도의 양자협약, 다자협약을 통해 해결할 수 있다.

벨기에의 야후 사건 및 스카이프 사건은 서비스제공자가 해외기업이고 데이터 역시 해외에 저장되어 있는 경우, 자국법을 적용하여 해당 기업에 벌금을 부과하는 방식으로 데이터 제공을 강제한 사례에 해당한다.30) 그러나 이러한 접근방식에 따르면, 기업의 입장에서는 서비스를 제공하는 모든 국가의 국내법을 언제나 준수하여야 하는 부담이 발생하게 된다.

제2절 국제법적 적법성 판단 시 고려사항

제5장에서 살펴본 바와 같이 각 국가는 입법과 법원의 해석을 통해 역외 전자증거의 수집에 있어서 집행관할권 행사의 한계를 극복하려고 시도하고 있다. 또한, 아직 초기 단계이기는 하지만, UN CCPCJ나 유럽평의회를 중심으로 이러한 집행관할권 행사의 문제에 대해서 국제법적 대안을 모색하고자 하는 논의가 진행되고 있다.

국가의 입법과 실행을 살펴보면 역외 데이터를 수집함에 있어서 다양한

---

30) 이와 유사하게 브라질에서도 마약 범죄 수사과정에서 수사기관의 왓츠앱(Whats-App) 데이터 제출 요구에 대한 불이행을 이유로 페이스북 라틴 아메리카 부회장 Diego Dzodan을 체포하여 구금한 사례가 있다. Reuter, "Facebook executive jailed in Brazil as court seeks WhatsApp data", March 2, 2016. <https://www.reuters.com/article/us-facebook-brazil-idUSKCN0W34WF> 참조(2024. 5. 30. 최종방문).

유형의 방식이 존재하고, 수사기관의 역외 데이터 수집에 있어서 해당 행위가 이루어진 장소, 수집된 데이터의 증거능력 인정 여부 등 쟁점별로 국가마다 입장 차이가 존재함을 확인할 수 있다. 또한, 해당 국가가 어떠한 가치에 더 우선순위를 두는지에 따라 판례의 태도가 다르게 나타난다. 일본의 동경 고등재판소 판례에서는 타 국가의 영토주권 존중에 우선순위를 두고 집행관할권 행사의 영토적 한계를 엄격하게 해석하는 경우에는 형사사법공조 절차를 거치지 않은 일방적인 수사기관의 데이터 수집을 위법하다고 판단한다. 그러나 범죄수사의 필요성 또는 법질서 수호의 이익에 우선순위를 두게 되면, 적법하게 획득한 접근권한을 통하여 수사기관이 해외에 위치한 데이터를 수집하는 것은 허용되며, 벨기에의 예와 같이 형사벌의 부과를 통하여 해외기업의 협력을 강제하기도 한다. 국제적 논의 과정에서 이렇게 국가실행의 다양한 스펙트럼의 양극단에서 절충안을 찾아볼 수 있을 것이다.

제5장에서 검토한 미국 및 유럽 국가의 사례와는 달리 중국과 러시아의 경우, 자국민의 개인정보를 모두 자국 영역 내에 저장하도록 의무화하는 데이터 국지화(data localization)[31] 정책을 채택하고 있고 정보주권 또는 인터넷 주권을 강조하고 있으며, '데이터의 자유로운 흐름(free flow of data)'을 강조하는 미국, 유럽 등 서구 진영의 기조에 반대하는 입장이다.[32] 데

---

31) '데이터 국지화(localization)'는 데이터 현지화 또는 데이터 지역화라고 번역되기도 하며, 일부 학자는 이를 '데이터 보호주의(data protectionism)' 또는 '데이터 국가주의(data nationalism)'라는 용어로 소개하기도 한다. Anupam Chander, Uyên P. Lê, "Data Nationalism", *Emory Law Journal*, Vol. 64, Issue 3 (2015); Ziyang Fan, Anil K Gupta, "The Dangers of Digital Protectionism", *Harvard Business Review* (2018).

32) Keir Giles, "Russia's Public Stance on Cyberspace Issues", in Czosseck C, Ottis R, Ziolkowski K (Eds.), 2012 4th International Conference on Cyber Conflict, (NATO CCD COE Publications, 2012), p. 65; 백상미, 사이버 공격의 국제법적 규율을 위한 적극적 방어개념의 도입, 서울대학교 박사학위논문, 2018, pp. 128-130.

이터 국지화 법률은 국가가 데이터를 자국 영토 내에 저장함으로써 사이
버공간에서 국가의 권한을 공고히 하고 데이터 주권(data sovereignty)을
유지하여 역외 데이터 접근 문제를 해결하려는 시도라고 할 수 있다.33) 데
이터 국지화 법률을 통해 서비스제공자로 하여금 자국 영토 내에 자국민
의 데이터를 저장하도록 의무화하게 되면, 해당 데이터에 대하여 국가가
집행관할권을 행사할 수 있기 때문이다.

   EU는 2018년 5월 발효한 GDPR의 제5장 관련 규정에 따라 제3국으로
의 개인정보 이전은 원칙적으로 제3국이 적정한 수준의 데이터 보호를 보
장할 경우에만 가능하도록 규정하고 있으며, 2020년 7월 CJEU는 이른바
'Schrems Ⅱ' 판결34)을 통해 미국과 EU가 개인정보 국외이전을 위해 체
결한 "EU-US Privacy Shield" 협정에 따른 적정성 결정(adequacy decisio
n)35)을 무효화하였다.36) 이와 같이 EU는 개인정보보호와 관련하여 데이

33) Julia Hörnle, *Internet Jurisdiction: Law and Practice*, Oxford University Press, 2021, p. 223.
34) Data Protection Commissioner v. Facebook Ireland Limited and Maximillian Schrems, Case C-311/18, 16 July 2020.
35) Commission Implementing Decision (EU) 2016/1250 of 12 July 2016 pursuant to Directive 95/46/EC of the European Parliament and of the Council on the adequacy of the protection provided by the EU-U.S. Privacy Shield (OJ 2016 L 207, p. 1).
36) CJEU는 정보주체의 개인정보가 제3국에 이전되는 경우, 정보주체에게 EU 내에서 GDPR 및 EU 기본권 헌장에 의해 보장되는 것과 본질적으로 동등한(essentially equivalent) 수준의 보호가 부여되어야 한다고 보았다. 그러나 미국 정부기관에 의한 개인정보 접근과 사용에 관한 미국 해외정보감시법(Foreign Intelligence Surveillance Act, FISA) 제702조 등 국내법에 의한 개인정보 보호의 제한은, 그러한 법 규정에 근거하는 감시프로그램이 엄격하게 필요한 수준으로 제한되지 않는 이상, 비례의 원칙에 의해 EU법에 의해 요구되는 것과 본질적으로 동등한 수준이어야 한다는 요건을 충족시키지 못하고 있다고 판단하였다. Data Protection Commissioner v. Facebook Ireland Limited and Maximillian Schrems, Case C-311/18, 16 July 2020.

터의 국외이전 요건에 대한 엄격한 입장을 취하고 있다.

이와 같이 각국의 데이터 국지화 법률과 개인정보보호를 강화하는 법제는 상황을 더욱 복잡하게 만드는 요인이 되고 있다. 역외 데이터 수집에 대한 국가의 실행이 일관되지 않고, 국가마다 상당한 입장 차이가 있으며 국제사회에서의 논의도 성숙되지 않은 현 상황에서 집행관할권 행사와 관련된 구체적인 국제법적 해결방안을 도출하여 제시하는 것은 시기상조라고 생각된다. 따라서 이 절에서는 앞으로 우리가 역외 데이터 수집에 있어서 집행관할권 행사 문제를 검토하고 이에 대한 국제법적 대안을 모색하기 위한 논의 과정에서 고려되어야 할 요소가 무엇인지를 제시하고자 한다.

앞서 제1절에서는 제4장 및 제5장에서 살펴본 국제협약 및 국가의 다양한 실행을 토대로 한 유형화를 시도하였는데, 이러한 유형화를 통해서 여러 가지 고려요소를 추출해볼 수 있다. 여기에는 1) 데이터의 저장 위치, 2) 데이터의 접근권한을 가진 자의 동의, 3) 정보주체 또는 서비스제공자의 국적 또는 위치, 4) 데이터의 수집 방법, 5) 수사대상 범죄의 중대성 및 긴급성, 6) 개인정보보호 법제와의 충돌 가능성 등이 포함된다. 이하에서는 각각의 고려요소에 대하여 논의하고자 한다.

1. 데이터의 저장 위치

우선, 데이터의 저장위치를 절대적인 기준으로 삼아 데이터가 해외에 위치하는 경우, 수사기관이 데이터를 수집하는 것이 국제법상 금지되는 역외적 집행관할권의 행사라고 일률적으로 판단하는 것은 정보통신기술의 발달과 제3장에서 살펴본 클라우드 데이터의 특징 중 이동성, 가분성 및 위치독립성에 비추어 볼 때, 문제가 있다. 데이터의 위치는 계속해서 변화될 수 있고, 데이터 자체가 작은 조각으로 나뉘어져 여러 장소에 분산 저장될 수 있기 때문에 데이터의 물리적 저장위치를 어느 한 군데로 특정하여 말하기가 어렵기 때문이다.

타국 영토 내에 소재한 서류, 범죄 도구 등과 같은 증거를 법집행기관이 직접 타국에 물리적으로 들어가 수집하는 행위는 집행관할권의 행사에 해당한다. 그러나, 데이터에 접근하는 것은 수사기관이 물리적으로 타국의 영토 내에 들어가는 것이 아니며, 데이터 수집은 자국 컴퓨터를 이용하여 해외에 저장된 데이터를 열람한 뒤 이를 수사기관이 다운로드하는 방식으로 이루어진다. 이 경우, 데이터의 가치가 하락한다거나 데이터 자체가 변경되지 않으며, 이러한 수사기관의 행위를 데이터가 저장된 서버가 소재한 국가가 인지하는 것도 불가능하다. 따라서 해외에 저장된 데이터를 수집하는 것을 타국에 물리적으로 진입하여 유형물인 증거를 수집하는 행위와 법적으로 동일하게 판단할 수 없다.

위에서 살펴본 [유형 1-①]의 경우, 공개된 데이터는 누구나 인터넷을 통해 접근가능하지만, 해당 데이터가 실제로 어느 국가의 서버에 저장되어 있는지는 알 수 없는 경우가 대부분이다. 이 경우에 단순히 데이터 물리적 저장위치를 기준으로 집행관할권 행사의 합법성을 판단하게 된다면 공개된 데이터라고 하더라도 해외 서버에 저장되어 있는 경우 그 수집에 있어서 타국의 동의를 얻거나 기존의 형사사법공조 절차를 이용해야 한다는 결론이 되어 논리적으로 타당하지 않다. 2012년 사이버범죄협약위원회(T-CY)의 보고서에서도 공개된 데이터를 수집하는 것은 협약과 관계없이 관습국제법에 따라 허용된다고 보고 있다.[37] 수사기관의 공개된 데이터 수집이 집행관할권의 역외적 행사에 해당하지 않는다는 점에 대해서는 국제사회에서 크게 이견이 없을 것이다.

데이터의 저장 위치는 [유형 2-③]에 해당하는 미국 구글 펜실베이니아

---

37) Cybercrime Convention Committee(T-CY), "Transborder Access and Jurisdiction: What Are the Options?" (2012), p. 56.

사건과 마이크로소프트 아일랜드 사건에서 쟁점이 된 바 있다. 제5장에서 검토한 바와 같이, 마이크로소프트 사건에서 항소법원은 저장통신법 영장은 그 효력이 국내에만 미치며, 개인의 프라이버시 침해가 발생한 장소는 데이터가 저장되어 있는 아일랜드에서 발생한 것이라고 보았고, 구글 사건에서 펜실베이니아 지방법원은 실질적인 프라이버시 침해는 미국에서 발생하였다고 판단하였다.

이와 같이 데이터가 저장된 위치를 집행관할권 행사의 적법성을 판단하는 절대적 기준으로 삼아서는 안 된다는 점을 국제사회에서의 논의 시 고려할 필요가 있다. 데이터의 저장위치는 사실상 정보주체나 사용자의 입장에서 크게 중요한 요소가 아니다. 데이터의 저장위치에 관계없이 계정정보 또는 데이터에 대한 접근권한이 있다면, 전 세계 어디에서나 해당 데이터에 접근이 가능하기 때문이다. 결국, 집행관할권 행사의 합법성 판단에 있어서 중요한 요소는 데이터의 저장 위치보다는 데이터에 대한 정당한 접근권한의 유무라고 할 수 있다.

2. 데이터의 접근권한을 가진 자의 동의

데이터에 대한 정당한 접근권한 또는 처분권한을 가진 자가 적법하고 자발적으로 동의를 하여 데이터를 수사기관에 제출하는 경우, 또는 데이터에 대한 접근권한을 수사기관에 제공하는 경우는 [유형 1-②]에 해당한다.

2021년 일본 최고재판소 판결에서는 국외에 소재하는 서버에 대한 원격접속에 의한 데이터 수집행위는 어디까지나 국제사법공조에 의해야 하지만, 사이버범죄협약 제32조 (b)항에 따라 해당 데이터가 협약 당사국 영토 내에 저장되어 있고, 정보주체의 승낙의 적법성 및 임의성이 인정되는 경우 해외 서버에 원격접속하여 데이터를 수집하는 것이 허용된다고 판단하였다. 사이버범죄협약 제32조 (b)항은 결국 수사기관이 데이터의 위치를 알고 있을 것을 전제로 하기 때문에 데이터의 위치가 어디인지 모르는 경우 또는 데이터가 협약 당사국과 비당사국에 분산되어 저장되어 있는 경우에는 적용하기 어렵다는 한계가 있다.

사이버범죄협약과는 별개로 수사기관이 형사사법공조를 거치지 않고, 접근권한 있는 자의 적법하고 자발적인 동의에 근거하여 해외에 저장된 데이터를 수집하는 것은 데이터의 저장위치와 관계없이 국제법에서 허용되는 집행관할권의 행사로 간주되어야 한다. 그러나 접근권한 있는 자가 자국민이 아니거나 해외에 소재하는 경우에도 집행관할권 행사의 합법성이 인정될 수 있는가에 대해서는 아래에서 항목을 바꾸어 설명하고자 한다.

3. 정보주체 또는 서비스제공자의 국적 또는 위치

직접수집방식에 있어서 [유형 1-②]에 해당하는 사이버범죄협약 제32조 (b)항은 접근권한을 제공하는 자가 해당 국가의 영토 내에 물리적으로 소재하고 있을 것을 기본적인 전제로 하고 있다.[38] 그러나 접근권한 있는 정보주체의 적법하고 자발적인 동의에 의하여 데이터를 직접 또는 간접적으로 수집하는 경우는 임의수사의 일종이라고 볼 수 있고, 해당 정보주체가 자국민이며 해외에 소재하는 경우라고 하더라도 동의의 적법성과 임의성이 인정된다면 데이터 수집의 합법성이 인정될 수 있을 것이다.

정보주체의 위치와 관련하여 미국 마이크로소프트 사건의 항소법원 판결에서, Lynch 재판관은 개별의견을 통해 이메일 계정 소유자 즉, 정보주체의 국적 또는 소재지가 어디인지도 중요한 요소가 될 수 있다고 보았

---

[38] Cybercrime Convention Committee(T-CY), "T-CY Guidances Notes," T-CY (2013)29rev, 2017, p. 13.

다.39) 이 사건에서 정보주체의 국적이나 위치에 대한 정보는 드러나 있지 않지만, Lynch 재판관은 프라이버시가 침해된 장소를 정보주체의 소재지로 볼 수도 있다는 가능성을 제시하였다.40)

간접수집방식의 경우, 데이터를 제공하는 서비스제공자가 자국 기업일 경우에는 속인주의에 기초하여 집행관할권을 행사할 수 있다. [유형 2-②]의 경우 집행관할권 행사의 문제는 발생하지 않고, [유형 2-③]의 경우 데이터가 해외에 저장되어 있다고 하더라도 자국 기업에 데이터에 대한 적법한 접근권한이 있는 경우 기업에 대한 압수수색영장 집행 또는 제출명령을 통하여 데이터를 수집할 수 있으며, 이는 집행관할권의 역외적 행사에 해당한다고 보기 어려울 것이다.

[유형 2-④] 및 [유형2-⑤]의 경우와 같이, 서비스제공자가 외국 기업일 경우에는 통상 형사사법공조 절차를 이용하는 것이 바람직하며, 기업의 정책에 따라 데이터의 직접 제공이 가능한 경우에 수사기관은 이러한 절차를 통해 데이터를 확보할 수 있다. 이 경우 여전히 형사사법공조 절차의 지연과 비효율성, 기업의 데이터 제공의 법적 불안정성이라는 문제가 남아 있다. 따라서 이 경우 국가가 직접 해외 서비스제공자에게 데이터 제공을 요청하고 데이터를 제공받을 수 있도록 미국 CLOUD Act에 따른 행정협정 체결, 사이버범죄협약 제2추가의정서 초안 및 EU의 전자증거 규정 초안의 사례와 같이 양자 또는 다자협약을 통해 국제법적 체제에서 그 절차 및 요건을 구체적으로 규정하는 것이 필요하다.

또한, 국제예양을 고려하여, 수사 과정에서 수집된 데이터의 정보주체가 외국인 또는 타국의 정부 기관에 해당하는 경우에는, 타국 정부의 이해관계

---

39) In re Warrant to Search a Certain E-Mail Account Controlled and Maintained by Microsoft Corp., 829 F. 3d at *229 (2d Cir. 2016).

40) In re Warrant to Search a Certain E-Mail Account Controlled and Maintained by Microsoft Corp., 829 F. 3d at *229 (2d Cir. 2016).

와 범죄수사의 목적 달성이라는 두 가지 이익을 비교 형량하여 데이터의 수집을 자제하거나 해당 내용을 관련 국가에 통지하는 것이 바람직할 것이다.

4. 데이터의 수집 방법

위에서 살펴본 직접수집방식 중 [유형 1-③], [유형 1-④]와 같이 적법한 접근권한을 가진 자가 정상적으로 서비스를 이용하는 방법과 동일하게 수사기관이 영장을 집행하여 해외에 저장된 증거를 수집하는 행위에 대해서는 해당 수집이 국내법의 적법절차를 준수하여 이루어졌고 수집된 데이터의 내용이 타국의 국가안보 등과 관련이 있어 영토주권을 침해할 우려가 있는 경우가 아니라면, 이는 국제법상 허용되는 집행관할권의 행사라고 보아야 한다.

다만 미국, 영국, 벨기에 등 국가의 국내법에서 규정하고 있는 온라인 수색의 사례에서 해킹, 악성코드 등 기술적 수단을 이용하여 해외에 있는 저장매체에 원격으로 접근하여 데이터를 수집하는 경우에는 탈린 매뉴얼에서 제시한 바와 같이 집행관할권의 역외적 행사에 해당될 수 있다. 따라서 해당 조치는 테러리즘, 아동성착취 범죄와 같은 중대범죄를 수사하는 과정에서 극히 제한적인 상황에서만 허용되어야 하며, 사법기관의 엄격한 사전 및 사후 통제가 전제되어야 한다. 또한, 이러한 온라인 수색의 경우 국제사회에서 이를 어떻게 규율할 것이며, 해외 서버나 저장매체에 대한 온라인 수색이 국제법적으로 허용되는가에 대한 논의도 이루어질 필요가 있다.[41]

---

41) 사이버범죄협약위원회는 제2추가의정서 초안을 준비하는 과정에서 이 문제에 대하여 논의한 바 있으며, 초안 완성 기한이 도래하는 등 시간적 제약으로 인해 이 문제는 초안에는 포함시키지 않고 추후 다른 포럼에서 논의하기로 결정하였다.

5. 수사대상 범죄의 중대성 및 긴급성

데이터의 위치, 접근권한, 정보주체의 위치와는 맥락이 다르지만, 수사대상 범죄의 중대성과 긴급성 역시 고려되어야 할 요소 중 하나이다. 우선, 사이버범죄협약 제2추가의정서 초안 제10조에서 규정하고 있는 바와 같이 사람의 생명 또는 신체에 대한 급박하고 중대한 위험이 있는 이른바 '긴급(emergency) 상황'에서는 신속한 국제공조 절차가 마련되어야 한다. 사이버범죄협약 제2추가의정서에 따르면 긴급상황에는 인질납치 상황이나, 아동성착취물의 발견으로 인해 아동성범죄가 의심되는 경우, 테러리스트의 공격 상황 등이 포함된다.[42] 이 경우에는 '사람의 생명과 신체의 안전'이라는 기본권을 보장하기 위하여 형사사법공조 절차를 간소화시키고 국가가 신속하게 데이터를 공유하고 국제공조를 할 수 있는 국제법적 틀이 마련되어야 한다. 구체적으로는 긴급상황에서 쌍방가벌성(dual criminality) 요건을 요구하지 않거나 사후에 형사사법공조 절차를 거칠 것을 조건으로 하여 데이터를 먼저 공유하는 방안이 있을 수 있다.

범죄의 중대성과 관련하여, 위에서 이미 언급한 바와 같이 [유형 1-⑤]의 데이터 수집방식은 아동성범죄, 테러리즘과 같이 중범죄의 수사를 위해 필요한 경우에만 제한적으로 이루어져야 한다. 영국의 2016년 수사권한법에서도 온라인 수색을 위한 장비 감청 영장은 '중대범죄'의 예방과 수사를 목적으로만 발부가 가능하고, 여기에서 중대범죄는 최소 3년 이상의 징역으로 처벌가능한 범죄, 폭력을 수반하는 행위 중 상당한 금전적 이득

Cybercrime Convention Committee (T-CY), "Second Additional Protocol to the Convention on Cybercrime on enhanced co-operation and disclosure of electronic evidence", T-CY (2020)7 (May 28, 2021), p. 33.

42) Cybercrime Convention Committee (T-CY), Preparation of a 2nd Additional Protocol to the Budapest Convention on Cybercrime - Provisional text of provisions, T-CY (2018)23, Strasbourg, version 8 November 2019, p. 12.

272 역외 디지털증거 수집에 관한 국제법적 쟁점과 대안

과 연결되는 범죄, 다수의 참가자가 공통의 목적을 위해 폭력행위에 참여
하는 행위로 정의되어 있다.

[유형 2-③]과 관련하여, CLOUD Act에서는 제2523조에서 외국 정부가
미국과의 행정협정 체결에 따라 데이터를 수집하기 위해서는 테러리즘을
포함한 '중범죄'의 예방, 탐지, 수사, 기소를 목적으로 데이터를 요청하여
야 한다고 규정하고 있다. CLOUD Act에 따른 미국과 영국의 행정협정은
2019년 10월 3일 체결되어 2020년 7월 8일 발효하였는데, 동 행정협정에
서도 '중대범죄' 대응 목적에 한하여 데이터 제공이 가능한 것으로 규정하
고 있으며 중대범죄는 최소 3년 이하의 징역형으로 규정된 범죄라고 정의
하고 있다.

6. 개인정보보호 법제와의 충돌 가능성

수사기관이 접근하고자 하는 데이터는 주로 가입자정보, 트래픽 데이터
등 통신정보이고 이러한 정보는 개인정보에 해당한다. 따라서 역외적인
데이터 접근행위가 각국의 개인정보보호 관련 규정과 충돌될 가능성이 있
다. 또한, 서비스제공자가 데이터를 제공하는 경우에도 그러한 행위가 자
국의 개인정보보호 법률을 위반하는 경우가 발생할 수 있다.

특히 EU에서는 미국의 CLOUD Act에 따른 행정협정 협상을 시작하면
서 미국 CLOUD Act가 EU 개인정보보호 법제에 미칠 영향에 대한 법적
분석을 시행하였고 EDPB와 유럽 데이터 보호 감독기구(European Data
Protection Supervisor, EDPS)는 2019년 7월 10일 이에 관한 보고서를 제출
하였다.43) 여기에서 EDPB와 EDPS는 강력한 절차적, 실체적 기본권 보호

---

43) European Data Protection Board (EDPB), ANNEX. Initial Legal Assessment of
    the Impact of the US CLOUD Act on the EU Legal Framework for the

장치를 포함한 국제협정이 EU 정보주체의 필요한 보호수준 및 기업들에 대해 법적 확실성을 보장하기 위한 가장 적절한 수단이 될 것이라고 판단하였다.44)

또한, EDPS는 미국과의 행정협정 협상에 대한 공식 의견을 발표하고, 미국과 협상하기 위한 구체적인 권고사항들을 제시하였다.45) 여기에는 보호조치(safeguards)의 근본적인 개선 및 강화를 포함한 협상 지침이 포함되어 있다. EDPS는 일방 당사국에 의한 데이터 제공요청이 있을 경우, 타방 당사국에 의하여 지정된 사법기관이 증거수집 과정에서 가능한 한 빨리 관여하여 사법기관이 충분한 정보에 기초하여 합리적인 기한 내에 기본권에 대한 준수여부를 검토하고 데이터 제공에 관한 거부 사유를 제시할 수 있도록 할 것을 권고하였다.46) 마지막으로, EDPS는 미국과 체결할 행정협정 협상에서 고려되어야 할 사항에 대한 추가적인 권고사항을 제시하였다.47)

EU로부터 개인정보 이전을 위한 CLOUD Act에 따른 모든 명령은 GDPR 제6조 및 제49조에 따른 법적 근거가 있는 경우에만 적법하게 이행

Protection of Personal Data and the Negotiations of an EU-US Agreement on Cross-border Access to Electronic Evidence (July 10, 2019).

44) *Ibid.*

45) EDPS Opinion on the negotiating mandate of an EU-US agreement on cross-border access to electronic evidence of 2 April 2019. <https://edps.europa.eu/data-protection/our-work/publications/opinions/eu-us-agree ment-electronic-evidence_en> 참조(2024. 5. 30. 최종방문).

46) *Ibid.*, pp. 9-11.

47) 이러한 고려사항에는 "협정의 의무적 성격, 미국의 권한있는 당국에 의한 제3자 전송(onward transfer), 알 권리와 접근권과 같은 미국 정보주체의 권리, 미국 내 독립된 기구에 의한 통제, 미국 내에서의 사법 구제 및 행정 구제, 관련된 정보주체의 분류, 협정의 적용범위에 포함되는 데이터의 정의 및 유형, 협정의 적용범위에 포함되는 범죄, 이전되는 데이터에 대한 적절한 수준의 보안을 보장하기 위한 구체적 보호조치, 전자증거를 위한 명령을 발부할 수 있는 기관의 유형, 전자증거와 관련된 명령의 수범 대상인 서비스제공자가 특정 근거에 기해 명령을 거부할 수 있는 가능성" 등이 포함된다. *Ibid.*, pp. 11-17.

될 수 있다.48)

　이러한 2단계 심사는 GDPR에 따라 제3국으로 개인정보가 이전되는 경우에 적용되어야 한다. 우선 다른 관련된 GDPR 조항들과 함께 데이터 처리에 관한 법적 근거가 적용되어야 한다. 두 번째 단계로서 제5장 상의 규정들이 준수되어야 한다. 따라서 개인정보 공개와 같은 처리는 GDPR 제5조에서 정하고 있는 일반원칙을 준수하여야 하고, 제6조에 따른 법적 근거에 따라야 한다. GDPR은 EU 비회원국에 의해 발부된 법원의 영장에 따른 데이터 제공과 같이 EU 내에 저장된 데이터를 EU 외부로 이전(transfer)할 경우 여러 가지의 제한규정을 두고 있다.49)

　EU와 미국간 또는 회원국과 미국간 MLAT와 같은 국제협정과 같은 근거가 없거나 GDPR 상의 다른 법적 근거가 없는 경우 EU법의 적용을 받는 서비스제공자는 그러한 요청에 대응하여 미국에게 개인정보를 합법적으로 공개 및 이전할 수 없다. 유럽개인정보보호위원회(European Data Protection Board, EDPB)의 GDPR 제49조 가이드라인50)에서는 "형사사법공조조약과 같은 국제협정이 있는 경우, EU 기업은 제3국 수사기관의 직접적인 데이터 제공 요청은 거부하고 형사사법공조조약 절차를 따라 요청할 것을 해당 기관에 통지해야 한다"고 언급하였다. 실제로 개인정보의 공

---

48) European Data Protection Board (EDPB), ANNEX. Initial Legal Assessment of the Impact of the US CLOUD Act on the EU Legal Framework for the Protection of Personal Data and the Negotiations of an EU-US Agreement on Cross-border Access to Electronic Evidence (July 10, 2019), https://edpb.europa.eu/sites/edpb/files/files/file2/edpb_edps_joint_response_us_clou dact_annex.pdf.

49) 박노형 외 8인, EU 개인정보보호법 – GDPR을 중심으로 –, 박영사, 2017, pp. 263-297 참조.

50) EDPB Guidelines 2/2018 on derogations of Article 49 under Regulation 2016/679, p. 5. https://edpb.europa.eu/our-work-tools/our-documents/guidelines/guidelines-22018-derogations-article-49-under-regulation_en

개가 제3국 당국에 의해 강제되는 경우에, 해당 데이터가 EU 법을 준수하여 공개되고 EU 법원의 감독을 받는다는 것을 MLAT 프로세스가 보장해 줄 수 있다고 판단하고 있다.

현재, 미국 CLOUD Act 영장이 국제협정을 근거로 인정되거나 집행가능하게 되어 GDPR 제6조 제1항 (c)호에 따른 법적 의무로 인정되지 않는 이상, 제6조 제1항 (d)호 및 제49조 제1항 (f)호에 근거한 정보주체의 중대한 이익을 보호하기 위하여 처리가 필요한 경우라는 예외적인 상황 외에는 그러한 처리의 적법성은 인정될 수 없다.

어떠한 경우라도, 제49조 규정에 따른 미국 CLOUD Act에 근거하여 수행되는 개인정보 이전의 허용요건은 주의 깊은 고려가 필요하고 충족되기 매우 어렵다. 이러한 적용제외는 그 범위가 협소하고, 엄격하게 해석되어야 하기 때문이다.[51)]

따라서 역외 데이터 수집에 있어 집행관할권 행사의 합법성을 판단함에 있어서는 개인정보의 국외이전 등과 관련된 각 국가의 개인정보보호 관련 법률을 고려하여야 한다. 특히, 사법기관에서 국제공조 시 개인정보처리 및 제3자 제공 등과 관련된 공통의 가이드라인을 마련할 필요가 있다. 또한, 개인정보 국외이전과 관련하여, 한 국가의 개인정보 거버넌스 체계가 형사사법공조를 무력화시킬 수 있는 만큼 개인정보보호와 관련된 규정 및 절차를 정비할 필요가 있고, 범죄수사와 관련된 실체법이나 절차법만큼 개인정보보호 관련 법제 정비가 국제공조를 위한 신뢰 형성에 중요한 역할을 한다는 점을 유의할 필요가 있다.

---

51) European Commission's *Amicus Curiae* brief in USA v. Microsoft Corporation, 2017, p. 16.

제3절 국내 입법 및 실무에 대한 법정책적 제언

여기에서는 국내 수사실무에서 역외 데이터 수집이 어떠한 방식으로 이루어지는지를 유형별로 살펴보고, 수사기관의 역외 데이터 수집에 대한 다자조약 및 양자조약에 참여할 필요성을 검토하고자 한다. 또한, 이상에서 살펴본 국제사회의 논의와 국가실행의 분석을 토대로 앞으로 국내 입법의 미비점과 개선방안을 포함하여 국내 입법 및 실무에 있어서 바람직한 법정책적 방향을 제언하고자 한다.

1. 수사실무에서의 역외 데이터 수집의 실제

국내의 수사 실무에서는 디지털증거의 수집 과정에서 실제로 역외에 저장된 데이터를 수집하고 있으며, 실무상 이러한 수집의 방법은 크게 다음과 같이 세 가지로 구분된다. 첫째, 위에서 제시한 유형화 방식 중에서 접근권한을 통한 직접 수집 즉, [유형 1-②] 및 [유형 1-③], 둘째, [유형 1-④]에 해당하는 방법으로 압수수색 현장에서 압수할 물건인 컴퓨터 등에 연결된 서버 등을 압수하는 경우, 셋째, 간접수집 방식 중 [유형 2-⑤]에 해당하는 해외 서비스제공자를 대상으로 데이터 제공을 요청하는 경우이다.

첫 번째 방식과 두 번째 방식의 경우에는 실무상 압수수색검증영장을 신청·청구하는 단계에서 압수할 물건 또는 압수수색할 장소를 가능한 구체적으로 기재하여 영장을 발부받아 집행하는 방식을 취하고 있다.[52] 예

---

52) 전현욱 외, "사이버범죄의 수사 효율성 강화를 위한 법제 개선 방안 연구", 경제·인문사회연구회 미래사회 협동연구총서 15-17-01, 경제·인문사회연구회, 2015, p. 100.

를 들어, '압수할 물건'에는 '스마트폰 및 컴퓨터기기, 클라우드 내 전자정
보'라고 적시하고 추가적으로 '수색장소 내 전기통신기기에서 전산·전자
적 연결·통신 방식으로 확인되는 메신저·클라우드에 저장·보관된 자료'로
기재한다. 또한, '압수수색검증할 장소'에 '압수대상 디지털 증거가 별도의
IDC 센터 또는 서버에 전송되어 저장 및 관리되는 경우 해당 IDC 센터
또는 서버 설치 장소를 포함한다'고 기재하거나 시스템 위치를 정확하게
특정하지 못하는 경우에는 'IP 주소 xxx.xxx.xxx.xxx.를 가진 시스템' 또는
'네트워크 또는 물리적으로 연결된 시스템이 위치하는 장소' 등으로 기재
하는 경우도 있다.[53]

또한, 전자정보를 압수하는 경우에는 영장에 '압수방법의 제한'이라는
항목이 포함되어 있는데, 이 경우 형사소송법 제106조에 따라 압수물건을
탐색하여 범죄혐의와 관련된 전자정보만을 선별하여 복제 내지 출력하는
방법으로 압수한다는 내용이 포함되어 있고, 필요에 따라서 '<u>클라우드 내
지 원격 접속 시스템의 경우 사용자 참여권 보장 하에 물리적·기술적으로
취득하거나 사용자의 동의를 얻어 취득한 접속권한을 통해 그 서비스에
접속·탐색한 뒤 범죄혐의 관련 정보만을 선별 압수</u>(밑줄 필자 강조)'한다
는 내용이 포함되기도 한다.

정보주체의 적법한 동의를 얻거나 수사과정에서 지득한 계정정보를 통
해 데이터를 수집하는 방식([유형 1-②] 및 [유형 1-③])에 대해서는 제5장
에서 살펴본 바와 같이 대법원은 이러한 방식을 현행 형사소송법상 압수
수색의 방법으로 허용된다고 보고 있으며, 그 근거로는 형사소송법 제120
조 제1항을 들고 있다.[54] 즉, 접근권한을 획득하여 데이터를 수집하는 수
사기관의 행위는 압수·수색·검증영장의 집행에 필요한 처분에 해당한다
고 해석하는 것이다.

53) *Ibid.*
54) 대법원 2017. 11. 29. 선고 2017도9747 판결.

원격지 압수수색 즉, [유형 1-④]의 경우에는 형사소송법상 관련 근거가 없으며, 판례를 통한 법률 해석이 이루어진 사례도 없다. 다만, 디지털 증거의 수집 및 분석에 대하여 상세히 규정하고 있는 대검찰청 예규 및 경찰청 훈령에서 관련 근거를 찾아볼 수 있다.[55] 대검찰청은 「디지털 증거의 수집·분석 및 관리규정(대검찰청 예규 제1151호)」를 디지털 증거 처리와 관련된 내부 지침으로 활용하고 있으며, 관련 규정은 다음과 같다.

제31조(원격지에 저장된 전자정보의 압수·수색·검증) 압수·수색·검증의 대상인 정보 저장매체와 정보통신망으로 연결되어 있고 압수 대상인 전자정보를 저장하고 있다고 인정되는 원격지의 정보저장매체에 대하여는 압수·수색·검증 대상인 정보저장매체의 시스템을 통해 접속하여 압수·수색·검증을 할 수 있다(밑줄 필자 강조). 이 경우 피압수자등이 정보통신망으로 정보저장매체에 접속하여 기억된 정보를 임의로 삭제할 우려가 있을 경우에는 정보통신망 연결을 차단할 수 있다.

경찰청은 「디지털 증거의 처리 등에 관한 규칙(경찰청 훈령 제975호)」을 디지털 증거 처리에 관한 내부 지침으로 활용하고 있으며, 관련 규정을 살펴보면 다음과 같다.

제12조(압수·수색·검증영장의 신청) ② 경찰관은 전자정보에 대한 압수·수색·검증 영장을 신청하는 경우에는 혐의사실과의 관련성을 고려하여 압수·수색·검증할 전자정보의 범위 등을 명확히 하여야 한다. 이 경우 영장 집행의 실효성 확보를 위하여 다음 각 호의 사항을 고려하여야 한다.
1. 압수·수색·검증 대상 전자정보가 원격지의 정보저장매체등에 저장되어 있는 경우 등 특수한 압수·수색·검증방식의 필요성(밑줄 필자 강조)
2. 압수·수색·검증영장에 반영되어야 할 압수·수색·검증 장소 및 대상의 특수성

---

55) 대검찰청과 경찰청 모두 관련 규정을 2020년 개정하였고 대검찰청 예규는 2021. 1. 1.부터 경찰청 훈령은 2020. 9. 1.부터 각각 시행되었다.

대검찰청 예규에서는 제31조에서 명시적으로 원격지에 저장된 전자정보의 압수수색방법을 규정하고 있으나, 경찰청에서는 원격지 압수수색을 압수수색영장 신청 시 고려사항으로 규정하고 있다.

세 번째 방식인 [유형 2-⑤]에 해당하는 해외 서비스제공자를 대상으로 데이터 제공을 요청하는 경우에는 페이스북, 트위터 등 주로 미국 기업이 제공하는 법집행기관 가이드라인에 따라 이루어지고 있다. 페이스북 및 트위터는 전 세계 법집행기관을 위하여 데이터를 요청하고 제공받을 수 있는 온라인 플랫폼을 운영하고 있으며, 우리나라 수사기관에서도 이러한 플랫폼을 활용하여 직접 가입자정보나 트래픽 데이터 등을 요청하고 있다. 해당 플랫폼에서는 수사 중인 범죄에 대한 개요, 법적 근거, 요청하는 데이터와의 관련성 등을 작성하도록 하고 있으며, 법원의 명령 또는 영장 사본을 첨부하도록 요구하고 있다.[56)]

이에 실무상 우리나라 수사기관은 영장 신청 단계에서 '압수·수색·검증할 장소'란에 페이스북의 경우에는 페이스북 본사 주소인 '(Facebook Inc.) 1601 S California Ave, Palo Alto, CA 94304 USA'를 기재하고 있다.[57)] 2017도9747 사건에서 우리 대법원은 영장의 장소적 허용범위를 넘어선 압수·수색인지 여부를 판단할 때, 영장을 집행하는 장소를 국내로 보았는데, 실무상 영장에 압수·수색할 장소를 외국으로 기재하는 것이 적절한지 여부가 문제될 수 있다.

또한, 이러한 영장의 집행이 국내 형사소송법상 강제수사의 일환으로 이루어진다고도 볼 수 없다. 수사기관이 영장 사본을 업로드하여 해외 기업에 데이터 제공요청을 하더라도 기업의 내부 정책 및 미국법과의 충돌 문제 등으로 인해 데이터 제공을 거부할 수도 있고, 이메일 내용과 같은

---

56) 박다온, "외국의 정보통신 서비스 제공자에 대한 통신 자료 요청 방법과 형 사법적 문제", 형사정책연구 제32권 제1호, 2021, pp. 174-177.
57) 전현욱 외, *supra* note 52, p. 175; 박다온, *supra* note 56, p. 185.

통신내용까지 압수하겠다는 영장을 발부받아 집행하더라도 해당 데이터는 형사사법공조를 통하여서만 확보할 수 있다. 따라서 국내에서는 형사소송법에 따라 압수수색영장을 발부받았더라도 이러한 영장은 국내법에 따른 강제성을 가지지 못하며, 외국 기업에 대하여 범죄수사 목적의 데이터 수집이 우리나라 법원에 의하여 허가 또는 승인되었다는 사실을 증명하는 것에 불과하다.[58]

2. 다자조약 가입 및 양자조약 체결의 필요성

가. 미국과의 행정협정 체결 검토

우리나라도 최근 몇 년간 수사기관에서 직접 미국의 서비스제공자를 대상으로 영장을 집행하는 사례가 증가하고 있다. 다만, 가입자정보나 로그기록 등은 미국 국내법을 근거로 직접 미국 서비스제공자로부터 제공받을 수 있었으나 이메일 내용과 같은 콘텐츠데이터의 경우, 해당 기업은 국제형사사법공조(MLA) 절차를 거칠 것을 요구해 왔다. 따라서 우리나라 수사기관이 서비스제공자로부터 조금 더 효율적이고 신속하게 콘텐츠데이터를 제공받기 위해서는 미국 정부와 행정협정을 체결하는 방안을 적극적으로 검토해 볼 필요가 있다.[59] CLOUD Act에 따른 행정협정 체결이 아니더라도 기존에 체결되어 있는 형사사법공조조약을 개정하는 방안도 생각해볼 수 있다. 즉, 전자증거의 수집에 대해서는 양 당사국을 본사로 하는 기업에 대해서 국내법에 따라 발부된 영장 등을 근거로 직접 데이터 제공

---

58) 전현욱 외, *supra* note 52, p. 174.
59) 송영진, "미국 CLOUD Act 통과와 역외 데이터 접근에 대한 시사점", 형사정책연구, 제29권 제2호, 2018, pp. 163-164.

요청을 할 수 있는 근거 조항을 추가하는 방식이다.

CLOUD Act에 따르면 행정협정을 체결하려는 국가는 CLOUD Act 제 2523조에서 요구하는 일정한 수준의 사이버범죄 및 전자증거에 관한 실체 법과 절차법적 요건을 충족해야 한다. 또한, 이 법에서는 국제인권법상 의 무의 준수와 프라이버시 등 기본권의 존중을 요구하고 있고, 데이터를 수 집, 보유, 활용, 공유하는 절차 및 그러한 활동의 효과적 통제를 포함한 분 명한 법적 권한 및 절차를 갖출 것을 요구하고 있다.

미국과 행정협정을 체결하기 위해서는 우리나라가 CLOUD Act에서 규 정하고 있는 "자격 있는 외국 정부(qualifying foreign government)"에 해당 하기 위한 요건을 갖추었는가를 먼저 검토해볼 필요가 있다.[60] 이를 위해 서는 우리나라가 유럽평의회의 사이버범죄협약 당사국이거나 협약의 규정 을 국내적으로 이행한 경우와 같이 사이버범죄와 디지털증거에 대한 실체 법 및 절차법을 갖추고 있어야 한다.[61] 그러나 아직 우리나라는 유럽평의 회의 사이버범죄협약 당사국이 아니며, 협약의 내용이 국내법에 완전히 수용되었다고 보기 어렵기 때문에 국제 기준에 맞는 실체법 및 절차법적 정비가 필요하다.

또한, 우리 정부기관에서 데이터를 수집, 보유, 활용, 공유하는 법적 절 차, 그리고 이를 통제하기 위한 법적 장치가 마련되어 있어야 한다.[62] 이 러한 국내법적 장치는 개인정보의 수집, 이용, 제공, 관리 등에 대해 규정 하고 있는 개인정보보호법 제15조 내지 제34조에서 찾아볼 수 있으며, 통 신비밀보호법 상 통신제한조치(제5조 내지 제9조), 통신사실 확인자료 제 공 절차(제13조) 및 전기통신사업법 상 통신자료 제공 절차(제83조 제3항)

---

60) *Ibid.*, p. 164.
61) CLOUD Act에서 사이버범죄협약을 명시한 것은 협약 당사국을 확대하기 위한 하 나의 유인책으로 추정된다.
62) 송영진, *supra* note 59, p. 164.

등에서도 관련 규정을 찾아볼 수 있다. 이와 관련하여 우리나라 법제가 데이터의 수집 및 활용에 대한 적절한 법제를 마련하고 있는지 여부는 EU GDPR에 따른 적정성 결정(adequacy decision)[63])을 위하여 유럽 집행위원회에 의하여 검토된 바 있다. 2021년 6월 EU는 "대한민국에 대한 적정성 결정서 초안"(Commission Implementing Decision of XXX pursuant to Regulation (EU) 2016/679 of the European Parliament and of the Council on the adequate protection of personal data by the Republic of Korea under the Personal Information Protection Act)을 발표[64])하였는데, 해당 결정서 초안에서는 우리나라 개인정보보호법과 통신비밀보호법, 전기통신사업법 등과 같은 수사기관 및 정보기관에 의한 통신 데이터 수집 관련 법제를 상세하게 검토하고 있다.[65]) 결정서 초안에서 유럽 집행위원회는 우리나라 개인정보보호법과 통신데이터 수집 관련 법제가 GDPR과 동등한 수준으로 개인정보를 보호하고 있다고 결론을 내리고 있으며, 이러한 EU의 검토 결과는 미국과의 행정협정 체결을 위한 "자격 있는 외국 정부(qualifying foreign government)"에 해당하는지 여부를 판단함에 있어서도 참고가 될 수 있을 것이다.

---

63) 적정성 결정이란, EU역외의 국가가 GDPR이 요구하는 수준과 동등한 수준의 개인 정보 보호조치가 있는지를 확인·승인하는 제도로 적정성 결정을 받은 국가의 기업들은 표준계약체결 등과 같은 별도 절차를 거치지 않고 EU시민의 개인정보를 해당 국가로 이전 또는 처리할 수 있게 된다.
64) 개인정보보호위원회 보도자료, "EU, 한국 적정성 초기 결정서 발표", 2021. 6. 17. ; 결정서 초안 원문은 유럽 집행위원회 홈페이지 <https://ec.europa.eu/info/sites/default/files/draft_decision_on_the_adequate_level_of_protection_of_the_republic_of_korea_with_annexes.pdf> 참조(2022. 5. 30. 최종방문).
65) 개인정보보호법 외에 수사기관 및 정보기관의 데이터 수집에 관한 법제를 비교적 상세하게 검토하고 있는 이유는 위에서 살펴본 2020년 CJEU의 'Schrems Ⅱ' 판결의 영향으로 추정된다.

나. 사이버범죄협약 가입 필요성

유럽평의회 사이버범죄협약은 제32조에서 초국경 접근과 제18조에서 서비스제공자를 대상으로 한 가입자정보 제출명령 규정을 제공하고 있다. 또한, 구체적으로 제2추가의정서 초안에서는 제18조의 적용범위를 보다 확대하여 가입자 정보에 대해서 서비스제공자가 다른 당사국 영토 내에 있는 경우에도 제출명령을 발부할 수 있도록 하고 있고, 가입자정보와 트래픽 데이터에 대해서는 요청국이 발부한 명령의 효력을 접수국 내에서 인정하도록 하는 규정을 두고 있다.

추가의정서 초안에서는 가입자 정보에 대한 제출명령에 대해서는 통지(notification)와 관련된 사항을 규정하면서, 접수국이 요청국에 대해서 명령의 발부에 대한 사실을 자국에게 통보할 것을 요구할 수 있도록 규정하고 있고, 일정한 경우 서비스제공자가 정보제공 여부에 대해 자국 정부에게 자문을 구할 수 있도록 하고 있다. 이는 국가가 이를 통제할 수 있는 절차를 둠으로써 가입자 정보에 대한 제출명령이 남용되지 않도록 하고, 주권 존중의 원칙을 고려한 규정으로 보인다.

사이버범죄협약은 유럽 중심의 지역 협약으로 시작되었지만, 유럽평의회 비회원국에게도 개방된 조약이며 2024년 7월 기준, 총 78개국이 비준 또는 서명하였다. 우리나라 역시 사이버범죄협약 가입 필요성에 대해 공감하고 있고 정부 부처를 중심으로 협약 가입을 위해 국내법적 정비가 필요한 사항과 구체적인 가입 절차 등에 대한 논의가 진행되고 있다.66) 또한, 위에서 언급한 미국과의 행정협정 체결의 연장선상에서 사이버범죄협약의 가입을 적극적으로 검토하고 이를 위하여 국내법을 정비할 필요가 있다. 우리나라가 사이버범죄협약 및 제2추가의정서에 가입하고 절차법

---

66) 최혁두, "사이버범죄협약 가입을 위한 이행입법 연구", 치안정책연구 제32권 제3호, 2018, p. 400.

및 국제협력 규정을 정비하게 되면, 협약 당사국과 보다 신속하고 효율적인 국제공조가 가능하게 될 것이다.

3. 국내법제 정비방안

아래에서는 위에서 살펴본 수사실무에서의 문제와 사이버범죄협약 가입 및 미국과의 행정협정 체결의 필요성과 관련하여 국내 입법의 미비점과 법제 정비방안을 제시하고자 한다.

첫째, 수사실무에서 이미 행해지고 있는 원격지 압수수색을 법제화할 필요가 있다. 위에서 살펴본 원격지 압수수색에 대한 대검찰청 예규 및 경찰청 훈령은 행정규칙으로 행정기관 내부의 처리지침에 불과한 것으로서 대외적으로 국민이나 법원을 기속하는 효력이 없다. 따라서 형사소송법에 명시적인 근거를 두는 것이 필요하다. 이는 사이버범죄협약 제19조 제2항과 관련이 있으며, 사이버범죄협약의 가입을 위한 절차법적 정비와도 관련이 있다. 우리나라 압수·수색·검증영장은 '압수방법의 제한'은 포함하고 있으나 압수방법의 허용범위에 대해서는 구체적으로 정하지 않고 있다. 이는 전자정보, 저장매체 등 디지털 증거 압수·수색에 대하여 규정하고 있는 형사소송법 제106조 역시 마찬가지이다.

20대 국회에서는 김도읍 의원이 대표발의한 "형사소송법 일부개정법률안"에서 원격지 압수수색에 대한 명문의 규정을 포함하고 있었다.[67] 해당 개정안은 "압수 대상인 컴퓨터 등 정보처리장치와 정보통신망으로 연결되어 있는 정보저장매체등에 집행 대상 정보가 보관되어 있다고 인정할 만

---

67) 해당 법안은 임기만료로 폐기되었고 국회 의안정보시스템(https://likms.assembly.go.kr/bill/main.do) 검색 결과, 21대 국회에서는 유사한 법률안이 발의되지 않은 상태이다.

한 상당한 이유가 있는 경우에는 그 정보를 해당 정보처리장치 또는 다른 저장매체로 이전 또는 복제하거나 이를 출력하는 방법으로 압수·수색할 수 있"도록 하는 규정을 신설하는 것을 내용으로 하고 있다.[68]

20대 국회 법제사법위원회 검토보고서에서는 "최근 외장형 디스크 등 각종 정보저장매체의 발달과 클라우딩 서비스로 인하여 정보의 분산 보관이 용이해져 기존의 압수방법으로는 정보에 대한 압수집행이 기술적으로 곤란한 경우가 발생하고 있고, 이러한 수사현실을 고려할 때 개정안과 같이 압수대상인 정보처리장치와 정보통신망으로 연결된 정보저장매체등에 대한 압수를 허용할 필요성이 있다"고 보았다.[69]

둘째, 접근권한을 통한 역외 데이터 수집의 경우, 우리나라 판례에서는 이를 형사소송법 제120조 제1항에서 정하고 있는 '기타 필요한 처분'에 포함되어 허용된다고 해석하고 있다. 그러나 디지털 증거 수집은 전통적인 유형물의 압수와는 달리, 압수수색 현장의 상황, 범죄의 유형, 범죄수법, 범죄자가 사용한 기술의 수준 등에 따라 무수히 많은 경우의 수가 발생하고, 대법원의 태도에 따르면 형사소송법 제120조 제1항의 적용범위를 지나치게 확대하여 모든 데이터 수집 방식이 압수수색영장 집행에 필요한

---

68) 안 제115조의2(정보의 압수집행) ③ 압수·수색 대상인 컴퓨터 등 정보처리장치와 정보통신망으로 연결되어 있는 정보저장매체등에 집행 대상 정보가 보관되어 있다고 인정할 만한 상당한 이유가 있는 경우에는, 그 정보를 당해 정보처리장치 또는 다른 저장매체로 이전 또는 복제하거나 이를 출력하는 방법으로 압수·수색할 수 있다. 이 경우 당해 정보처리장치 관리자의 권한 범위를 초과하여 집행할 수 없다.

69) 반면 법원행정처는 현행법에 의하더라도 정보처리장치와 정보통신망으로 연결된 정보저장매체 등에 저장된 정보에 대해서 사전에 이를 허용하는 압수·수색영장을 발부받아 집행할 수 있음에도 이러한 입법이 필요한지 의문이고, 개정안에 따르면 집행기관의 자의적 판단에 따라 압수·수색의 범위가 현저히 확대될 수 있으며, 외국에 서버를 둔 경우 개정안과 같은 압수방법은 국제적으로도 상당한 논란을 불러 일으킬 수 있다는 점 등을 이유로 개정안에 반대하였다. 남궁석(법제사법위원회 수석전문위원), "형사소송법 일부개정법률안(김도읍 의원 대표발의, 제1352호) 검토 보고"(2016. 11.), p. 9.

처분으로 허용된다고 해석될 여지도 있다. 따라서 허용되는 압수방법에 관하여 법률에 명시적인 규정을 마련하는 것이 법적 명확성 및 안정성을 제고하는 측면에서 바람직하다.

마지막으로, 우리나라 수사기관이 외국 서비스제공자에 대하여 데이터 제공요청을 하는 경우와 외국 수사기관이 우리나라 기업에 데이터 제공요청을 하는 경우를 법제화할 필요가 있다. 즉, 사이버범죄협약 및 제2추가의정서에 가입하고, 미국과의 행정협정을 체결하기 위해서는 국내법제 정비의 일환으로 전기통신사업법 및 통신비밀보호법의 통신자료 및 통신사실확인자료 제공요청 규정에 "우리나라와 조약 또는 행정협정을 체결한 국가의 서비스제공자에 대해서도 적용된다"는 내용의 조항을 신설할 필요가 있다.

또한, 우리나라 기업이 보유 또는 관리하고 있는 데이터에 대해 미국이 직접 기업을 상대로 제공요청을 할 수 있게 되므로 이에 따른 대비도 역시 필요하다.[70] 현재 우리나라에는 외국 수사기관의 데이터 제공요청에 대응할 구체적인 법제나 가이드라인이 마련되어 있지 않다.[71] 이 때문에 실무상으로는 해외 수사기관이 우리나라 수사기관에게 수사협조를 요청하거나 형사사법공조 절차를 통하는 경우에 한하여, 우리 수사기관이 자체적으로 수사에 착수하여 서비스제공자에게 관련 정보를 제공받고 이를 다시 해외 수사기관에 제공하고 있다.[72] 따라서 외국 수사기관이 국제공조절차를 통하지 않고 국내 서비스제공자에게 직접 정보제공을 요청하고 국내 서비스제공자가 데이터를 제공할 수 있도록 하는 법제도적 근거를 마련할 필요가 있다.[73]

---

70) 송영진, *supra* note 59, p. 164.
71) 전현욱 외, *supra* note 52, p. 176.
72) *Ibid.*, p. 176.
73) 송영진, *supra* note 59, pp. 164-165.

개인정보보호법 제17조 제3항에 따르면, 개인정보를 국외의 제3자에게 제공할 때에는 정보주체에게 개인정보를 제공받는 자 및 개인정보 이용 목적 등을 통지할 의무가 있고 동의를 받아야 하는데, 이러한 개인정보 국외이전 규정과 행정협정이 충돌할 우려가 있다.[74] 따라서 국내 서비스제공자가 범죄수사를 목적으로 해외의 정부기관에 정보를 제공하는 경우에 적용할 수 있는 개인정보의 국외이전에 대한 예외규정을 신설할 필요가 있다.[75]

---

74) 제17조(개인정보의 제공) ③ 개인정보처리자가 개인정보를 국외의 제3자에게 제공할 때에는 제2항 각 호에 따른 사항을 정보주체에게 알리고 동의를 받아야 하며, 이 법을 위반하는 내용으로 개인정보의 국외 이전에 관한 계약을 체결하여서는 아니 된다.
75) 송영진, *supra* note 59, p. 165.

제7장
결 론

현대사회에서 과학기술과 정보통신기술은 빠르게 발전하고 있다. 그러나 기술발전에 따른 각종 사회현상을 규율하는 법과 제도는 이러한 정보통신기술의 발전 속도를 따라가지 못하고 있다. 통상 기술이 먼저 발전하고 규범은 그 기술보다 한발 늦게 형성된다. 이러한 발전 속도 차이에 따른 규범과 기술의 괴리 현상은 국제법 영역에서도 나타나고 있다.

국제법 체제는 물리적 공간에서의 행위를 기반으로 형성되어 왔고, 특히 국가의 관할권 행사에 관한 기본원칙은 일정한 영토를 가진 주권국가의 존재를 전제로 하고 있다. 특히, 국제법상 집행관할권의 행사는 영토적 한계를 지니며, 어떠한 국가도 타국의 동의없이 타국 영토 내에서 집행관할권을 행사할 수 없다. 예를 들어, 범인이 해외로 도주하거나 범죄의 증거가 해외에 있는 경우, 일국의 수사기관은 타국의 동의없이 타국 영토 내에 들어가서 범인을 체포하거나 증거를 수집하여서는 안 된다. 이러한 집행관할권 행사의 영토적 한계를 극복하기 위해서 범죄인인도 제도나 국제형사사법공조 제도가 활용되어 왔다.

그러나 정보통신기술의 발달로 온라인상에서의 통신이 일상화되었고, 사이버공간을 활용한 범죄도 증가하였다. 범죄자들은 글로벌 기업이 제공하는 이메일, 소셜 네트워크, 클라우드 서비스를 이용하여 범죄를 공모하거나 실행하고 있고, 이 과정에서 생성되는 통신데이터는 범죄자를 추적할 수 있는 단서가 되거나 범죄수사에 있어 결정적인 증거가 되기도 한다. 범죄수사에 있어 통신데이터의 수집 역시 필수불가결한 것이 되었고 수사기관은 이러한 데이터를 수집하기 위해 다양한 방법을 강구하고 있다.

이렇게 범죄수사에 활용되고 있는 통신데이터는 민간기업이 보관하고 있는데, 클라우드 컴퓨팅 기술의 발달로 구글이나 페이스북 등의 기업은 전 세계에 데이터 센터를 구축하여 데이터를 분산하여 저장하고 있다. 물리적 국경이 없는 사이버공간 내에 저장된 데이터는 무형물이며, 특히 클라우드 환경에 저장된 데이터는 이동성, 가분성, 위치독립성이라는 특징을 가진다. 즉, 클라우드 컴퓨팅 기술로 인해 데이터는 여러 서버에 분산되어 저장되거나, 저장위치가 계속해서 변경되기도 한다. 이러한 클라우드 데이터의 특성으로 인해 실제 클라우드 환경 내에서 데이터의 저장위치를 알지 못하게 되는 '위치의 상실' 현상이 발생하게 된다.

수사기관은 데이터의 수집을 위해서 일정한 접근권한을 획득하여 직접 서버에 접속하여 데이터를 수집하기도 하는데, 이런 경우에 수사기관은 부지불식 간에 해외 서버에 저장되어 있는 데이터에 접근하게 된다. 만약 데이터에 대한 접근권한이 없는 경우에는 국제형사사법공조 제도를 활용해야 하는데, 수사기관은 데이터가 실제로 어디에 저장되어 있는지 알지 못하기 때문에 데이터를 보관하고 있는 기업의 국적국에 공조요청을 하게 된다. 이마저도 국제형사사법공조 절차가 복잡하고 장시간이 소요되는 문제로 인해 신속하고 효율적인 증거 수집이 어려운 실정이다.

일국의 수사기관이 국제형사사법공조를 거치지 않고 역외에 저장되어 있는 데이터를 수집하는 행위가 국제법상 집행관할권 행사의 영토적 한계를 벗어난 집행관할권의 역외적 행사에 해당하는지 여부에 대해서 국제법은 이를 명확하게 규율하고 있지 않다.

국제사회에서는 이러한 문제를 인식하고 이를 규범적으로 해결하기 위해서 논의를 진행하고 있다. UN 차원에서는 CCPCJ에서 '사이버범죄 범정부 전문가그룹'을 중심으로 이 문제를 논의하기 시작하였으나 아직까지 문제의 인식 단계에 머물러 있는 상태이다. 유럽평의회에서는 이 문제에 대한 논의가 비교적 진전되어 있는 상태로, 사이버범죄협약 제2추가의정서 초안을 마련하여 협약 당사국이 직접 서비스제공자에게 데이터를 제공 요청하거나, 타방 당사국 명령에 국내적 효력을 부여하는 등의 가입자정보와 트래픽데이터를 신속하게 수집할 수 있는 구체적이고 명시적인 근거

규정을 신설하였다. 또한, EU에서는 전자증거 규정 및 지침 초안을 마련하여 유럽제출명령(EPO)과 유럽보존명령(EPO-PR) 제도를 도입하여 다른 회원국에 있는 서비스제공자에게 직접 데이터 제공요청을 할 수 있도록 하는 근거규정을 마련하였다.

역외 데이터 수집에 대한 국제법적 규율이 부재한 상황에서 주요 국가에서는 수사기관의 역외 데이터 수집 문제를 국내법 차원에서 다양한 방식으로 접근하고 있다. 본 논문에서는 미국, 영국, 벨기에, 일본, 우리나라를 중심으로 역외 데이터 수집에 대한 각국의 입법과 법원의 판례를 분석하였다. 이러한 국가들의 실행을 살펴보면 수사기관이 역외 데이터를 수집하는 다양한 유형의 방식이 존재하고, 수사기관이 역외 데이터를 수집하는 것이 영장의 허용범위를 넘어서는 것인지 여부, 수집된 데이터의 증거능력을 인정할 수 있는지 여부 등 쟁점별로 국가마다 입장 차이가 존재함을 확인할 수 있다.

본 논문에서는 국제기구와 국가의 실행을 분석한 결과를 토대로 하여 역외 데이터 수집 방식을 크게 직접수집방식과 간접수집방식으로 나누어 유형화를 시도하였다. 이러한 유형화를 통해 수사기관의 역외 데이터 수집에 대한 국제법적 규율방안을 논의함에 있어서 고려되어야 할 6가지 요소를 제시하였다.

우선, 데이터의 저장위치를 집행관할권 행사의 적법성을 판단하는 절대적 기준으로 삼아서는 안 된다는 점을 주지할 필요가 있다. 데이터가 해외에 저장되어 있다는 사실만으로 수사기관이 해당 데이터를 수집하는 행위를 집행관할권의 역외적 행사로 간주하게 되면, 수사기관이 정당한 접근권한을 가지고 역외 데이터에 접근하는 경우나 누구에게나 공개된 데이터에 접근하는 경우 모두 위법하다고 판단하게 될 우려가 있다.

집행관할권 행사의 적법성 판단에 있어 데이터의 저장위치보다는 데이터에 대한 정당한 접근권한의 유무가 더 중요한 요소라고 할 수 있다. 만약 데이터의 접근권한을 가진 자의 적법하고 자발적인 동의가 있다면 이에 기한 역외 데이터 수집은 정당화될 수 있다.

또한, 정보주체 또는 서비스제공자가 자국 국적을 가진 경우 또는 자국 영토 내에 소재하고 있는 경우에도 집행관할권을 행사할 수 있다고 보아야 하며, 만약 서비스제공자가 외국 기업인 경우 국제형사사법공조 절차를 이용하거나 해당 서비스제공자에게 직접 데이터 제공을 요청할 수 있도록 양자 또는 다자조약을 체결하여 해결하는 것이 바람직할 것이다.

데이터의 수집방법과 관련하여, 해킹, 악성코드 등 기술적 수단을 이용하여 수사기관이 해외에 위치한 서버에 원격으로 접근하여 데이터를 수집하는 행위는 집행관할권의 역외적 행사에 해당될 수 있다. 벨기에의 경우에는 온라인 수색과 관련하여 수색 대상 데이터가 해외에 저장되어 있다고 판단되는 경우, 이를 해당 국가에 통지하도록 규정하고 있다. 아직까지 온라인 수색의 국제법적 허용 여부에 대하여 논의된 바는 없으며, 향후 국제법에서 이를 어떻게 규율할 것인지에 대하여도 검토가 필요하다.

또한, 수사대상 범죄의 중대성 및 긴급성 역시 고려되어야 할 요소이다. 인질납치 상황, 아동성착취 범죄, 테러리스트의 공격 등과 같이 사람의 생명 또는 신체에 대한 급박한 위험이 있는 경우에는 신속한 국제공조 절차가 마련되어야 한다.

마지막으로 세계적으로 개인정보보호법제가 강화되고 있는 상황에서 개인정보의 국외이전 등과 관련된 각국의 개인정보보호법제를 고려하여야 하며, 범죄수사를 위한 데이터 수집과 개인정보보호가 충돌되지 않도록 하여야 한다.

우리나라에서도 실무적으로 수사기관이 역외 데이터를 수집하는 사례가 발견되고 있으나, 형사소송법 등 관련 법률에 이에 관한 명시적 근거규정은 미비한 실정이다. 대법원은 수사기관이 수사과정에서 지득한 접근권한을 이용하여 역외 데이터를 수집하는 경우, 이를 형사소송법상 압수수색의 방법으로 허용된다고 판단한 사례가 있으나, 원격지 압수수색이나 해외 서비스제공자에 대한 데이터 제공요청에 대하여는 관련된 법적 근거가 없다. 앞으로 국제법의 틀 내에서 역외 데이터 수집을 위한 신속한 국제공조가 이루어지기 위해서는 우리나라도 사이버범죄협약에 가입하고, 미국과 행정협정을 체결할 필요가 있다. 이를 위해서 국내 절차법을 정비할 필요가 있으며, 특히 원격지 압수수색, 접근권한을 통한 역외 데이터 수집, 외국 서비스제공자에 대한 데이터 제공요청, 외국 수사기관의 요청에 의한 우리나라 기업의 데이터 제공 등에 대하여 법적 근거를 마련하여야 한다.

국제적 논의과정에서 데이터 국지화 법률, 개인정보보호법제 등도 고려되어야 하며, 이 과정에서 국가들의 다양한 이해관계가 충돌될 가능성이 있다. 그러나 궁극적으로 역외 데이터 수집과 관련된 집행관할권 행사의 한계 문제는 국제법 차원에서 국가들의 실행을 반영한 명확한 기준설정을 통해 규율되어야 한다. 법적 불확실성을 제거하고, 잠재적인 주권 침해 및 인권 침해의 소지를 불식시키는 동시에 디지털증거의 수집과 초국가적인 사이버범죄 대응을 위한 효과적인 국제협력을 가능하게 하기 위해서는 국제법적 규율을 통해 사이버공간 특히, 클라우드 환경에서 집행관할권 행사의 허용범위가 설정될 필요가 있다.

참고문헌

1. 국내문헌

가. 단행본

김대순, 국제법론, 삼영사, 2019.
박노형 외 8인, EU 개인정보보호법 – GDPR을 중심으로, 박영사, 2017.
박덕영 외 16인, EU법 강의, 박영사, 2012.
이상진, 디지털 포렌식 개론, 이룬, 2015.
이승운, 사이버수사 법률과 판례, 퍼플, 2019.
정인섭, 신국제법 강의 – 이론과 사례, 박영사, 2021.
조성훈, 역외 전자정보 압수·수색 연구, 박영사, 2020.

나. 논문

강동범, "정보통신망법상 사이버범죄처벌규정의 검토", 인터넷법률 제39호, 2007.
강석구, 이원상, "사이버범죄 관련 법령정비 방안", 한국형사정책연구원 연구총서 13-B-02, 2014.
권양섭, "사이버 범죄 처벌규정의 문제점과 대응방안", 법학연구 제53집, 2014.
권양섭, "인터넷 패킷감청의 허용가능성에 관한 고찰." 법학연구 제39집, 2010.
김갑석, "유럽에서의 잊힐 권리의 전개와 한국에서의 법제 제도화의 방안", 유럽헌법연구 통권 제25호, 2017.
김기범, 이관희, 장윤식, 이상진, "정보영장 제도 도입방안 연구", 경찰학연구 제11권 제3호, 2011.
김동호, 이상진, "구글 클라우드 데이터의 수사활용 방안에 관한 연구 (스마트폰 사용자 중심)", 디지털포렌식연구 제12권 제3호, 2018.
김부찬, "The Changing Structure and Paradigm Shift in International Law", 국제법학회논총 제63권 제4호, 2018.
김성원, "영토, 경계 및 영토주권에 대한 역사적 고찰", 동아법학 제81호, 2018.
김소정, 김규동, "UN 사이버안보 정부전문가그룹 논의의 국가안보 정책상 함의",

정치정보연구 제20권 제2호, 2017.

김영규, "미국 연방대법원의 '휴대폰에 저장된 개인정보 보호'에 대한 판결의 의의 － 피체포자의 휴대폰에 저장된 정보의 영장없는 수색 제한에 관한 RILEY 판결을 중심으로 －." 형사정책연구 제25권 제4호, 2014.

김재윤, "인터넷상 '아우슈비츠 거짓말'에 대한 독일 연방대법원 판례 고찰", 법학논총 제36권 제4호, 2016.

김한균, 김성은, 이승현, "사이버범죄방지를 위한 국제공조방안 연구 - 유럽사이버범죄방지협약을 중심으로 -", 대검찰청 정책연구용역보고서, 2008.

김한균, 윤해성, 박윤석 외 13명, "첨단 과학수사 정책 및 포렌식 기법 종합발전방안 연구(Ⅰ)", 형사정책연구원 연구총서 18-CB-02, 형사정책연구원, 2018.

김한균, 윤해성, 김경찬 외 14명, "첨단 과학수사 정책 및 포렌식 기법 종합발전방안 연구(Ⅱ)", 형사정책연구원 연구총서 19-CB-02, 형사정책연구원, 2019.

문규석, "국제법상 사이버범죄에 관한 연구", 국제법학회논총 제46권 제1호, 2001.

박노형, 정명현, "국제사이버법의 발전 : 제5차 UNGGE활동을 중심으로", 국제법학회논총 제63권 제1호, 2018.

박노형, 정명현, "제4차 정보안보에 관한 유엔정부전문가그룹 논의 분석과 국제사이버법의 발전 전망", 국가전략 제22권 제3호, 2016.

박다온, "외국의 정보통신 서비스 제공자에 대한 통신 자료 요청 방법과 형사법적 문제", 형사정책연구 제32권 제1호, 2021.

박병민, 서용성, "디지털 증거 압수수색 개선방안에 관한 연구 － 법률 개정에 관한 논의를 중심으로 -", 사법정책연구원 연구총서 2021-05, 사법정책연구원, 2021.

박영규, "클라우드 컴퓨팅의 법적 문제에 관한 고찰", 법조 제61권 제8호, 2012.

박영길, "국제법상 보편적 관할권 : 개념 및 실천적 함의의 재고찰", 서울대학교 박사학위논문, 2009.

박영우, "사이버범죄방지협약의 국내법적 수용문제", 정보보호학회지 제13권 제5호, 2003.

박주희, "무력충돌법상 데이터의 지위 및 민간데이터와 군사데이터의 구별", 국제법학회논총 제63권 제2호, 2018.

박지현, "International Trend against Cybercrime and Controversy over the F.B.I.'s Practice of 'Extra-Territorial Seizure of Digital Evidence'", 국제법학회논총 제49권 제3호, 2004.

박희영, "사이버범죄방지조약의 형사절차법 규정의 평가와 현행 형사절차법 관련 규정의 개정방향", 인터넷법률 제46호, 2009.

박희영, 최호진, 최성진, "사이버범죄협약 이행입법 연구", 대검찰청 정책연구용역 과제 보고서, 2015.

백기봉, "동아태 지역에서의 초국가적조직범죄 척결을 위한 국제협력방안 - 국제 협력시스템 구축을 위한 한국의 역할과 과제 -", 서울국제법연구 제20권 제1호, 2013.

백범석, 김유리, "[判例評釋] 미연방대법원 Kiobel 판결의 국제인권법적 검토", 국제법학회논총 제58권 제3호, 2013.

백상미, "사이버공격의 국제법적 규율을 위한 적극적 방어개념의 도입", 서울대학 교 박사학위논문, 2018.

서주연, "정보저장매체에 저장된 디지털 증거의 압수·수색에 대한 고찰 - 미국 법 제와의 비교를 중심으로 -", 경찰학연구 제15권 제3호, 2015.

서철원, "가상공간에서의 관할권행사에 관한 소고", 법학논총 제14집, 2004.

소병천, "국내법의 역외적용에 관한 미국의 관행", 국제법학회논총 제49권 제3호, 2004.

송규영, "해외 디지털증거의 확보 - 관할권의 확정 및 디지털증거 보존제도 필요성 을 중심으로 -", 저스티스 통권 제173호, 2019.

송영진, "수사기관의 클라우드 데이터 접근에 관한 비판적 고찰 : '데이터 예외주 의' 논쟁과 각국의 실행을 중심으로", 형사정책연구 제30권 제3호, 2019.

송영진, "미국 CLOUD Act 통과와 역외 데이터 접근에 대한 시사점", 형사정책연 구 제29권 제2호, 2018.

안성훈, 김민이, 김성룡, "국제범죄수사에 있어서 외국에서 수집된 증거의 증거능 력에 대한 연구", 형사정책연구원 연구총서 17-AA-10, 형사정책연구원, 2017.

안준형, "사이버테러 규제입법과 국내법의 역외적용 : 보호주의 관할권의 행사기 준을 중심으로", 한국군사학논집 제72권 제3호, 2016.

양근원, "형사절차상 디지털 증거의 수집과 증거능력에 관한 연구", 경희대학교 박 사학위논문, 2006.

양종모, "클라우드 컴퓨팅 환경에서의 전자적 증거 압수·수색에 대한 고찰", 홍익 법학 제15권 제3호, 2014.

오병철, "클라우드 컴퓨팅에서의 사법관할권", IT와 법연구 제7집, 2013.

오일석, "사이버범죄 대응을 위한 네덜란드 형사법 현황", 세계법제연구보고서, 2008.

우지이에 히토시(氏家　仁), "일본의 전자적 증거 압수에 관한 2011년 개정법 소
　　개", 형사법의 신동향 통권 제49호, 2015.
윤종수, "인터넷에서의 국가관할과 국내법의 역외적용", 공법연구 제39집 제1호,
　　2010.
이동현, "디지털 증거의 수집 관련 국제 공조 방안－형사사법공조 절차의 문제점
　　과 이를 해결하기 위해 미국 실무상 논의되는 방안을 중심으로", 국외훈
　　련검사 연구논문집 제33집, 2018.
이성덕, "사이버공간에 대한 국가관할권의 문제: 입법관할권을 중심으로 한 국제
　　법적 조망", 서울국제법연구 제6권 제2호, 1999.
이영준, "유럽의회(Council of Europe)의 사이버범죄방지를 위한 국제협약 소고",
　　형사정책연구 제12권 제2호, 2001.
이영준, 금봉수, 정완, "사이버범죄방지조약에 관한 연구", 형사정책연구원 연구총
　　서, 2001.
이원상, 이성식, "클라우드 컴퓨팅 환경에서의 사이버범죄와 대응방안 연구", 한국
　　형사정책연구원 연구총서 12-AA-07, 2012.
이인곤, 강철하, "클라우드컴퓨팅 환경에서 전자정보 압수수색의 문제점과 개선방
　　향", 형사법의 신동향 제54호, 2017.
이정민, "외국계 이메일 계정에 대한 압수·수색의 정당성－[대상판결1] 서울고등
　　법원 제12부 2017.6.13. 선고 2017노23, [대상판결2] 서울고등법원 제8형
　　사부 2017.7.5. 선고 2017노146－", 비교형사법연구 제19권 제3호, 2017.
이진규, "해외 납치에 의한 집행관할권 행사의 국제법적 고찰: 'Ker-Frisbie 원칙'
　　에 대한 국제법적 평가", 동아법학 제67호, 2015.
이창범, "클라우드 컴퓨팅의 안전한 이용과 활성화를 위한 법적 과제", 정보보호학
　　회지 제20권 제2호, 2010.
이창수, "초국가적 사이버범죄에 대한 국제공조 활성화방안과 그 선결과제", 형사
　　법의 신동향 제21호, 2009.
이흔재, "일본의 휴대전화에 대한 통신감청과 위치정보추적수사", 법학연구 통권
　　제60집, 2019.
장신, "사이버공간과 국제재판관할권", 법학연구 제48권 제1호, 2007.
장윤식, 김기범, 이관희, "정보통신망법 상 정보통신망침입죄에 대한 비판적 고
　　찰", 경찰학연구 제14권 제4호, 2014.
전현욱, 이자영, "사이버범죄협약과 형사절차상 적법절차원칙?: 저장된 데이터의
　　보존 및 일부 공개를 중심으로", 형사정책연구 제25권 제2호, 2014.

전현욱 외, "사이버범죄의 수사 효율성 강화를 위한 법제 개선 방안 연구", 경제·
　　인문사회연구회 미래사회 협동연구총서 15-17-01, 경제·인문사회연구회,
　　2015.

정대용, 김기범, 권헌영, 이상진, "디지털 증거의 역외 압수수색에 관한 쟁점과 입
　　법론: 계정 접속을 통한 해외서버의 원격 압수수색을 중심으로", 법조 제
　　65권 제9호, 2016.

정대용, 김성훈, 김기범, 이상진, "국제협력을 통한 디지털 증거의 수집과 증거능
　　력", 형사정책연구 제28권 제1호, 2017.

정소연, "디지털 증거의 역외 압수수색에 대한 법적 고찰", 디지털포렌식연구 제
　　11권 제1호, 2017.

조성훈, "역외 디지털증거 수집과 국제형사 규범의 발전", 법학논총 제43권 제3호,
　　2019.

조소영, "인터넷 주권과 통제에 관한 연구", 공법학연구 제12권 제4호, 2011.

차진아, "사이버범죄에 대한 실효적 대응과 헌법상 통신의 비밀 보장 – 사이버범죄
　　협약 가입에 따른 통신비밀보호법의 개정방향을 중심으로 –", 공법학연
　　구 제14권 제1호, 2013.

최경진, "'잊혀질 권리'에 관한 유럽사법 재판소(ECJ) 판결의 유럽 법제상 의미와
　　우리 법제에 대한 시사점", 법학논총 제38권 제3호, 2014.

최성진, "수사기관의 전자우편 압수수색의 한계에 관한 연구 – 미국의 판례 및 법
　　제도를 중심으로 –", 홍익법학 제11권 제2호, 2010.

최태현, "국제법상 해외에서의 집행관할권 행사의 한계와 조정", 국제법평론 통권
　　제32호, 2010.

최태현, "사이버공간에 대한 입법관할권", 법학논총 제17호, 2000.

허황, "최근 개정된 독일 형사소송법 제100조b의 온라인 수색(Online-
　　Durchsuchung)과 제100조a의 소스통신감청(Quellen-Telekommunikation
　　süberwachung)에 관한 연구", 형사법의 신동향 통권 제58호, 2018.

Hofmann, Manfred, 김성룡(역), "온라인 수색 – 국가의 해킹인가, 허용된 수사방
　　법인가?", 법학논고 제23집, 2005.

Sieber, Ulrich, 김준호, "전세계 사이버 공간상의 복합성에 대한 대처방안: 컴퓨터
　　관련형법의 조화", Law & Technology 제5권 제4호, 2009.

2. 국외문헌

가. 단행본

Allen, Stephen, Daniel Costelloe, Malgosia Fitzmaurice, Paul Gragl, and Edward Guntrip, eds. *The Oxford Handbook of Jurisdiction in International Law*. Oxford University Press, 2019.

Berman, Paul Schiff, *Global Legal Pluralism : A Jurisprudence of Law Beyond Borders*, Cambridge University Press, 2012.

Boister, Neil, *An Introduction to Transnational Criminal Law* (2nd Edition), Oxford University Press, 2018.

Cassese, Antonio, *International Law*, Edited by Richard A Falk, Friedrich V Kratochwil, and Saul H Mendlovitz. International Law, Oxford University Press, 2001.

Cassese, Antonio, *Realizing Utopia: The Future of International Law*. Edited by Antonio Cassese. Oxford University Press, 2012.

Cate, Fred H. and James X. Dempsey, *Bulk Collection: Systematic Government Access to Private-sector Data*, Oxford University Press, 2017.

Clough, Jonathan, *Principles of Cybercrime. 2nd ed. Cambridge University Press*, 2015.

Crawford, James, ed. *The Cambridge Companion to International Law*, Cambridge University Press, 2012.

Delerue, François, *Cyber Operations and International Law*, Cambridge University Press, 2020.

Frosio, Giancarlo, *Oxford Handbook of Online Intermediary Liability*, Oxford University Press, 2020.

Gillespie, Alisdair A., *Cybercrime: Key Issues and Debates*, Routledge, 2016.

Gray, David C., Henderson, Stephen E., C*ambridge Handbook of Surveillance Law*, Cambridge University Press, 2017.

Handl, Günther, *Beyond Territoriality : Transnational Legal Authority in an Age of Globalization*, Martinus Nijhofff Publishers, 2012.

Hörnle, Julia, *Internet Jurisdiction Law and Practice*, Oxford University Press, 2021.

Kerr, Orin S., *Computer Crime Law*, Fourth ed. West Academic, 2018.

Kohl, Uta, *Jurisdiction and the Internet: Regulatory Competence over Online Activity*, Cambridge University Press, 2007.

Kuijer, Martin and Wouter Werner, eds., *Netherlands Yearbook of International Law 2016: The Changing Nature of Territoriality in International Law*, T.M.C. Asser Press, 2017.

Millard, Christopher, ed. *Cloud Computing Law*, Oxford University Press, 2013.

Murray, Andrew, *Information Technology Law: The Law and Society*, Oxford University Press, 2019.

Reed, Chris, *Making Laws for Cyberspace*, Oxford University Press, 2012.

Ryngaert, Cedric, *Jurisdiction in International Law*, Oxford University Press, 2015.

Ryngaert, Cedric, *Selfless Intervention: Exercising Jurisdiction in the Common Interest*, Oxford University Press, 2020.

Schjolberg, Stein, *The History of Cybercrime: 1976-2014*, BoD - Books on Demand, 2014.

Schmitt, Michael N. (ed), *Tallinn Manual on International Law Applicable to Cyber Warfare*, Cambridge University Press, 2013.

Schmitt, Michael N. (ed), *Tallinn Manual 2.0 on the International Law Applicable to Cyber Operations* (2nd ed.), Cambridge University Press, 2017.

Svantesson, Dan Jerker B., *Solving the Internet Jurisdiction Puzzle*, Oxford University Press, 2017.

Ziolkowski, Katharina, *Peacetime Regime for State Activities in Cyberspace*, NATO CCD COE, 2013.

나. 논문

Abraha, Halefom H., "How compatible is the US 'CLOUD Act' with cloud computing? A brief analysis", International Data Privacy Law, Vol. 9, No. 3 (2019).

Aldesco, Albert I., "The Demise of Anonymity: A Constitutional Challenge to the Convention on Cybercrime", Loyola of Los Angeles Entertainment

Law Review, Vol. 23, No. 1 (2002).

Baron, Ryan M. F., "A Critique of the International Cybercrime Treaty", CommLaw Conspectus: Journal of Communications Law and Technology Policy, 10 (2002).

Berman, Paul Schiff, "The Globalization of Jurisdiction", University of Pennsylvania Law Review 151, no. 2 (2002).

Bilgic, Secil, "Something Old, Something New, and Something Moot: The Privacy Crisis Under the CLOUD Act", Harvard Journal of Law and Technology, Vol. 32, No. 1 (2018).

Brenner, S, and Bj Koops, "Approaches to Cybercrime Jurisdiction", Journal of High Technology Law 4, no. 1 (2004).

Brenner, Susan W., "' At Light Speed': Attribution and Response to Cybercrime/Terrorism/Warfare", The Journal of Criminal Law and Criminology 97, no. 2 (2007).

Brenner, Susan W., "Cybercrime Jurisdiction" Crime, Law and Social Change, 46, no. 4-5 (2006).

Brier Thomas F., Jr., "Defining the Limits of Governmental Access to Personal Data Stored in the Cloud: An Analysis and Critique of Microsoft Ireland", Journal of Information Policy 7 (2017).

Brierly, J. L., "The 'Lotus' Case", 44 Law Quarterly Review 154, 155 (1928).

Brilmayer, Lea., "New Extraterritoriality : Morrison v . National Australia Bank, Legislative Supremacy, and the Presumption against Extraterritorial Application of American Law", Southwestern Law Review, Vol. 40 (2011).

Buxbaum, Hannah L., "National Jurisdiction and Global Business Networks", Indiana Journal of Global Legal Studies, Vol. 17 (2010).

Buxbaum, Hannah L., "Territory, Territoriality, and the Resolution of Jurisdictional Conflict", American Journal of Comparative Law 57, no. 3 (2009).

Calderoni, Francesco, "The European Legal Framework on Cybercrime: Striving for an Effective Implementation", Crime, Law and Social Change, 54, no. 5 (2010).

Chircop, Luke, "Territorial Sovereignty in Cyberspace after Tallinn Manual

2.0", Melbourne Journal of International Law, vol. 20, no. 2 (2019).

Christakis, Theodore and Fabien Terpan, "EU‐US negotiations on law enforcement access to data: divergences, challenges and EU law procedures and options", International Data Privacy Law (2021).

Clopton, Zachary D., "Data Institutionalism : A Reply to Andrew Woods", Stanford Law Review Online, Vol. 69 (2016).

Clough, Jonathan, "The Council of Europe Convention on Cybercrime: Defining 'Crime' in a Digital World", Criminal Law Forum 23, no. 4 (2012).

Colangelo, Anthony J., "What Is Extraterritorial Jurisdiction?", Cornell Law Review 99, no. 6 (2014).

Currie, Robert J., "Cross-Border Evidence Gathering in Transnational Criminal Investigation: Is the Microsoft Ireland Case the 'Next Frontier'?", Canadian Yearbook of International Law/Annuaire Canadien de Droit International 54, no. March (2017).

Custers, Bart, Francien Dechesne, Alan M. Sears, Tommaso Tani, and Simone van der Hof, "A Comparison of Data Protection Legislation and Policies across the EU", Computer Law and Security Review, 34, no. 2 (2018).

Daskal, Jennifer, "Borders and Bits", Vanderbilt Law Review 71, no. 1 (2017).

Daskal, Jennifer, "Law Enforcement Access to Data Across Borders: The Evolving Security and Rights Issues", Journal of National Security Law & Policy, Vol. 8 (2016).

Daskal, Jennifer, "Microsoft Ireland, the CLOUD Act, and International Lawmaking 2.0", Stanford Law Review Online 71 (2018).

Daskal, Jennifer, "The Un-Territoriality of Data", Yale Law Journal 125, no. 2 (2015).

Daskal, Jennifer, "Privacy and Security Across Borders", Yale L.J. Forum 128 (2019).

Diab, Robert, "Search Engines and Global Takedown Orders: Google v Equustek and the Future of Free Speech Online", Osgoode Hall Law Journal 56 (2019).

Douglas, Michael, "A Global Injunction Against Google", University of Western Australia - Faculty of Law Research Paper (2018).

Downing, Richard W., "Shoring Up the Weakest Link: What Lawmakers Around the World Need to Consider in Developing Comprehensice Laws to Combat Cybercrime", Columbia Journal of Transnational Law 43, no. 3 (2005).

Drechsler, Laura, "Wanted: LED adequacy decisions How the absence of any LED adequacy decision is hurting the protection of fundamental rights in a law enforcement context", International Data Privacy Law (2021).

Dub, Christine, "Yahoo! INC. v. LICRA", Berkeley Technology Law Journal 17 (2002).

Eichensehr, Kristen E., "Data Extraterritoriality", Texas Law Review, Vol. 95 (2017).

Eichensehr, Kristen E., "The Cyber-Law of Nations", Georgetown Law Journal, Vol. 103 (2015).

Fidler, David P., "International Law and the Future of Cyberspace : The Obama Administration's International Strategy for Cyberspace", ASIL Insights 15, no. 15 (2011).

Fidler, David P., "Recent Developments and Revelations Concerning Cybersecurity and Cyberspace: Implications for International Law", ASIL Insights 16, no. 22 (2012).

Fidler, David P., "Cyberspace, Terrorism and International Law", Journal of Conflict and Security Law 21, no. November 2015 (2016).

Franzese, Partick W., "Sovereignty in Cyberspace: Can It Exist?", Air Force Law Review 64 (2009).

Geist, Michael A., "Is There a There There? Towards Greater Certainty for Internet Jurisdiction", SSRN Electronic Journal (2005).

Ghappour, Ahmed, "Searching Places Unknown: Law Enforcement Jurisdiction on the Dark Web", Stanford Law Review, Vol.69, 2017.

Goodman, Marc, and Susan Brenner, "The Emerging Consensus on Criminal Conduct in Cyberspace", International Journal of Law and Information Technology 10, no. 2 (2002).

Handeyside, Hugh, "The Lotus Principle in ICJ Jurisprudence: Was the Ship Ever Afloat?", Michigan Journal of International Law 29, no. 1 (2007).

Heintschel von Heinegg, Wolff, "Legal implications of territorial sovereignty in cyberspace", 2012 4th International Conference on Cyber Conflict (CYCON), 2012.

Hert, Paul De, Gloria González Fuster, and Bert-Jaap Koops, "Fighting Cybercrime in the Two Europes. The Added Value of the EU Framework Decision and the Council of Europe Convention", Revue Internationale de Droit Pénal 77, no. 3 (2006).

Hert, Paul De, and Monika Kopcheva, "International Mutual Legal Assistance in Criminal Law Made Redundant: A Comment on the Belgian Yahoo! Case", Computer Law and Security Review 27, no. 3 (2011).

Hert, Paul de, Cihan Parlar, and Juraj Sajfert, "The Cybercrime Convention Committee's 2017 Guidance Note on Production Orders: Unilateralist Transborder Access to Electronic Evidence Promoted via Soft Law", Computer Law and Security Review 34, no. 2 (2018).

Hert, Paul De, and Gertjan Boulet, "Cloud Computing and Trans-Border Law Enforcement Access to Private Sector Data - Challenges to Sovereignty, Privacy and Data Protection", Workshop paper collection: 'Big data & Privacy. Making Ends Meet', organised by the 'Future of Privacy Forum' and the 'Center for Internet and Society' at Stanford Law School (2013).

Hildebrandt, Mireille. "Extraterritorial Jurisdiction to Enforce in Cyberspace? Bodin, Schmitt, Grotius in Cyberspace." University of Toronto Law Journal, vol. 63, no. 2 (2013).

Hopkins, Shannon L., "Cybercrime Convention: A Positive Beginning to a Long Road Ahead", Journal of High Technology Law 2, no. 1 (2003).

Hooper, Christopher, Ben Martini, and Kim Kwang Raymond Choo, "Cloud Computing and Its Implications for Cybercrime Investigations in Australia", Computer Law and Security Review 29, no. 2 (2013).

Jamil, Zahid, "Global Fight Against Cybercrime: Undoing the Paralysis", Georgetown Journal of International Affairs (2012).

Jasserand, Catherine, "Law Enforcement Access to Personal Data Originally Collected by Private Parties: Missing Data Subjects' Safeguards in Directive 2016/680?", Computer Law and Security Review 34, no. 1 (2018).

Johnson, David R., and David G. Post, "Law and Borders - The Rise of Law in Cyberspace", Stanford Law Review 48, no. 5 (1996).

Jiménez, William Guillermo, and Arno R. Lodder, "Analyzing Approaches to Internet Jurisdiction Based on a Model of Harbors and the High Seas", International Review of Law, Computers and Technology 29, no. 2-3 (2015).

Kerr, Orin S., "A User's Guide to the Stored Communications Act, and a Legislator's Guide to Amending It", George Washington Law Review 72, no. 6 (2004).

Kerr, Orin S., "Cybercrime's Scope: Interpreting 'Access' and 'Authorization' in Computer Misuse Statutes", New York University Law Review 78, no. 5 (2003).

Kerr, Orin S., "Vagueness Challenges to the Computer Fraud and Abuse Act", Minnesota Law Review 94, no. 1 (2009).

Kerr, Orin S. "Fourth Amendment Seizures of Computer Data." Yale Law Journal, vol. 119, no. 4 (2010).

Kerr, Orin S, and Sean D Murphy, "Government Hacking to Light the Dark Web: What Risks to International Relations and International Law?", Stanford Law Review Online 70 (2017).

Keyser, Mike, "The Council of Europe Convention on Cybercrime", Journal of Transnational Law and Policy 12 (2003).

Klonick, Kate, "The New Governors: The People, Rules, and Processes Governing Online Speech", Harvard Law Review, vol. 131, no. 6 (2018).

Kohl, Uta, "Eggs, Jurisdiction, and the Internet", International and Comparative Law Quarterly, Vol. 51, Issue 3 (2002).

Koops, Bert-Jaap, "Cyberspace, the Cloud, and Cross-Border Criminal Investigation", Tilburg Law School Research Paper No. 5/2016 (2014).

Koops, Bert-Jaap, "Police investigations in Internet open sources: Procedural-law issues", Computer Law & Security Review, Vol. 29, Issue 6 (2013).

Kuan Hon, W., Julia Hörnle, and Christopher Millard, "Data Protection Jurisdiction and Cloud Computing － When Are Cloud Users and Providers Subject to EU Data Protection Law?", International Review of Law, Computers & Technology 26, no. 2-3 (2012).

Kuner, Christopher, "Data Protection Law and International Jurisdiction on the Internet (Part 2)", International Journal of Law and Information Technology 18, no. 3 (2010).

Kuner, Christopher, "The Internet and the Global Reach of EU Law", University of Cambridge Legal Studies Research Paper Series, no. 24 (2017).

Liguori, Carlos, "Exploring Lawful Hacking as a Possible Answer to the "Going Dark" Debate", Michigan Technology Law Review, Vol. 26, Issue 2, 2020.

Lin, Tiffany, and Mailyn Fidler, "Cross-Border Data Access Reform: A Primer on the Proposed U.S.-U.K. Agreement", A Berklett Cybersecurity publication, Berkman Klein Center for Internet & Society (2017).

Maillart, Jean Baptiste, "The Limits of Subjective Territorial Jurisdiction in the Context of Cybercrime", ERA Forum, Vol. 19, No. 3 (2019).

Mayer, Jonathan, "Government Hacking", Yale Law Journal, Vol. 127, No. 3 (2018).

Mills, A., "Rethinking Jurisdiction in International Law", British Yearbook of International Law 84, no. 1 (2014).

Miller, Sarah, "Revisiting Extraterritorial Jurisdiction: A Territorial Justification for Extraterritorial Jurisdiction under the European Convention", European Journal of International Law 20, no. 4 (2009).

Moynihan, Harriet, "The Application of International Law to State Cyberattacks: Sovereignty and Non-Intervention", Chatham House Research Paper (2019).

Mulligan, Stephen P., "Cross-Border Data Sharing Under the CLOUD Act", Congressional Research Service (2018).

Okoniewski, Elissa A., "Yahoo!, Inc. v. LICRA: The French Challenge to Free Expression on the Internet", American University International Law Review 18, no. 1 (2002).

Osula, Anna Maria, "Transborder Access and Territorial Sovereignty", Computer Law and Security Review 31, no. 6 (2015).

Osula, Anna Maria, "Mutual Legal Assistance & Other Mechanisms for

Accessing Extraterritorially Located Data", Masaryk University Journal of Law and Technology 9, no. 1 (2015).

Osula, Anna Maria, and Mark Zoetekouw, "The Notification Requirement in Transborder Remote Search and Seizure: Domestic and International Law Perspectives", Masaryk University Journal of Law and Technology, Vol. 11, No. 1 (2017).

Perritt Jr., Henry, "The Internet as a Threat to Sovereignty? Thoughts on the Internet's Role in Strengthening National and Global Governance", Indiana Journal of Global Legal Studies 5, no. 2 (1998).

Ryngaert, Cedric, "An Urgent Suggestion to Pour Old Wine into New Bottles: Comment on 'A New Jurisprudential Framework for Jurisdiction'", AJIL Unbound 109 (2015).

Ryngaert, Cedric, and Mistale Taylor, "The GDPR as Global Data Protection Regulation?", AJIL Unbound 114 (2020).

Schmitt, Michael N. and Liis Vihul, "Respect for Sovereignty in Cyberspace", Texas Law Review, Vol. 95, Issue 7 (2017).

Schultz, Thomas, "Carving up the Internet: Jurisdiction, Legal Orders, and the Private/ Public International Law Interface", European Journal of International Law 19, no. 4 (2008).

Schwartz, Paul M., "Legal Access to the Global Cloud", Columbia Law Review 118, no. 6 (2018).

Seitz, Nicolai, "Transborder Search : A New Perspective in Law Enforcement?", Yale Journal of Law and Technology 7, no. 1 (2005).

Shah, Reema, "Law Enforcement and Data Privacy: A Forward-Looking Approach", Yale Law Journal, Vol. 125, No. 2 (2015).

Shurson, Jessica, "Data Protection and Law Enforcement Access to Digital Evidence: Resolving the Reciprocal Conflicts between EU and US Law", International Journal of Law and Information Technology, vol. 28, no. 2 (2020).

Soukhieh, Kim, "Cybercrime: The Shifting Doctrine of Jursidiction", Canberra Law Review 10 (2011).

Svantesson, Dan Jerker B., "A Jurisprudential Justification for Extraterritoriality in (Private) International Law", Santa Clara Journal of International

Law 13, no. 2 (2015).

Svantesson, Dan Jerker B., "Against 'Against Data Exceptionalism'", Masaryk University Journal of Law and Technology 10, no. 2 (2016).

Svantesson, Dan Jerker B., "A New Jurisprudential Framework for Jurisdiction: Beyond the Harvard Draft", AJIL Unbound 109 (2015).

Svantesson, Dan Jerker B., "Jurisdictional Issues and the Internet – a Brief Overview 2.0", Computer Law and Security Review 34, no. 4 (2018).

Svantesson, Dan Jerker B., "'Lagom Jurisdiction' – What Viking Drinking Etiquette Can Teach Us about Internet Jurisdiction and Google France", Masaryk University Journal of Law and Technology 12, no. 1 (2018).

Svantesson, Dan Jerker B., and Lodewijk van Zwieten, "Law Enforcement Access to Evidence via Direct Contact with Cloud Providers – Identifying the Contours of a Solution", Computer Law and Security Review 32, no. 5 (2016).

Svantesson, Dan, and Q. C. Felicity Gerry, "Access to Extraterritorial Evidence: The Microsoft Cloud Case and Beyond", Computer Law and Security Review 31, no. 4 (2015).

Trachtman, Joel, "Cyberspace, Sovereignty, Jurisdiction, and Modernism", Indiana Journal of Global Legal Studies 5, no. 2 (1998).

Tsagourias, Nicholas, "Law, Borders and the Territorialisation of Cyberspace", Indonesian Journal of International Law, vol. 15, no. 4 (2018).

Vatis, Michael A., "The Council of Europe Convention on Cybercrime", Proceedings of a Workshop on Deterring Cyber Attacks: Informing Strategies and Developing Options for U.S. Policy (2010).

Walden, Ian, "Accessing Data in the Cloud: The Long Arm of the Law Enforcement Agent", Queen Mary School of Law Legal Studies Research Paper No. 74/2011 (2011).

Weber, Amalie M., "The Council of Europe's Convention on Cybercrime", Berkeley Technology Law Journal 18, no. 1 (2003).

Widenhouse, Kurt C., "Playpen, the NIT, and Rule 41(b): Electronic "Searches" for Those Who Do Not Wish to be Found", Journal of Business & Technology Law, Vol. 13, Issue 1 (2017).

Woods, Andrew K., "Against Data Exceptionalism", Stanford Law Review 68

(2016).

Woods, Andrew Keane, "Litigating Data Sovereignty", Yale Law Journal, Vol. 128, No. 2 (2018).

찾아보기

/ 송영진 /

경찰대학 법학과 학사
서울대학교 대학원 법학석사
서울대학교 대학원 법학박사

現, 헌법재판연구원 책임연구관
現, 한국디지털포렌식학회 이사
前, 성균관대학교 과학수사학과 초빙교수
前, 동국대학교 경찰사법대학 대우교수
前, 경찰대학 경찰학과 교수

역외 디지털증거 수집에 관한 국제법적 쟁점과 대안

초판 1쇄 인쇄 | 2024년 08월 16일
초판 1쇄 발행 | 2024년 08월 23일

지 은 이   송영진

발 행 인   한정희
발 행 처   경인문화사
편   집   김지선 한주연 김숙희
마 케 팅   하재일 유인순
출판번호   제406-1973-000003호
주   소   경기도 파주시 회동길 445-1 경인빌딩 B동 4층
전   화   031-955-9300 팩   스   031-955-9310
홈페이지   www.kyunginp.co.kr
이 메 일   kyungin@kyunginp.co.kr

ISBN   978-89-499-6816-2 93360
값 25,000원

ⓒ 송영진, 2024

서울대학교 법학연구소 법학 연구총서

● 학술원 우수학술 도서
▲ 문화체육관광부 우수학술 도